立足臺灣，關懷大陸

韋政通 著　東大圖書公司印行

國立中央圖書館出版品預行編目資料

立足臺灣，關懷大陸／韋政通著.--
初版.--臺北市：東大出版：三民
總經銷，民80
面； 公分.--（滄海叢刊）
ISBN 957-19-1327-8（精裝）
ISBN 957-19-1328-6（平裝）

1.政治-中國-論文-講詞等

573.07 80001339

著　者　韋政通
發行人　劉仲文
出版者　東大圖書股份有限公司
總經銷　三民書局股份有限公司
印刷所　東大圖書股份有限公司
地址／臺北市重慶南路一段
六十一號二樓
郵撥／〇一〇七一七五——〇號
初　版　中華民國八十年六月
編　號　E 54086①
基本定價　伍元柒角捌分
行政院新聞局登記證局版臺業字第〇一九七號

ISBN 957-19-1328-6（精裝）

自序

兩年前，當我把《歷史轉捩點上的反思》文集的稿子交給書局出版，當時心想，今後要盡量少寫報章雜誌的文章，最好不寫，以便有更多的時間，把《中國十九世紀思想史》早日完成。沒有想到，這兩年臺灣與大陸，都值多事之秋，都發生了令人憤慨、痛心、無奈的重大事件，於是身不由己，又發表了不少文章（並未全部收入本書），對這種情形，無以自解，說好聽點，大概是基於知識分子對國家社會的一份責任感吧！

臺灣方面，去年年初因總統選舉，發生所謂「主流派」與「非主流派」之政爭，於國民大會選舉期間，又引發四十年來的最大學運，接着又是知識界的反郝運動，一波接一波的風潮，使得人心惶惶，社會治安嚴重惡化。今年四月，召開臨時國大所做的憲政改革，令民眾大失所望，「四一七」數萬民眾在臺北街頭的抗議，雖未釀成巨禍，但已埋下今後朝野政治衝突的新火種。再加上近年來的統、獨之爭日益昇高，在在都使人感到，未來臺灣的民主，恐怕仍是多災多難，困難重重。

造成近年來政治亂象的因素很多，最根本的原因，是因我們仍缺乏民主教育和民主文化，以及由民主教育和民主文化養成的民主習慣。中國人追求民主，已達百年，這方面並無多大長進。今後朝野，尤其是知識分子，必須了解在追求民主的過程中，最重要的工作，就是培養人民的民主習慣，這方面有了成效，民主政治方能順利推展。要民主，「亂」是不可避免的現象，但我們應從其中學得經驗，接受教訓，並努力改進，使這種現象僅是階段性的過渡，民主才有希望。否則，如聽任這種亂象無止境的持續下去，總有一天，大家會發現，我們促進的不是民主政治，而是新的獨裁。

大陸方面，「六四」主要是由經濟問題而起，「六四」後最嚴重的問題仍是經濟。與蘇聯相比，中國的十年經改確有成效，也因今日蘇聯的情況，將使他們更不敢輕易嘗試民主。從集體經濟轉向市場經濟，牽涉的不祇是經濟機制本身的調節，還需要社會心理的配合，與生活態度及價值觀的改變，這是多大的工程，談何容易！不走市場經濟，大陸將無法克服貧窮，走市場經濟，又必須冒不穩定的風險，如何在「秩序」與「變革」之間尋找平衡，將是這條路能不能走下去的一大關鍵。

卽使市場經濟有了成效，它可以爲民主改革帶來新的契機，使思想啟蒙的工作有較大的活動空間，但我們也不可不知，它同樣也是穩定現有體制的力量。要把一個極權體制轉向民主，比經改所遭遇的困難更大。「六四」後大陸流亡在海外的知識分子中，有一部分人把民主改革寄望於政局的「突變」，但衡諸近代實踐民主的國家，幾無一不是經由「漸變」的歷程，並在過程中逐漸養成政治人物的政治藝術（包括溝通、寬容、妥協、交換），與人民的民主習慣，才獲得成功。民國肇造，號稱為亞洲第一個共和國，它的誕生是經由「突變」而非「漸變」，如今八十年過去了，中國的民主在那裏？在可以看得見的將來，知識分子可以着力的工作，仍將是思想啟蒙與教育民眾，同時也要自我啟蒙、自我教育，這方面的工作，我們一向做得很少。什麼時候能使中國的兒童、少年，都能在自由的氣氛中成長、學習，中國的民主才有展望。單單制度的變革，無濟於事，何況制度的變革也並不容易。

以上便是我寫《立足臺灣，關懷大陸》中的文章時，常考慮的問題，可以看出我對海峽兩岸民主問題的一點基本態度和基本觀點。這兩年中，每逢重大事件發生，在深夜或清晨，常在住宅旁的湖邊徘徊，有些文章的內容，就在這個時刻浮現。年紀越大，越感到自己渺小，一生酷愛自由、嚮往民主，卻因自己沒有什麼貢獻，而感到慚愧。但願下一代的中國人，能比我們更有智慧、更有毅力、更有勇氣、更能寬容，經得起考驗，並充滿信心迎接未來的挑戰。

一九九一年五月四日於臺北內湖碧湖之濱

立足臺灣，關懷大陸　目次

下編 大陸部分

附錄

上編　臺灣部分

儒家倫理在「臺灣經驗」中的角色

一、引言

臺灣在過去四十年中，「儒家傳統與現代」這個論題，不但經過很繁複的討論，而且在不同的年代裏，也有過很大的變化。如不涉及其繁複的內容，僅由大趨向來看它的變化，大抵可分爲下列幾個階段：

㈠五〇年代與六〇年代，這個論題基本上是西化主義與傳統主義之爭，是「五四」新文化運動以來，反傳統主義潮流的延續。因此二者之間是屬於兩種不同意識形態的爭論，西化主義者籠統地認爲儒家傳統有礙於中國的現代化，而傳統主義者在論爭中，無異是在打一場傳統保衛之戰，彼此強烈地對立，互相攻擊對方。這一類型的爭論，集體而典型地表現在六〇年代的「中西文化論戰」之中。

㈡七〇年代美國的現代化理論，在臺灣的學術界和知識界相當流行，提倡現代化理論的學者，主要的關懷在促進臺灣社會的現代化，「儒家傳統與現代」雖不是他們研究的主題，但對這個論題卻產生了實質性的影響。首先，他們把以往意識形態化的爭論，轉變爲學術問題來研究，凡是受過專業訓練的現代化的學術工作者，都知道要吸收西方現代的成果，必須在傳統的基礎上進行，因此，傳統與現代不可能再是敵對的。到八〇年代初，這一派學者經由自我檢討與反省，而正式提出「中國化」問題時❶，很自然地會產生出一種更爲同情的態度去理解傳統。

差不多在同一時期，一些思想史學者，從中國近代思想史的研究中，不斷指出傳統與現代之間有著複雜曲折的辯證關係，並認爲「傳統」與「現代」之間的糾纏關係的解決，必須對歷史的、社會的具體問題作具體的分析與考察，並以此爲根據「對中國傳統進行創造的轉化」❷。在整個八〇年代裏，「創造轉化」的觀念，不僅在思想史領域廣爲引用，社會科學的學者也有討論。很顯然，這個觀念比「現代化」更能切入論題的核心。

㈢在八〇年代裏，與上述論題最爲貼近的，是由「韋伯理論」、「儒家倫理」、「東亞經濟發展」三者交織而成的熱門話題，在中外學者聯手炒作下，這個話題所引起關注的範圍，仍在擴

---

❶ 有關這方面的問題，可看李亦園爲《現代化與中國化論集》所寫的序文，該書一九八五年，由臺北桂冠圖書公司出版。

❷ 杭之：《一葦集——現代化發展的反省斷片》（續篇），頁二四九—二五〇，一九八七年，臺北允晨文化公司。

張之中，在一些弘揚儒學人士的心目中，儒家倫理成爲推動東亞四小龍（臺灣、南韓、香港、新加坡）經濟發展的動力，幾乎已是無可質疑的事實❸。這種現象並不難理解，儒家傳統受挫至少已有大半個世紀，而今在一般人的印象中，儒家倫理業已解體的情況下，這一源自西方的學術訊息，自然令人振奮。

事實上「儒家倫理與東亞經濟發展」這個話題，它的聲勢遠大於實質的意義，因爲至今這方面還很少實證性的研究，即使在少數相關的實證性研究中，可以知道一些確鑿的證據，能證明儒家倫理有助於東亞經濟發展，我們也應知道它只不過是促成東亞經濟發展的眾多因素之一。本文的主要目的，是希望透過包括經濟、政治、家庭、社會在內的「臺灣經驗」，看看作爲經濟發展眾多因素之一的儒家倫理，在其中究竟扮演何種角色，我相信這是澄清、甚至解決長期以來儒家倫理與現代之間的糾纏關係，一條比較有效的途徑。討論的範圍因包括四方面，所以也可了解儒家倫理在不同的領域裏，它扮演的角色是否也有所不同？

本文原先的題目是：〈儒家倫理在臺灣現代化過程中的角色〉，現在經過鄭重考慮，決定以「臺灣經驗」取代「臺灣現代化過程」，理由是：不管你用什麼眼光來看，「臺灣經驗」都是客

---

❸ 例如傅佩榮：〈儒家爲現代化提供倫理基礎——從韋伯對儒家的批評談起〉，一九八六年八月十九日臺北《中國時報》第二版。又如牟宗三：〈九十年來中國人的思想活動〉（下），一九九〇年七月十日臺北《聯合報》副刊。

觀存在的事實，而「臺灣現代化」卻容易引起爭論，例如：臺灣是不是已經現代化？如果是，它又是什麼意義的現代化？有人認爲相對於西方，它是現代化的第二個例子❹，也有人認爲它是一種依賴性的現代化❺，當然還可能有其他的看法。爲了不捲入這些爭論，我決定用「臺灣經驗」。目前中國大陸對「臺灣經驗」的說法，有些不正常的反應（至少在官方是如此），我想一部分的原因該歸咎於臺灣官方把它做意識形態化的宣揚吧。

二、儒家倫理與經濟

根據以往一些經濟學家和社會科學家，對形成東亞經濟奇蹟原因的探討，大抵可歸結爲三大類的因素：⑴政治及法律；⑵經濟及地理；⑶社會及文化❻。這三類因素究竟那一類因素最爲基本，到目前爲止，仍是聚訟紛紜，有的偏向於文化，有的偏向於制度，有人在二者之間徘徊，也有人認爲社會及文化的因素才是最基本的。

下面讓我們參考這些因素，看看臺灣的情況。政治方面在長期的威權體制和強人統治之下，對民主政治的發展相當不利，但對經濟在大方向上則趨向於開放。法律方面與政治類似，四十年

❹ 這是社會學家彼得·柏格的說法，見其講稿：〈一個東亞發展的模型：戰後臺灣經驗中的文化因素〉，《中國論壇》二二三期（一九八四、十二、二十五），頁二〇。

❺ 見前註❷之書，頁二六九。

❻ 黃光國：《儒家思想與東亞現代化》，頁五，一九八八年，臺北巨流圖書公司。

來對選舉始終缺乏公正合理的遊戲規則，對經濟爲了廻避過時或太繁瑣法規的不利影響，而以特別法來處理。經濟方面，一九六〇年新經濟政策的確立，是促使經濟快速成長的一大關鍵。這一政策對出口經濟具有最大影響的有三項：⑴獎勵投資；⑵外匯改革；⑶創設加工出口區❼。地理因素不只是因臺灣與大陸隔離。據歷史學家余英時先生指出，至少從十六、七世紀以來，一個東南沿海的商業中國（簡稱爲「海澤中國」）便逐漸在成長中，而臺灣愈到後來則愈成爲這一新發展的最前哨。一八六八至一八九四年之間，臺灣對外貿易的成長速度，已在中國大陸之上。海洋的商業中國，是從中國文化傳統內部逐步發展出來，國民政府遷臺以後所以能够基本上完成了從內陸中國向海洋中國的轉化，與這一自然演變的過程有一定的關係❽。社會及文化因素，不只是因爲二者不容易截然劃分，而且牽涉廣泛，如上述地理因素中就涉及文化因素，又如有助於經濟發展的高儲蓄率，它既有文化因素，又有社會因素。這方面下文將就其核心部分的倫理加以探討。

有的經濟學家認爲，遠比以上這些因素重要的是人的因素，東亞四龍在開始快速經濟成長之前，都曾從境外獲得大批的企業家。中國大陸在三十年代及四十年代曾培養了大批企業家，但其中幾乎半數的人於一九四九年都逃亡海外，散居於臺灣、香港、新加坡。南韓亦復如此。這四個

❼ 林鐘雄：〈開放經濟下的經濟問題〉，見《中國論壇》叢書：《臺灣地區社會變遷與文化發展》，頁二一五—六，一九八五年，臺北聯經出版公司。

❽ 余英時：〈臺灣的認同與定位——一個歷史的觀察〉，一九九〇年，二月十一日《中國時報》二版、七版。

地區所集聚的企業家人數占總人口的比例，遠遠超過其他任何開發中的國家❾。

在這裏我所以要列舉一些儒家倫理以外的因素，除了為前文所說，儒家倫理只不過是促成經濟發展的眾多因素之一提供佐證之外，更重要的，是希望今後針對這樣的話題，應實事求是，不必予以誇大和膨脹。倫理因素在經濟學家的心目中，相對於積極方面的人的因素而言，它不過是消極方面的因素而已❿。

此外，儒家倫理若以五倫為例，它具有倫理學的意義，屬於學術思想層次。五倫演變為三綱，它雖繼承了五倫的關係，卻轉換了合理的依據，使原先相對倫理的性質轉化為絕對倫理，而有了權威主義的性格，經過這一步演變，使儒家倫理具有意識形態的意義。再進一步的制度化，使三綱的倫理在法制上獲得強制性的保證。最後一步是經由社會化（傳統所謂教化）而成為風俗習慣——所謂化民成俗。

以上演變的區分，只期有助於我們認識與經濟發展相關的儒家倫理，究竟是什麼意義？一九八四年九月，美國波士頓大學社會學教授彼得．柏格來到臺灣，我為《中國論壇》策劃一個以〈從臺灣經驗看世俗化儒家與資本主義發展〉為題的討論會⓫，會中柏格發言與本文相關的部分，

---

❾ 趙岡：〈儒家思想與經濟發展〉，見《中國論壇》三〇七期（一九八八、七、十），頁八〇。
❿ 同前註。
⓫ 見《中國論壇》，第二二三期（一九八四、十二、二十五）。

提到「後儒家主義」與「庸俗化的儒家」。所謂「庸俗化的儒家」，是指一套推動市井小民的信仰與價值，其中主要的有：敬重上下之別，對家庭獻身、工作紀律、節儉的美德、忠誠等⑫。在他看來，這些延自傳統的價值，與西方個人主義的觀念大不相同，而且是以一種截然不同的方式來「反應」現代化⑬。

李亦園教授接著發言，他一方面很欣賞柏格用「後儒家主義」的概念，另一方面覺得與其用「庸俗化的儒家」，不如用人類學的「小傳統」觀念。就小傳統來看，李教授認爲柏格所說的那些，未必是眞正的儒家思想，實際上只是中國人的基本生活態度⑭。他的意思是說，在一般中國人所表現的那些價值，不單單是來自儒家，也混合了其他各家的思想，例如敬重上下之別、工作紀律、節儉、忠誠，墨家也同樣強調，佛家雖傳自印度，等它成爲中國傳統的一部分之後，也不能例外。由此可知，一般討論與經濟發展攸關的儒家，儒家已成爲中國文化傳統中的價值系統和倫理精神的代號，不只是指那個與各家對立、分庭抗禮的儒家。五倫的觀念，乃儒家思想主要特色之一，它並不與各家分享。以上所說「庸俗化儒家」或「小傳統」，是「大傳統」中的三綱倫理意識形態化之後，再經由制度化、社會化而形成，所謂「混合」，所謂「中國人的基本生活態

---

⑫ 柏格在討論會上發言，提到這兩個觀念，沒有解釋（也可能是記錄不週），解釋見前註④之文，頁一七。

⑬ 同⑪，頁二八。

⑭ 同前。

度」，也是經過步步落實到社會大眾生活的過程中才能進行、才能鑄成。與經濟發展攸關的儒家，主要指的是意識形態化以後的儒家，不是倫理學意義的儒家。

李亦園在發言中還提到，功利主義在臺灣社會變遷中，尤其是在經濟發展過程中，扮演相當重要的角色⑮。就理想主義的儒家而言，當然是重義輕利，不可能把「利」納入倫理的價值之中。不過就孔子「君子喻於義，小人喻於利」所言來看，「義」與「利」應了解爲兩種不同角色的不同價值，在君子，重義輕利，理所當然，可是對小人（眾庶百姓）趨利的現象，照孔子之意，應該也是無可厚非。因此，把功利主義納入儒家的倫理範圍，並不奇怪。

在討論會上，吳榮義教授根據他的實證研究，提出實際的例子，支持功利主義流行的說法。他指出，臺灣農民對利潤、對新品種的反應不但很快，而且追求的意願很強烈，只要有賺錢的機會，只要有新品種新技術能獲利，就很容易被接受。廠商也是如此，這就是臺灣小工廠那麼多的原因⑯。

不論是心理學或社會學，大抵已證實一項理論，即國民的成就動機，乃是促成一個國家經濟發展及現代化的動力之一，國民成就動機越普遍越強烈，經濟的進步也越快⑰。所謂成就動機，

⑮ 同前。
⑯ 同⑪，頁三〇。
⑰ 威納爾編，林清江譯：《現代化》，頁一二，一九七〇年，臺灣商務印書館。

是指個人對於自己所認爲重要或是有價值的工作，去從事、去完成，並欲達到完美地步的一種內在推動力量⑱。

黃光國教授在《儒家思想與東亞現代化》一書中，討論到儒家倫理與成就動機的關係時，他認爲在儒家倫理影響下，促使個人追求成就動機的來源可能有三種：⑴個人從工作本身所獲得的滿足感，也就是西方心理學所謂的「內在動機」。⑵個人以其工作獲取報酬後，以之滿足個人及家庭成員之需求，所獲致的滿足感。⑶個人因爲工作成就，受到關係網內其他人的尊重，自己覺得很有「面子」，因此而在精神方面產生滿足感⑲。

這種成就動機，最具體的表現於臺灣數量驚人的家族企業之中⑳。今日臺灣經濟的成就，家族企業（臺灣地區中、小企業的組織型態大多是屬於此類）實功不可沒。儒家倫理在家族企業中的運作，有以下幾個特點：⑴企業所有權通常操握在某一家族手中，企業的經營者也就是其所有者，因缺乏規章制度，企業主爲防止他人權力之濫用，往往大權獨攬。⑵當企業組織成長到相當規模，通常企業主會指派他的家人或親屬擔任重要職位，沒有親屬關係的人只能做基層員工。⑶由於企業中缺乏明確的規章制度，經營者很難以具體客觀的標準來評定員工的工作績效，因此他

⑱ 張春興、楊國樞：《心理學》，頁一四九，一九六九年，臺北三民書局。

⑲ 同⑥，頁二八五。

⑳ 根據行政院主計處，一九八三年出版的《中華民國七十年臺閩地區工商業普查，第一卷：綜合報告》，民營企業有五十二萬零四百家，其中絕大部分屬家族企業。

們往往特別重視員工的「忠誠度」㉑。

在儒家倫理支配下的家族企業，因往往會把企業內的員工劃分爲「自己人」和「外人」兩大類別，因此爲企業經營造成一些問題㉒：⑴因家族企業的用人往往是「牽親引戚」，不容易用到眞正的人才。⑵企業中的員工既有「內」「外」之別，業主很難把所有員工都視同自己人而盡力在各方面予以照顧，而員工也往往把公司視爲業主的私人財產，談不上對這個公司共同體的忠誠或犧牲。⑶因對公司認同感的缺乏，最直接地反應卽在員工的流動率上。據熟悉臺灣業界的日本人西村敏夫就指出，臺灣中小企業員工的平均轉職率一年大抵有百分之五十，有些甚至高達百分之一百。⑷在流動的員工中，較有能力者，往往自立門戶，「寧爲鷄首，不爲牛後」，造成臺灣被譏爲「滿街董事長」的現象。

儒家倫理及家族觀念的制度化，對傳統中國的經濟，曾產生三種不利的影響：⑴儒家的家族觀念要求，造成了人口的膨脹。⑵長幼尊卑的倫理，對企業精神的發揮，有嚴重的妨礙。⑶家族觀念在工商業中形成一種技術保密的傳統，這個傳統使生產單位無法享受規模經濟㉓。在臺灣由「經濟掛帥」主導的社會變遷中，這些不利的影響，多已改變，近十年來臺灣節育制度推行得很

㉑同❻，頁三一三—四。

㉒以下主要根據陳其南：〈中國人的家族與企業經營〉，見文崇一、蕭新煌主編：《中國人：觀念與行爲》，頁一三七、一三九、一四〇。一九八八年，臺北巨流圖書公司。

㉓同❾。

成功，現在擔心的已不是人口膨脹，而是負成長帶來的人口老化問題。所謂技術保密的傳統，早已被專利制度所打破，但也產生了「企業間諜」的新問題。上下尊卑的倫理，在家族企業中，雖仍有影響，但家族企業的創業者，多是年輕人，所以這方面的影響，多半只存在少數規模較大的家族企業中。

臺灣能創造「經濟奇蹟」，除了活力充沛的「人治式」家族企業之外，還有規模龐大的公營事業，還有引用西方式管理的「法治式」的民營企業和外資企業。法治式的企業，可減少人治式企業裏造成的問題，當家族企業發展到相當規模時，往往設法棄「人治」，就「法治」，走向制度化㉔。臺灣要想保持經濟成長的優勢，必須使產業升級，走高科技之路，而今數量龐大的家族企業，已成爲產業轉型、產業升級的絆腳石。可以預見到的是，臺灣高科技之路如能成功，法治式企業勢將逐漸取代人治式企業，在這過程中，儒家倫理在經濟發展中扮演的角色，及其發揮的功能，也將越來越式微。

三、儒家倫理與政治

儒家倫理在「臺灣經驗」中政治方面的角色這個問題，以往不但未能像經濟方面成爲熱門話

㉔ 同❻，頁三一五。

題，實際上以往一直是個很忌諱的問題，因爲它不可避免的，要涉及到執政國民黨政治意識強烈的文化政策，和專權的政治形態。

一九八八年八月，我在新加坡「儒學發展的問題及前景」的會議上，發表〈儒家與臺灣的民主運動〉的論文，我獲得的結論是：臺灣所以能有持續性的民主運動，最重要的是依賴三個條件：⑴有一部相當符合民主精神的憲法；⑵經濟發展培養了充沛的社會力；⑶自由知識分子與黨外政治運動家不懈的奮鬪。所以朝野對今日已有的民主成果，都有直接或間接的貢獻，但與儒家——不管是那種意義的，並無直接的關係㉕。

這篇論文，主要是由民間社會發動的民主運動這個角度，來討論儒家與民主的關係。現在討論儒家倫理在政治方面的角色，就必須換個角度，從官方的意識形態和政治體制去看問題，由這個角度去看，儒家倫理與現實政治之間，有著很密切的關係。

一九六六年五月，中國大陸開始「文化大革命」，同年十一月，臺灣開始推行「中華文化復興運動」，這個運動誠如李亦園教授所說，「一方面是以重整固有倫理道德爲重心，另一方面也是要以重整傳統倫理的精神以對抗共產政權，所以在本質上其所含的政治意義大於文化意義」㉖

㉕ 韋政通：《歷史轉振點上的反思》，頁一八三，一九八九年，臺北東大圖書公司。
㉖ 李亦園：〈文化建設工作的若干檢討〉，見《中國論壇》叢書：《臺灣地區社會變遷與文化發展》，頁三〇九，一九八五年，臺北聯經出版公司。

所謂「政治意義大於文化意義」，並不限於「對抗共產政權」，「重整固有倫理道德」，主要也是爲了政治，所不同者，一是對外，宣傳中共在破壞中國文化，而臺灣則代表中國文化的正統；一是對內，希望經由強化倫理教育，達到偶像崇拜的目的。

一正一反的尖銳現象，在當時國內外的確收到相當的宣傳效果。文革結束後，連中共自己都承認，「文化大革命是一場由領導者錯誤發動，被反革命集團利用，給黨、國家和民族帶來嚴重災難的內亂，它不是也不可能是任何意義上的革命和社會進步」㉗。臺灣的文化復興運動，不能說完全沒有正面作用，例如在整理經典古籍方面，由於官方提供巨額經費，確有貢獻。同時，因學界受到獎勵，也帶給古典研究新的刺激。不過在倡導倫理教育方面，主要並不只是把儒家倫理當作一門倫理學去教，而是繼承了傳統與專制皇權相結合的三綱意義的權威倫理，並且有計畫的透過教育政策，編入相關的課程之中。

根據《中華文化復興運動紀要》，一九六六年十一月十四日：「全國各界人士代表會商爲響應中華文化復興運動，決擴大表揚好人好事，並配合推行忠孝運動」㉘。畢竟時代不同了，像專制時代政治化的泛孝主義，已無從說起，所以孝道的提倡，大抵已回歸到社會的意義。至於忠，

㉗《簡明中國近現代史詞典》，頁六七九，北京師範學院歷史系中國近現代史教研室編，一九八五年，北京中國青年出版社。

㉘該書於一九八一年，由中華文化復興運動推行委員會主編、出版。

在中國傳統裏，它的涵義本很複雜，且有多方面的功能㉙，與專制皇權結合之後，才把忠定位於效忠君王的絕對倫理。臺灣國民黨政權所提倡的忠之倫理，主要在要求人民效忠黨國，尤其在效忠領袖。爲了配合這種需要，教育部於一九六八年九月修正了「青年訓練大綱」，規定青年要「信仰並服從 領袖」（「領袖」上面要空格，保存了封建的陋習），在實施要點上，則要求教師們「講述 領袖之言行，激發其信仰 領袖、服從 領袖之情緒，使青年耳聽心維，時時刻刻心領袖之心，行 領袖之行」㉚。要求教師們講述，不一定眞有效，還要強制性的納入國民教育課本，例如國民中學的課本《公民與道德》中，它的編輯要旨便是：「本書立論根據國父遺教、先總統蔣公言論及當前國策，以加強學生民族意識」。

靠政治力量貫徹下來的倫理教育，它的效果如何呢？葉啟政教授的話，可幫助我們做一評估，他說：「我們必須明白，企圖以政治上之權力運作來貫徹和肯定思想意識，往往只能達到行爲表面的順從。這種順從本質上乃是在政制權力壓力下的勉強認同，外力一出，反抗力就會浮現出來」㉛。所以，效果是有的，但很脆弱、很畸形、很表面，在民間政治運動未興起之前，許多青年，一出國門便開始「反動」，當局從未深切反省過這種教育方式之不當。等到民間政治力量

㉙ 參看韋政通：《中國哲學辭典》。「忠」字條，頁四〇九—四一一，一九七七年，臺北大林出版社。

㉚ 以上均見教育部訓育委員會編印：《訓導法規選輯》，頁一八，一九八一年出版（非賣品）。

㉛ 葉啟政：〈三十年來臺灣地區中國文化發展的檢討〉，見朱岑樓編：《我國社會的變遷與發展》，頁一七〇，一九八一年，臺北東大圖書公司。

壯大之後。尤其在解嚴後這幾年，這種教育雖已遭到知識界嚴厲的批判，至今仍看不出有全面更張的迹象。

臺灣的文化復興運動，曾投入大量的財力與人力，因當道昧於文化對人的意義主要存在於無意識的內含層次，只有在自然而然地無意發展之中，有意義的作用才會眞正形成；也不了解尋找文化的發展最有效的方法，是要爲它創造一個自由合理的環境，而不是企圖要加上什麼，或給予什麼限制㉜。結果，推行中華文化二十多年，中華文化在社會大衆的意識中卻愈來愈「異化」。儒家倫理，在這個運動中成爲僵化的教條，成爲老官僚謀取私利的工具，成爲現實政權的護身符，延誤了從農業社會轉向工業社會，必須重建新倫理的時機，結果導向今日倫理道德全面崩解的危機。

儒家的倫理思想是很豐富的，大抵可分爲三大類：⑴個人倫理。⑵社會倫理。⑶政治倫理。希聖希賢的工夫，如格物、窮理、涵養、察識、克己、靜、敬，屬於第一類，孝順父母、敬老慈幼、夫婦及朋友之道，屬第二類㉝，這兩類的倫理，並不因時代的不同而喪失其意義。卽就第三類而言，除了意識形態化的三綱絕對倫理之外，還有「自古皆有死，民無信不立」的重「信」的政治倫理，還有貴民、愛民、利民、重視民意、民爲邦本的民本主義的政治倫理，這個傳統雖與

㉜ 同㉖，頁三三六。

㉝ 參看楊慧傑：《朱熹倫理學》的目錄，一九七八年，臺北牧童出版社。

民主文化中自由、人權、法治不同，但並不衝突，不但不衝突，如善加運用並發揚，可有助於民主文化的建立。因新文化的吸收，如有類似的文化資源，又能在傳統的架構中進行，將有事半功倍的效果。臺灣當局，所以特別青睞於儒家傳統中意識形態化的絕對倫理，與它的政治形態是分不開的。

國民黨在大陸時，歷經艱辛才制定了一部憲法，退守臺灣，在政局安定後，如肯下決心實行憲政，無論是國際的形象、地位，或是國內民心的團結上，一定不致弄得像今天這樣糟。可是，當外在壓力日漸消除，他實行憲政的意願也越來越低，首先是施行戒嚴法，剝奪了人民法定的大半權利，接著又制定「動員戡亂時期臨時條款」，使總統任期改爲終身職，並享有無上權力，使中國幾千年來，由「人治」轉向「法治」的希望落空，而成爲以個人意旨和性格爲準據的強人統治的政治形態。

在民主國家，文官及軍事體系是超出政黨之外的，在臺灣由於一黨獨大和強人統治，文武機構皆仍屬黨的領導與運作的範圍。菁英分子想參與其中，獲得較高的職位，最不可或缺的條件，就是要忠，對領袖、對黨的絕對忠貞不二，要較個人自身的其他條件與成就，如學識、品德等，更爲重要。這種傳統的政治倫理，在現時還是相當地發生作用㉞。

㉞ 胡佛：〈中國人的政治生活〉，見《中國人：觀念與行爲》，頁一〇二（參考㉒）。

儘管臺灣已經過四十年從地方到中央的局部選舉，儘管從七十年代中期以來，民間的民主運動蓬勃發展，但據政治學者近年來對臺灣地區政治文化的實證研究，一般民眾對五種權力關係（成員與成員之間、權威機構權力的來源、個人行使權力的範圍、社團行使權力的範圍、權威機構相互之間）指標的價值取向，仍停留在現代民主與傳統極權之間的轉型階段，學者們通常稱之爲威權政治。特徵是：在平等權、自主權、自由權（個人自由）、多元權（社會自由）及制衡權的五類取向中，對自由權及多元權的取向，並沒有達到文化的共識標準，而反面的共識卻可達到。也就是說，臺灣的政治文化，直到最近仍不在意國家機構的權力，對民眾的社會及個人自由的干預㉟。這說明儒家政治倫理中意識形態化的絕對倫理，因兩千多年來，內化到社會心理及個人人格，其影響迄今猶存。

四、儒家倫理與家庭、社會

在傳統中國，家或家族與社會是重疊的，所謂社會關係網絡，差不多就等於家族關係的網絡，因此，梁漱溟先生可以說：「中國是倫理本位底社會」，因爲它是「以倫理組織社會」㊱。

㉟ 胡佛：〈民主政治的迷思與實踐——促進中國民主政治的建議〉，一九八九年八月十六至十八日，《中國時報》主辦「中國民主前途研討會」論文。

㊱ 梁漱溟：《中國文化要義》，頁七八，一九六三年，香港集成圖書公司。

但在「臺灣經驗」中，家或家族的傳統功能已逐漸減少，大半已不再是一個生產、消費、教育、娛樂及宗教崇拜的單位㊲。所以下面討論儒家倫理在社會的角色，也不妨把家庭獨立出來看，當然，儒家倫理在家庭和社會中角色，二者之間並非全然無關。

傳統五倫中，有三倫屬於家庭：父子、夫婦、長幼，父子之間講求父慈子孝，夫婦之間講求相敬如賓，長幼之間講求上下尊卑的禮節。旅美人類學家許烺光先生，曾就各民族家庭中各種人倫關係予以分析，而將中國家庭定位爲以父子關係爲主軸的文化，因此孝之倫理，受到特別的重視與強調㊳。

在傳統社會受到特別重視與強調的孝道，在臺灣日漸工業化、都市化的社會變遷影響下，它的角色是否也起了重大變化？根據社會學者朱岑樓教授於一九七七年，向家庭專業工作者（包括大專講授有關家庭課程與報紙上和家庭有關的副刊編輯）的一項調查，在收回的九十八份問卷中，有一半以上認爲臺灣家庭的重大變遷是：⑴以夫妻及未婚子女組成之家庭增多，傳統式大家庭相對減少。⑵父權夫權家庭趨向於平權家庭，長輩權威趨於低落。⑶職業婦女增多，妻之經濟依賴減輕，家計趨向於共同負擔。⑷傳統家庭倫理式微，祖先崇拜不若過去之受重視。⑸家庭功能由普化趨向於特殊化，以滿足家人情感需要爲主，其餘則轉由社會負擔。⑹傳統孝道日趨淡

㊲ 楊國樞：《中國人的蛻變》，頁五一，一九八八年，臺北桂冠圖書公司。
㊳ 李亦園：〈中國人的家庭與家的文化〉，見《中國人：觀念與行爲》，頁一一三（參考㉒）。

薄，家庭非若以往以父母為中心，而趨向於以子女為中心。⑺夫妻不再受傳統倫理的束縛，趨向於以感情為基礎，穩定性減低，家庭糾紛增多，離婚率升高。⑻傳宗接代觀念減輕，家庭人數減少。⑼教養的方式，已由嚴格管制轉向尊重子女人格的獨特發展，且養兒不再全是為了防老，子女均受教育，輕重之別趨於淡薄。⑽家人相聚時間減少，關係趨於疏離，衝突增多㊴。

以上十項，雖僅是家庭專業工作者的印象，但距離事實蓋亦不致太遠。一九七七年以後，臺灣社會自由化的程度日增，婦女就業也更普遍，所以這種趨向的百分比，只有更高，不會減低。參考十項內容，如果說儒家倫理在現代臺灣家庭中已日漸式微，應該可以成立。根據最新的資料，臺灣離婚率已有竄升趨勢㊵，可見家庭兩性問題的嚴重。至於上下尊卑，在家庭裏——特別是在中產階級的家庭裏，雖不致完全消失，在主觀願望上大概已很少人有這種需求。

孝道則比較特殊，據心理學者黃堅厚教授於一九七七、一九八二兩次對國中、高中、大專學生所做的問卷，就孝行是否有必要這一項，青少年幾乎都認為在今日社會生活中，行孝仍然是必要的，只有極少數幾個人，持反面的意見。在行孝的困難程度這一項，是年齡增加時，認為行孝

㊴ 朱岑樓：《中國家庭組織的演變》，見其主編之《我國社會的變遷與發展》，頁二六〇—一（參考㉛）。

㊵ 根據統計，一九八一年，臺灣地區是千分之四點二，臺北市千分之六點八，高雄市千分之五點七。到一九八八年，臺灣地區是千分之六，臺北市千分之八點三，高雄市千分之八。

的困難程度亦隨之增加，這固然和青年的獨立性及活動範圍隨年齡增加，有聯帶關係㊶，更重要的恐怕是因年紀越小，越受到父母的呵護，越大，父母對兒女的要求也越多。照這個趨勢推論，成年以後，其困難的程度應會更大。

認爲孝行有其必要，屬於理智的判斷，何況講求孝道本來就是中國文化的一大特色，而事實上講求孝道也沒有什麼不好。可是一落到實際行爲上，就會發現窒礙難行，在上述問卷中，大專青年認爲「不符合現代生活」、「不易實行」、「最不贊成」的孝行有「絕對順從」、「傳宗接代」、「和父母同住一處」、「物質方面的奉養」、「不遠遊」、「晨昏定省」、「由父母安排婚姻」㊷。其中只有「奉養」，如果經濟條件許可，較容易做到之外，其他各項，在工商社會，有的是事實上做不到的，如「絕對順從」、「不遠遊」、「晨昏定省」；有的是父母不應干預的，如「傳宗接代」、「婚姻」；有的卽使願意，在大都市謀生者，也不一定能辦得到，如「和父母同住一處」。

一九七七年四月，文化復興運動委員會，透過各社教機構，推行「教孝月」活動，連續推行了幾年，便無疾而終。有的學者開始反省，覺得這方面的問題，可能出在傳統的孝道內容、方

㊶ 黃堅厚：《現代生活中孝的實踐》，見《傳統文化與現代生活研討會論文集》，頁二八六、二八九，一九八二年，中華文化復興運動推行委員會主編、出版。

㊷ 同前，頁二九二。

式，已「不符合現代生活」，於是有「新孝道」的主張。楊國樞教授在〈中國人之孝道觀的概念分析〉一文中，認爲新孝道應具有五項主要特徵：⑴新孝道只涉及家庭內親子（女）間的人際關係。⑵新孝道以親子（女）間的瞭解與感情爲基礎。⑶新孝道特別強調自律性的道德原則。⑷新孝道強調親子（女）間應以良好方式互相善待對方。⑸新孝道的態度內涵與表達方式具有多樣性㊸。新孝道的內容，都非常合理，問題是這些做人的道理，並不單限於親子（女）關係，至少還可以應用到朋友關係上。如孝道與友道可以不分，那麼孝道就看不出有何特殊性，在現代生活裏，孝道也將不可能再享有以往歷史上那樣特殊的地位。

此外，我們再從儒家倫理中的禮，看看它在臺灣社會變遷中的角色。

禮在傳統社會角色的重要性，不亞於孝，它不但有複雜的涵義，而且在個人修養、與政治、社會，都具有廣泛的功能㊹。特別是在社會方面，禮一向居於主導的地位，連法律的制定，都是不能違背禮教精神的，所以中國傳統社會，也可稱之爲禮治主義的社會。

新文化運動以來的反傳統潮流，所反的主要對象，便是傳統的禮教，摧毀得最澈底的也是禮。早已僵化且百弊叢生的禮教，當然該打倒，但傳統的禮學與禮的文化，在中國文化中極具特色，與中國民族性、國民性的形成，息息相關，我們不能說人的視、聽、言、動都要合乎仁、合

㊸ 同㊲，頁四九—五七。

㊹ 韋政通：《中國哲學辭典》，「禮」字條，頁七七五—九（參考㉙）。

乎孝，卻要合乎禮㊺，可見禮這種倫理更具普遍性和實用性，它是一個國家的國民最基本的教養，也是你走到任何國家，都能使人清晰辨別出你是那國人的文化要素。很不幸，今天的中國人似乎已喪失了這種國民特性和文化要素，今日臺灣似已成爲一個「富而無禮」的社會。

形成這種現象的原因是多方面的，不過我們多年來文化建設的工作，正如李亦園教授所說：「雖然多少對文化發展環境的塑造上做了一些事，但是著重之處仍然脫不了要在外表的層次上下功夫，我們的文化主管機構只管推行傳統的倫理教條，而不管它對現代人產生了什麼意義」㊻，這種「昧於文化眞義」的做法，總是難以辭其咎的。

單以禮來說，文化復興運動推行委員會，曾設計過一套〈國民生活須知〉，其目的顯然是企圖重整傳統禮的倫理、禮的文化，希望臺灣能成爲一個「富而好禮」的社會。其存心是值得尊敬的，可惜主其事者，並不了解臺灣經歷了社會文化的變遷，其生活的內涵與節奏，早已不是農業時代的中國，結果閉門造車弄出來的一套東西，出門自然難以合轍，雖以政府的力量全面推行，而其效不彰。

八年前我在一本書裏，曾將〈國民生活須知〉，與日本差不多同時期提出的〈理想國民的典

㊺ 同㉝，頁九。
㊻ 同㉖，頁三三六。

型〉㊼，做了比較分析，發現二者之間對現代生活的精神自覺，有相當大的差距：第一，日本〈理想國民的典型〉，對生活只做了原則性的要求，日本戰後實行民主政治相當成功，因此在自由民主的原則下，對國民生活主要在培養一種新的精神和新的態度，有了新的精神和新的態度，才能革新生活，建設符合現代生活的禮才有可能。我們的〈國民生活須知〉，卻反其道而行，很少原則性的提示，共列六個部分、九十三條細目，從普通禮節到食、衣、住、行、育、樂等生活細節，都一一予以規定，甚至連如何打電話，怎樣吃西餐也都詳加說明，如當作國民小學學生的手册，或許有參考價值，如當作全體國民的生活規範，實無異是對國人自行學習、自行改正生活的能力缺乏信心。

第二，日本人所追求的，是自由民主的生活，我們在禮節方面的規定，有不少仍類似傳統理學家所要求的生活，上下尊卑的觀念，仍受到特別的強調。

第三，日本方面所表現的思想是開放的，因此能深刻感受到所面臨的問題，以及日本在現代文明和國際情勢中應走的方向。比較起來，我們在思想上表現的是相當封閉的，根本未觸及較深刻的生活問題，也缺乏中國人在當今世界處境的自覺㊽。

㊼ 見帕新原著，劉焜輝、洪祖顯譯：《日本的現代化與教育》，頁二八六—八，一九七三年，臺北幼獅文化公司。

㊽ 韋政通：《倫理思想的突破》，頁一四四—八。一九八二年，臺北大林出版社。

以上的比較，可以爲李教授所說，「我們的文化主管機構只管推行傳統的倫理教條，而不管它對現代人產生了什麼意義」，提供一有力的佐證。在傳統時代，知識分子面臨文化危機會說：「禮失而求諸野」，今日臺灣，連「野」也並不純樸，和都市一樣腐化無禮。儒家倫理眞不知要從何說起！

五、結　語

經過以上三節的討論，我們對儒家倫理在「臺灣經驗」中經濟、政治、家庭、社會等四方面的角色，可獲得以下幾點認識：

㈠影響臺灣經濟發展的因素，是多方面的，儒家倫理只是其中之一。本文在倫理因素之外，提到新經濟政策、地理環境和人才等因素，我們雖無法確知這些因素與儒家倫理相比，孰輕孰重，但有經濟學家認爲，相對於人才的積極因素，儒家倫理不過是消極因素。本文所討論的經濟，重點是放在儒家倫理所運作的家族企業，而儒家倫理則是指三綱倫理意識形態化之後，經由制度化、社會化而形成的「小傳統」。「小傳統」的儒家倫理，對臺灣經濟發展頗有貢獻的家族企業，有很大影響，不過家族企業在產業轉型、產業升級的趨勢下，已面臨困境，一旦臺灣經濟走向高科技之路，儒家倫理的角色可能也將隨之式微。

㈡本文討論儒家倫理在政治方面的角色，是從官方的意識形態和政治體制去看問題。爲回應中國大陸的「文化大革命」而推行的「中華文化復興運動」，充分表現官方意識形態的作用：對外可顯示中共在破壞中國文化，而臺灣則代表中國文化的正統；對內則透過教育政策，強化權威主義的倫理教育，以達到領袖崇拜的目的。臺灣官方所以特別青睞於儒家傳統中意識形態化的絕對倫理，和它人治的專權統治的政治體制是分不開的，菁英分子想進入這個體制中的較高職位，對領袖的絕對忠貞，是不可或缺的條件。因無意使政治形態由「人治」轉向「法治」，使臺灣的政治文化始終無法順利地朝民主方向發展。

㈢儒家倫理在臺灣家庭中的角色，因受工業化、都市化的影響，已起了很大的變化，夫婦關係越來越不穩定，在傳統社會視爲天經地義的上下尊卑的倫理，已日漸被平權的觀念所代替。比較特殊的，是孝之倫理，在學青少年，在理智上大都認爲孝有其必要，可是實行起來感到困難的程度，卻與年齡成正比。大抵看來，孝道在臺灣，不論是在一般民眾還是知識分子的意識中，仍具有相當的生命力，新孝道的主張，多少也說明了這一點。

儒家倫理中的禮，由於受到新文化運動以來打倒舊禮教，加上經濟掛帥所導致的社會變遷的雙重影響，舊禮教固然已蕩然無存，一般日常生活中的禮節與禮貌，也若存若亡。政府雖力圖重整傳統禮的倫理、禮的文化，因昧於文化的眞義，故其效不彰。

㈣總的來說，儒家倫理對臺灣的經濟有局部但屬於正面的影響，對政治的影響是負面的。在家庭方面，負面影響已漸消失，正面影響雖存在，但影響的程度，則無從估計。社會方面，正面與負面的影響，則都在消逝之中。

一九九〇年七月應中國大陸、臺灣、香港、新加坡四地中華書局慶祝八十周年而作

科學、民主、反傳統

——以「臺灣經驗」反省「五四」

七十年來，回顧和討論「五四」的文字，用汗牛充棟來形容恐不爲過。今逢「五四」七十周年，散佈在世界各地的中國知識分子，勢必又將形成一股討論的熱潮。同時，近年來，所謂「臺灣經驗」業已逐漸成爲一個熱門話題，此不僅在臺灣，大陸方面也相當關心。因此本文擬嘗試從一個新的角度，藉「臺灣經驗」來反省「五四」：一方面希望了解「五四」在發展「臺灣經驗」的過程中，究竟扮演了何種角色；另一方面也想藉「臺灣經驗」對「五四」做一番新的評估。針對前一個問題，我們假定二者之間具有傳承的關係，也就是說，「臺灣經驗」的某些部分，乃是「五四」的延續和發展。針對後一個問題，我們從臺灣過去四十年中發展出來的新的經驗，不難看出「五四」的侷限；這方面的經驗，不是承繼「五四」，而是邁出「五四」。

不待多說，本文討論的「五四」僅限於科學、民主和反傳統三項，而「臺灣經驗」則是指一九四九年以後臺灣地區與這三項對應的一些新的發展和新的情況，這些經驗並不意味著都是進步的，相對著一九四九年以前的中國而言，其中有些是進步的，有些只是在新的處境中，面臨了新的挑戰，因而也產生了新的問題。

科　學

「五四」運動基本上是一個以思想革新為主調的文化運動，其主要的內涵，是提倡來自西方的「科學」與「民主」，「賽」先生、「德」先生的口號，自陳獨秀提出後，一時頗為流行，遂形成「五四」追尋的重要目標。

就科學而言，在「臺灣經驗」裏的意義與「五四」時代有所不同，在臺灣，科學是相對於人文、社會的一門學問，在五四時代所提倡的科學，是發自宗教情懷的一種思想：科學主義❶。「五四」時並不是沒有人懂得科學，如「中國科學社」成員中，專研數學、物理的趙元任、胡達，專研農學的秉志、金邦正、過探先，但這些默默耕耘的年輕科學家❷，都不是五四新文化運動的主將，因此也少為時人所知。當時提倡科學的風雲人物是陳獨秀和胡適，他們才是信奉科學主義的科學宣傳家。

---

❶ 以「學問」和「思想」區分「科學」與「科學主義」，見王爾敏：《中國近代思想史論》，頁五一七，一九七七年初版，臺北華世出版社總經銷。

❷ 有關「中國科學社」的科學活動，可看郭正昭：〈「中國科學社」與中國近代科學化運動〉一文，收入一九七一年由中華民國史料研究中心編印的《中國現代史專題研究報告》第一輯。

有關清末以來（一九〇〇—一九五〇）流行的科學主義，郭穎頤的研究專著，早已在一九六五年出版，他下的定義是：「一般地說，科學主義是把科學的有限原則，予以普遍應用，使它成爲文化定理的一種信念；嚴格地說：科學主義應界定爲把自然的常則視爲其他社會科學的常則，社會科學的知識，唯有經由科學方法而後得之」❸。郭氏在書中把科學主義區分爲「物質的科學主義」（包括吳稚暉、陳獨秀）、「經驗的科學主義」（胡適、丁文江、任叔永），此外還提到「心理的科學主義」，但在書裏並沒有討論，據說是「因爲深怕別人以爲他是在嘲弄一些當代學人」❹。不論是那種類別的科學主義（心理的除外），主旨都企圖把科學的方法和價值越位擴伸，成爲其他價值和知識的主宰。

五四時代的科學主義，經由一九二三年間著名的科學與玄學（人生觀）論戰，才使它的特性發揮得淋漓盡致。這場論戰，表面上是在爭論科學是否能支配人生觀，實質上是傳統派與西化派論爭（就特定問題）的延續，所不同者，是雙方參與論戰的主角，都在西方受過教育，而且在當時算得上是第一流的知識分子，因此，由論戰的內涵不難看出參戰者的學術素養與思想境界。一支援「科學」一方的胡適說：「總而言之，我們以後的作戰計畫是宣傳我們的新信仰，是宣

❸ 郭穎頤（D. W. Y. Kwok）：《科學主義在中國，1900-1950》，頁二一，一九六五年，美國耶魯大學出版社。

❹ 同❶，頁五四〇。

傳我們信仰的新人生觀」❺，所謂「新人生觀」就是「科學的人生觀」。反對科學能支配人生觀的張君勱認爲，人生觀的特點是主觀的、直覺的、綜合的、自由意志的、單一的，所以「人生觀問題之解決，決非科學所能爲力」❻。這根本是基本信仰有衝突，注定會各說各話，沒有什麼結果的論爭❼。

科學主義者把人生觀論者的一套主張，概括爲「玄學」，於是「打玄學鬼」的口號流行一時，結果呢？誠如王爾敏所說：「當時一個通俗的口號是打玄學鬼，但在反面卻無意中建立了科學的神，產生所謂的科學崇拜，流爲心理的科學主義」。玄學方面雖爲對方的氣勢所壓倒，後來幾乎不再有學者敢去沾上「玄學」二字，但「玄學鬼」是否眞的被消滅了呢？當然沒有，「實際上玄學鬼的精魂卻已潛伏在科學旗幟之下，發生了作用，形成了科學主義的符籙派」❽。到此，科學主義者早已遠離提倡科學的初衷，科學在「五四」時代西化派手中，主要不過是一種反傳統主義的工具而已。

臺灣於六〇年初期，也曾有過一場「傳統」與「西化」的論戰，由於知識上的進展，臺灣的

---

❺ 汪孟鄒編輯：《科學與人生觀》，胡適序文，頁二五。
❻ 見前註之書，張氏〈人生觀〉一文，頁九。
❼ 關於此一爭論，韋政通《現代化與中國的適應》一書之第一章：〈問題〉，第三章：〈科學萬能的夢〉有較詳細的討論，此書一九七四年由盧山出版社出版，一九七六年改由牧童出版社出版，現已絕版。
❽ 以上見❶之書，頁五三一—二。

西化派很少有人宣傳科學主義的信仰，他們認識到文化中的認知特徵對中國文化重建的重要性，因而有「我們不能過分沉湎於科學主義之中」❾的覺悟。當然，在臺灣促使科學主義退潮的主要原因，是知識專業化逐漸受到重視，不論是自然、社會，或是人文領域，受西方知識專業訓練的人才日多，使得一些態度謹嚴的學者，連「人文科學」這個名稱都不敢隨俗使用，而改用「人文學科」。有的學者甚至認爲「人文學科」絕對不能把它叫做「人文科學」，因爲我們是「人」而不是「機器」❿。

科學主義與科學本身的研究是兩回事，科學主義退潮雖不表示科學研究會有進展，但在臺灣知識界一向關心的已是科學的研究發展問題。這方面一個基本的問題是：如何使科學在中國生根？它涉及基礎科學的研究以及研究環境的改善。近二十年來臺灣這方面一直有進步，但至今能獨立從事科研的高級人才，仍多依賴國外的教育，用於基礎科學的經費仍然偏低⓫。

其次，爲了要求速效，臺灣一向比較注重應用科學、工程科學。一些大型企業投下的鉅額經費，也多半用於向國外購買技術，以獲取短期的利潤，很少注重自己的研究發展，做前瞻性的投

❾《殷海光先生文集》，頁一〇二八—九，一九七九年，臺北九思出版公司。

❿林毓生：《思想與人物》，頁四，一九八三年，臺北聯經出版公司。

⓫以民國七十五年（一九八六）爲例，政府用於技術的經費佔五〇．七%，用於應用科學的佔三八．三%，用於基礎科學的佔一一%，但比民國七十年（一九八一）的四．七%已增加近三倍。

資，以提高國內的科技水平。因此，技術上對國外的長期依賴，使近年來一直推動的由勞力密集轉型爲技術密集的過程，遭遇到相當大的困難。

有利於科學發展的條件，除了充裕的資金、健全的制度和自由的研究環境等條件之外，影響最深遠的一個因素，則是青少年在教育的過程中是否能發揮他們研究科學的潛能，臺灣在這方面問題相當嚴重，根據專家的了解，臺灣的國小學生創造力不錯，初中差一點，高中更差，大學環境自由一些，但經過多年學習方式已定型，創造力已回生乏術⑫。在臺灣，學生到初中開始要面對升學壓力，在升學主義主導下，六年的中學教育，不但被扭曲，而且僵化。扭曲是指其背離了德、智、體、羣四育均衡發展的目標；僵化是指教育當局、學校、家長，明知升學主義流弊極大，卻束手無策。

民主

以「臺灣經驗」反省「五四」，在民主的問題上遠比科學要來得複雜，因科學不管怎樣被利用，科學本身的價值，幾無人懷疑；科學知識的權威性，也遠比民主爲高。其次，科學與民主帶給古老社會的衝擊，雖然都相當大，而民主所要求改變的廣度與深度，顯然超過科學，因此改變

⑫ 江才健：〈建立適合科學發展的環境——尊親科學才能少年獎的廻響〉，見《時報雜誌》九十期，一九八一年八月二十三日。

的過程也更加艱難。

要探討如此複雜的問題，我們如不能在這兩個時代的民主問題上，找出既有連貫性又有差別性的焦點，討論就不容易進行。去年「五四」，我寫過一篇題爲：〈民主：播種不易，收成尤難〉的短文⑬，是針對臺灣民主運動的現況，以「五四」背景來加以反省，我覺得「播種」與「收成」，很可以表達這兩個時代民主的不同性質和不同取向，而同時又能保持二者之間歷史的連貫性。

在五〇年代的臺灣，知識分子追求自由民主的言論，以《自由中國》半月刊爲主，它工作的重點之一，是發揚「五四」式的思想啟蒙：一方面宣揚民主與科學，同時也批判傳統文化。在當時，自由主義已成爲禁忌，所以藉著每年紀念「五四」，不斷地呼籲「重整五四精神」、「跟著五四腳步前進」、「展開啟蒙運動」⑭。曾任《自由中國》發行人的胡適，這時候成爲知識分子的精神領袖，而胡適正是「五四」時代的紅人。必須指出，「五四」時代的胡適，關懷「自由」的問題遠超過「民主」，在《新青年》裏討論民主最多的是陳獨秀，不是胡適，到了三〇年代的《獨立評論》上，胡適才是討論民主問題的主角。

---

⑬ 見《中國論壇》半月刊，三〇三期。

⑭ 這都是《自由中國》社論的題目，發表時間依序爲一九五七年五月五日、一九五八年五月一日、一九五九年五月五日。

具備一點中國現代思想史常識的人都知道，《新青年》在前四年（一九一五年九月創刊）所倡導的思想革新，是以西方文化爲主導的。中國共產黨成立之後（一九二一），《新青年》已是傳播馬列主義的機關報，這期間李大釗對馬列主義理論的引介，以及陳獨秀思想的轉變，都是重要問題，但在這裏無從討論。這裏要討論的是在以西方文化爲主導階段的民主思想。

一九一九年五月一日，美國哲學家杜威到中國講學，在一次演講中，他把民主的因素分爲四種：⑴政治的民主：以憲治和立法代表權爲主。⑵民權的民主：如言論、出版、信仰、居住等自由。⑶社會的民主：消除社會不平等的現象。⑷經濟（生計）的民主：平均分配財富。杜威告訴中國的聽眾，這四點才是現代民主主義的本質，也是我們應該擁護的⑮。這在中國現代史上，是第一次有人爲知識分子了解民主，提供了一個正確、清晰而又完整的概念架構，這個架構涉及的民主發展的歷史和民主理論相當複雜，事實上在馬、恩社會主義發生影響力之前，西方近代史上的民主，是以前兩種因素爲主，當馬、恩社會主義向資本主義挑戰之後，後兩種因素才受到重視。「五四」時代宣揚民主的知識分子，很少能清楚這個背景。

如以上述的概念架構來看《新青年》所宣揚的民主思想，大抵是初期側重在政治的民主和民權方面；轉向馬列之前，因杜威的影響，才看重社會經濟的問題。前者屬於理念層次，後者則針對中國現況，提出具體的構想。

---

⑮ 周策縱原著，楊默夫編譯：《五四運動史》，頁三六八，一九八〇年，臺北龍田出版社。

《新青年》一創刊，陳獨秀便撰文歌頌法蘭西文明，文中提到一七八九年的〈人權宣言〉，認爲宣言發佈後，使「歐羅巴之人心，若夢之覺，若醉之醒，曉然於人權之可貴，羣起而抗其君主」⑯。這正是他主張思想革新所抱的希望。同一年在另一篇文章裏指出，西洋民族是以個人主義和法治爲本位。因爲重視個人主義，因此倫理、道德、政治、法律，無不維護個人的自由權利，在眾多的自由權利中，思想言論的自由，可促使個性的發展，更重要的是，這些權利「載諸憲章，國法不得剝奪之」⑰。因爲重視法治，所以法律之前，人人平等。法治的最後根據在憲法，國家制訂憲法，它不但是「全國人民權利之保證書」，而且根據法律平等的原則，它也「決不可雜以優待一族一教一黨一派人之作用」⑱。

民國成立，雖號稱亞洲第一個共和國，但實際上「共和」只是一面空招牌，「傾向君主專制的舊思想，依然如故」⑲。陳獨秀在思想革新的要求下，自然就看出「如今要鞏固共和，非先將國民腦子裏所有反對共和的舊思想，一一洗刷乾淨不可」⑳。因此民主教育問題，也就成爲他民主言論的一個重點，在他心目中，必須先培養大量適於過共和生活之人民，才能造就共和之國，

---

⑯ 陳獨秀：〈法蘭西人與近世文明〉，引文見《獨秀文存》，頁一二。

⑰ 《獨秀文存》，頁三六。

⑱ 《獨秀文存》，頁一〇六。

⑲ 《獨秀文存》，頁一四八。

⑳ 《獨秀文存》，頁一四九。

這個想法是很有遠見的。以之檢證臺灣的經驗，許多從事民主運動者，都缺乏民主素養，就是一向不重視民主教育的後果。

上述民主理念都很正確，問題是如何把這些來自西方的觀念，運用到中國現實政治的思考上去？〈今日中國之政治問題〉和〈實行民治的基礎〉二文，代表陳獨秀朝這方面思考的成果。前文討論的是「武力政治」問題，後文是爲奠定中國民主的基礎，提出他自己的構想。

「五四」時代的北洋政權，全靠武力在盤據，這些當權的武人，既不守法，對國法、人言也無所顧忌，在陳氏看來，「此種武力政治倘不廢除，不但共和是個虛名，就是復辟立君也沒有辦法」㉑。他警告迷信武力的當權者：「袁世凱以數十年的辛苦經營，尚且不能以一派勢力統一國家」，其他黨派更不可能。因此他建議各黨各派「拋棄以一黨勢力統一國家的思想」，「主張北洋、國民、進步三黨平分政權的辦法，又贊成一黨組織內閣的夢想」㉒。陳氏似乎未能覺察到，既贊成一黨組閣，就不應再主張三黨平分政權，因爲這兩個辦法之間是矛盾的。由此可知他對這個問題並無定見。所謂「三黨平分政權」，應是指一個較大的黨，因未獲過半數支持，於是聯合其他的小黨共組內閣，這種分贓式的民主，政權並不穩固。較穩固的民主政治，是由兩黨交替執政，每次經由大選，勝利者執政，另一黨在野扮演制衡的角色。北洋時代的中國，南北分裂，根

㉑ 《獨秀文存》，頁二二二。

㉒ 以上均見《獨秀文存》，頁二二三。

本不可能經由大選產生執政黨，陳獨秀此一主張，只是妄想。至於「一黨組織內閣的夢想」，在過去四十年，臺灣早已實現，但事實告訴我們，一黨內閣，並不就等於民主。

以上粗略的分析，是要指出陳氏對中國的民主，根本未能觸及問題的癥結。一年以後，他在〈實行民治的基礎〉一文中，因受杜威的啟發，他的思考，有了進一步的發展。其中最重要的一點，是在政治民主與社會經濟民主之間，他認為「應該置（著）重社會經濟」，「社會經濟的問題不解決，政治上的大問題沒有一件能解決」㉓。既然如此，文章的重點就該放在社會、經濟民主的問題上，而他只提到「社會經濟的民治主義，那一國都還沒有實行」㉔，就輕輕帶過，全文大部分討論的，仍是政治民主的社會基礎問題，他提出「地方自治」和「同業聯合」的具體構想，並企圖透過這些小組織表達直接民權。這種構想必須在實際推行民主憲政的大架構下才有可能，不要說在當時的中國沒有這個條件，即使在今日的臺灣也是辦不到的。

《新青年》另一位作者高一涵，對西方民主的理解，雖不免理想化，但比陳獨秀要略勝一籌，他在〈共和國家與青年之自覺〉一文中，對專制與共和的分野，有恰當的了解。他除指出一個民主國家，除了平等的法律，政權非一黨一派所能壟斷之外，還認識到「共和國本，建築於人民輿論之上」㉕，所以民主政治有人稱之為輿論政治。在專制時代，「朕即國家」，進入民國，

㉓《獨秀文存》，頁三七五。
㉔《獨秀文存》，頁三七九。
㉕高一涵：〈共和國家與青年之自覺〉，引文見《新青年》一卷一號，頁三二。

很少人知道國家與政府應判然劃分，高一涵特別談到這一點，他說：「政府者立於國家之下，同與全體人民受制於國家憲法規條者也」㉖。這一點太重要了，不了解或做不到這一點，所謂國家，所謂憲法，不過是一黨統治的工具而已。臺灣四十年來，流行「主義、領袖、國家」的標語，是與民主精神不相符的。不論是政府或民間，至今仍常有人把批評政府者視爲不愛國，正代表這種觀念上的混淆。此外，高一涵斬釘截鐵地說：「無論何國，苟稍顧立國原理，以求長治久安，斷未有不以民權爲本」㉗，這是不刊之論。

陳獨秀、高一涵等人所宣揚的民主理念，在當時內憂外患的情況下，並沒有實踐的條件，只是藉著《新青年》的影響力，在年輕知識分子的心中播下民主、自由的種子。相對著「五四」的「播種」階段，我們說目前臺灣的民主已進入「收成」的季節，主要的根據是，民主業已成爲全體人民的共識，反對黨也能合法的存在。回想四十年來，這條走向民主之路，崎嶇坎坷，波折百出，但現在已是一條不歸之路。「收成」在這裏並不暗示臺灣的民主業已成熟，僅表示有收穫的希望而已。

臺灣的民主所以能有今日的成效，主要憑藉的是一部相當符合自由精神憲法。這部憲法是遵循孫中山先生定下的從軍政到訓政到憲政的目標，以及清末以來試行民主多次失敗的教訓，所獲

㉖ 同前。
㉗ 同前註㉕，頁三一。

得的成果。假如沒有這部憲法，不會一開始就開放局部的選舉（選舉是否公平公正是另外一回事），沒有長期而又定時的選舉，後來就不大可能有發自民間的民主運動。假如沒有這部憲法，知識分子爭自由、爭民主的言論，以及對政府不法的抗議，將缺乏法典上的依據，使知識分子的處境，將更艱困。

四十年來臺灣爭取民主的歷程，大抵可分為三個階段：

第一階段（一九四九—一九七六）歷時最久，執政的國民黨為了政權的合法性，必須維持憲政的形式。另一方面，為了「戡亂」的使命，而有戒嚴法和種種限制人民基本權利的「條例」。在這長達將近三十年的漫長歲月中，除了選舉期間，出現間歇性的熱鬧之外，民主運動一直停頓於知識分子論政的形態，一九六〇年雷震等人與少數臺籍地方領袖，曾醞釀籌組「中國民主黨」，結果組黨運動不過曇花一現。

近代以來，中國知識分子論政，一向以雜誌為言論重鎮。這一階段的臺灣，如果撇開五〇年代的《自由中國》，六〇年代的《文星》，七〇年代的《大學雜誌》和《臺灣政論》，將很難了解爭自由、爭民主言論的情況。《自由中國》的政論以維護憲政為主，《文星》偏重文化思想，《大學雜誌》以政治改革為主要訴求，《臺灣政論》是一本具有本土色彩的政論雜誌，為時很短（五期）。這些雜誌都曾在「白色恐怖」的年代中掙扎，其中處境最險惡、最具代表性，且有持久影響力的，當推《自由中國》。筆者撰此文時，正值該雜誌發行人雷震先生逝世十周年，自由派知識分子爲他公開舉行演講紀念會，以感謝他對臺灣民主的貢獻。同時他的獄中日記，也在報紙大幅刊登，今天的政治氣氛與二、三十年前相比，眞不可同日而語。

《自由中國》的言論，在維護憲政不遺餘力之外的另一特色，是希望重整「五四」自由活潑的精神。國民政府遷臺後，一直把自由主義當作思想的毒素，把「五四」運動和自由主義不斷淡化、醜化，《自由中國》筆陣中一些深受「五四」影響的作者，爲了抗議，也不時發出宣揚「五四」的聲音：主張再啟蒙，並擺脫舊傳統，其態度的積極與強烈，不遜於「五四」前輩。此外值得一提的是，在該雜誌的後期，對反對黨問題的密集討論，它不僅爲反對黨的成立提供理論根據，也爲臺灣民主運動的未來，指出清晰而又重要的目標。這一點爲「五四」時代倡議民主者所未及，陳獨秀要到晚年才了解到「反對黨派之自由」，對民主的重要㉘。

第二階段（一九七七—一九八五）是黨外民主運動的興起。與前一階段至少有兩點不同：(1)前一階段知識分子論政的主角，屬於自由主義、理想主義的成分較濃，除了在一言堂的環境裏，表達抗議精神，表現一點異見之外，最大的希望是在社會上能建立起民主的共識。參與黨外民主運動的知識分子的特色，是行動取向的——主要是參選，他們要以實際的行動向執政黨挑戰。(2)前一階段以外省籍的知識分子爲主導，黨外運動則是以臺灣本土知識分子爲主，外省籍知識分子

㉘ 見一九四〇年十一月二十八日所撰〈我的根本意見〉，《陳獨秀自述》，頁八〇，一九六八年，臺南王家出版社。

支持黨外運動者不少，但已退爲第二線，已非主角。導致這種現象的主因，是因外省籍知識分子的職業，多半爲教師或公務員，生活資源爲執政黨所控制，而本省籍者比較可不受這種影響。在這段期間曾發生中壢事件（一九七七）和高雄事件（一九七九），使相當多的黨外人士被捕下獄。但因這個運動本就起自民間，帶草根性，加上這十年之中，經濟快速成長，受高等教育的人數激增，使社會力日漸充沛，這些條件爲「五四」時代知識分子很難夢見。而臺灣正因爲創造了這些新條件，黨外運動雖屢次受挫，都能迅速恢復活力，在嗣後的選擧中，不少受難家屬「代夫出征」，多半能贏得勝利。選民用選票對執政黨的壓制民主運動表示不滿，也以選票對受難者還以清白和公道。

在這個階段，每逢選擧，都能把民主運動帶向高潮，他們主要的文宣工具，仍然是靠雜誌。黨外雜誌眞如雨後春筍，政府禁不勝禁，有的則流入地下。其言論之大膽，讀者之衆多，在中國近代史上，都屬空前。一波波的選擧熱潮和蓬勃發展的黨外雜誌，最顯著的影響，是抹去了社會大衆心理上由來已久的那層政治恐懼的陰影。同時黨外政團紛紛成立，事實證明這些政團產生了爲反對黨催生的功效。

第三階段從一九八六到今年（一九八九），爲時雖最短，變化卻最大；從一九八六年民主進步黨的成立，一九八七年的解除戒嚴，到一九八八年蔣經國總統的去世，每一次都給臺灣社會帶來巨大的衝擊。反對黨的出現，不僅使執政黨面臨組織性的挑戰，也迫使它黨性本身的調整：從支配者邁向競爭者。解嚴以後，憲法賦予國民的基本權利，已逐漸恢復，於是勞工、環保、反核等社會運動蓬蓬勃勃，報禁也開放了，使得言論自由的禁忌減少。蔣氏去世至少在大眾心理上都感到舊時代已結束，而懷抱一個更開放更自由的新時代的期待。

一連串的衝擊和變化，把臺灣的民主帶向一個新的歷史性的轉捩點上。教育普及、經濟成長、中產階級的興起等等，畢竟只提供了民主發展的外在條件，而健全的法治、黨內民主化和民主的生活方式等作爲民主發展的內在條件，仍嚴重不足，因而導致近年來政治衝突和社會衝突層出不窮，這些都不是短期間能改進的。

長久已來，大部分四十多年不改選的國會議員，使國會老化，一直是臺灣民主化的一大障礙，因國會缺乏民意基礎，使政府的政策與制訂的法規，和社會脫節，此不僅有損於政府的形象，也爲社會帶來普遍的「亂」與「怨」。

在目前所有的問題中，認同問題可能是影響臺灣民主前途的一個新變數。一九四七年「二二八」事件發生後，就一直隱藏著這個問題。黨外民主運動興起之後，開始提出「自決」的口號，近二年來，由於國際情勢從冷戰轉向和解，以及對大陸關係的局部開放，「統」、「獨」遂成爲熱門話題，並在社會上公然對抗。

由上述可知，臺灣人民爭取民主，在第一階段，「五四」仍扮演相當重要的角色，一九七七年以後，已出現新的局面，但困難重重。推展民主新局的動力，主要是靠臺灣日漸充沛的社會力，而非「五四」歷史的感召。

反傳統

以上討論的民主與科學，在以思想革新爲基調的新文化運動中，與傳統文化完全處於敵對的地位。「革新」在一般使用的意義上，是指「改革」與「更新」，在《新青年》的反傳統思想裏，「革新」的意義成爲「革故才能更新」，也就是舊的不去，新的不來，「新」與「舊」或「中」與「西」，根本無法相容並存。這種極端性的思想態度，並非漸次形成，《新青年》一開始便是如此。其中複雜的原因，論者已多㉙，在這裏，我們探討的重點，是要以臺灣這方面的經驗，來反省「五四」時代被後來史家稱之謂「反傳統主義」的這個論題。

在《新青年》裏，反傳統主義的文章很多，但最具代表性的仍是陳獨秀，在陳氏衆多反傳統的文章中，又以〈新青年罪案之答辯書〉裏的一段話，最具概括性，他說：「追本溯源，本誌同人本來無罪，只因爲擁護那德莫克拉西（Democracy）和賽因斯（Science）兩位先生，才犯了這幾條滔天的大罪。要擁護那德先生，便不得不反對孔教、禮法、貞節、舊倫理、舊政治；要擁護那賽先生，便不得不反對舊藝術、舊宗教；要擁護德先生又要擁護賽先生，便不得不反對國粹和

㉙ 其中較具代表性，也是最有深度的，爲林毓生：《中國意識的危機——「五四」時期激烈反傳統主義》。

舊文學」㉚。這種把西方文化中的民主、科學與中國傳統文化完全置於敵對的論調，在今日臺灣，稍微注意過這類問題的知識分子，大概都能指出他的謬誤。問題是：如此兩極化的論調，在以後「傳統」與「西化」的論爭中，至少持續了達半世紀之久。一九八四年後，中國大陸的文化思想界興起的「文化熱」中，仍然出現類似的論調，對青年知識分子依舊具有吸引力，這現象究竟要怎樣解釋？以往對這個問題，中外學者儘管做過許多嘗試，顯然仍不够充分。下面且看看這個時代性的大論爭在臺灣的情況。

「傳統」與「西化」的問題，在臺灣的演變，可以說也相當複雜，我自己的思想，是在這個爭論中成長，又再超越它而成熟——找尋到自己獻身的方向，這一主客交互的歷程，足以寫本專書。但此刻，在這篇通俗性的短文中，只打算簡略地探討兩個問題：第一，為何處於文化「邊陲」地位的臺灣，仍會出現「傳統」與「西化」的熱烈爭論？第二，在臺灣，這一意識形態上的對立是如何克服的？

有關第一個問題，主要是針對六〇年代初由《文星》雜誌發動的中西文化論戰，這次論戰大約持續了三年（一九六二——一九六五）。當然，論戰與《自由中國》的啟蒙思想有一定的淵源，嗣後也沒有完全平息，但其規模之大和熱烈的程度，都無法與這次相比。

㉚《獨秀文存》，頁三六二。

必須指出，論戰的導火線是由「五四」時代反傳統主義的老將胡適所引發，他在〈科學發展所需要的社會改革〉的公開演講中，說了一句「我認為我們東方這些老文明中沒有多少精神成分」㉛，這是很典型的「五四」反傳統的老調，在學術上毫無意義，卻刺中了傳統派的「心病」，立即引起一陣惡罵㉜。當時胡適心臟病復發，演講後三個多月便去世，遂由胡適認為比他自己還要了解胡適的李敖上陣迎戰。

由一句老調竟然引起一場熱烈的論戰，其中的原因大抵可歸納為下列幾點：

(1)傳統派第一個上陣的是徐復觀，接著便有鄭學稼、任卓宣（葉青）、胡秋原助陣，這三位思想立場不同，也非傳統派，在這場論戰中卻成為戰友。四位先生在中國現代史上，都是言論上身經百戰的老將，也都有一定的聲望，與他們對壘的，多半是批判性強的年輕人，這種攻擊偶像的機會千載難逢，於是老將們就成為年輕人「反偶像主義」的箭靶子。

(2)在臺灣執政的國民黨，自三〇年代開始，就一直以復興固有文化、加強民族精神教育，為鞏固政權的一種手段。到臺灣後，又認為固有文化是與中共鬥爭的有力武器，因而通過教育政

㉛ 胡適的講詞刊於《文星》第五十期，一九六一年十二月一日出版。

㉜ 此指徐復觀：〈是中國人的恥辱，是東方人的恥辱〉，胡適演講為一九六一年十一月六日，徐文撰於十一月七日，該文現收入時報文化公司出版之《徐復觀雜文續集》。

策，有變本加厲的趨勢，使有識之士與知識青年心理上產生抗阻，於是藉論戰表達他們的不滿。

⑶徐復觀主持的《民主評論》代表傳統主義的言論重鎮，雷震主持的《自由中國》代表西化主義的言論重鎮，彼此因意識形態不同，雖互有批評，但屬於游擊型的，論戰爆發後，終於轉變為陣仗。

⑷一九六〇年殷海光在一篇文章裏，針對當時的思想狀況說：「臺灣近十幾年來在思想上呈現兩種現象：一是倒退；二是靜如止水。從倒退方面說，臺灣近十幾年來在思想上的倒退不止五十年。就目前在臺灣一部分人之間彼此吐納的思想或觀念形態看來，不用說趕不上『五四』時代，連清末也不如。……大部分人，特別是年輕一代，畢竟不願陪著老一輩的人倒退」㉝。這段話恰好可以說明論戰的思想背景。我想思想上的倒退，應該不包括殷氏執言論牛耳的《自由中國》在內，而是指政治傳統主義和文化傳統主義，年輕一代既不願陪著老人們倒退，而要求前進，順著中國近代的歷史邏輯，就祇有走向西化了。

⑸國民政府撤退到臺灣以後，凡是留在大陸作者的書籍，不論是什麼性質的，一律禁止重印流通，造成臺灣與大陸之間的文化斷層，使得年輕一代的知識分子，不易接觸「五四」以來這方面爭論的文獻，於是一些老掉牙的觀念和論調一再重現，但仍能引起在禁書政策下成長的一代的

㉝ 殷海光：〈我對在野黨的基本建議〉，見《自由中國》二十三卷第二期，引文又見《自由中國選集》第四册：《反對黨問題》，頁二五二——三。

好奇，使《文星》風行一時。

⑹最後一點，也是最重要的一點，即「傳統」與「西化」之爭，到六〇年代的臺灣，雖已歷時達半世紀之久，但問題迄未解決。一九四九年前的三十多年，中國始終是外患與內戰不斷，根本缺乏安定的環境和經濟條件，爲國家做點現代化的建設。因此，在貧窮、落後、戰亂的處境中，知識分子多半熱中於意識形態之爭，無暇沉潛於學術的研究。這一類的爭議，必須等到社會能穩定發展，同時把意識形態的問題轉變爲學術思想的問題來討論，自然就會平息。臺灣近二十年來，就正因這兩方面都已獲得相當的進展，才克服了二者之間的對立，使中西文化的問題，進入一個新的階段。

臺灣到了七〇年代，雖因釣魚臺事件、退出聯合國，以及外交上的重挫，使內部危機意識昇高，但經濟卻穩定成長，社會也較前開放，中產階級隨之興起。中產階級渴望安定，追求個人事業的成就，並不太關心意識形態問題。就在這年代稍前，國府遷臺後第一代的知識青年，已逐漸從國外留學回來，引進現代化的理論，就臺灣本土進行現代化的研究。「現代化」當然不完全同於「西化」，西化不但缺乏民族的自信，也缺乏文化主體的自覺，對西方文化只是狂熱地、無批判地擁抱，而現代化是由傳統社會進入現代社會的過程，所以必須在傳統社會的基礎上吸收西方現代化的成果；其次，西化是橫的移植，現代化是縱的發展，因此，二者不可能完全是敵對的。凡是受過專業訓練的現代化的學術工作者，無論是對自己的傳統，或是對外來的文化，都不可能採取狂熱地、無批判地接受的態度，而是採取謹慎地、批判地接受的態度。臺灣從事這方面工作的學者，學術成果也許並不豐富，但態度的轉變，並超越了意識形態的糾結，則十分明顯。

今日臺灣，大衆所關心的，是經濟更自由、政治更民主、社會更開放、文化更精緻，至於將來究竟會變成什麼樣子，這並不是人的意志所能完全主宰得了的。依據近代史的經驗，已經成爲現代化的國家，各國所呈現的特色不一，臺灣如能完成現代化，也必將富有民族文化的特色。問題的重點，仍在如何現代化上，一旦眞正現代化了，能經得起現代生活考驗的傳統，必將融化在其中。相反地，如果不能現代化，縱然有好的傳統，你又憑什麼去保存它？

結語

總結以上三項的討論，可以使我們知道，「五四」時代所宣揚的科學主義，完全違背作爲近代文明動力的理性精神，是後來者必須加以改正的錯誤思想。至於民主理念，以及主張民主者那種意氣風發的銳氣，在臺灣爭自由、爭民主的第一個階段，的確產生過再啓蒙的作用。開始於清末，由「五四」興起高潮的傳統與西化兩極化之爭，既未能使傳統達到更新的目的，反而因意氣之爭，互不寬容，造成心靈的封閉，所以在臺灣成爲必須超越的負面意義。

如果藉上述三項在臺灣的經驗，重新評估「五四」，我們必須承認，以民主、科學爲中國現代化的大方向是正確的，這也就是七〇年來「五四」新文化運動，對我們一直富有感召力的主要原因。然而在這個大方向下，究竟要如何不斷地充實和改進，「五四」時代留給我們的啟示很少。從臺灣經驗看「五四」，當時熱中於自由、民主的知識分子，對中國經濟和工業化問題的忽略，不免令人驚訝。而四十年來的臺灣，相對於中國過去而言，最豐富的經驗，恰好正是在這方面。

《中國論壇》三二七期

一九八九年五月出席北京中國社會科學院慶祝五四七十周年學術研討會所提論文

邁出「五四」的幽靈

最近重讀「五四」時代的文獻，我覺得魯迅的一段話，很值得知識分子們仔細想想。於「五四」一周年時（一九二〇年五月四日），魯迅寫給宋崇義的信中說：「僕以爲一無根柢學問、愛國之類，俱是空談；現在要圖，實只在熬苦求學，惜此又非今之學者所樂聞也」。七十年過去了，這些話不但仍具有現實的意義，似乎正擊中這一代知識分子的要害。在臺灣，至少在最近一、二十年來，知識分子大概已不必過「熬苦」的生活，可是這方面的缺點，並未完全改正過來。

所謂「熬苦求學」，應是指一種「爲知識而知識」的專業精神。或誇大點說，它是一種以宗教精神追求眞理的情懷。七十年來，無論是學術界或知識界，具備這種精神和情懷的知識分子實在不多，這就是爲什麼我們始終要在「五四」的幽靈下追逐，始終被這段歷史所感召的根本原因之一。

要學術界充分發揮「爲知識而知識」的專業精神，政府對待學術的正確態度，學術單位本身的振作與改進，以及學者本身是否能以學術爲終生志業，都同樣重要。

一個有誠意推展民主化的政府，應該了解到，不論是研究機構和大學，在民主化的過程中，終必走向自治、自主的目標，這個目標愈早達成，對學術發展愈有利。在專權的政治體制未徹底改造之前，就要求政府對學術完全不加干預，當然是一種妄想。但在民主意識高漲的今天，政府首先應對過去強加干涉的作爲有所反省，然後有步驟有決心去改正往日的作風：第一步不再揷手於人員的聘用，以表示對學術界的起碼尊重；其次，政府經費既來自人民，當然有提供足量經費的義務，而運用經費之權，則由各單位自主；最後應使所有學術單位脫離官僚系統的控制，使其具有民間獨立的色彩。

研究機構和大學，也應知學術自由和其他自由一樣，要靠自己去爭取，爭取的方式固然很多，其中最有效的還是要靠研究成果與學術成就，豐富的研究成果、卓越的學術成就，才是抗阻政治干預最有力的籌碼。其次，學術性的機構所以異於其他機關和社團，主要在濃厚的學術氣氛，在合宜的硬體建築和充足的藏書之外，更重要的乃有賴於學術工作者孜孜不倦的研究與求眞的精神。有了這種氣氛，不僅使學者能陶醉其中，也可對年輕的追隨者產生潛移默化的作用。

比較起來，學者是否能以學術爲終生志業，對國家的學術發展，較之上述二點，仍居於關鍵性的地位。志業與職業不同，職業爲了餬口，要把職業轉化爲志業，須如韋伯所說，使學術成爲內心的召喚，「才能把學者提昇到他所獻身的志業的高貴與尊嚴」，才能激發奉獻的熱情。當年輕一輩踏入學術生涯，而又看不到自己的遠景時，社會上普遍追名逐利的風氣，固然有所影響，但中老年知識分子的曲學阿世、背叛學術，以及學術自身的薄弱，也是難以辭其咎的。這方面的缺點如不能加以改善，縱然有一天政治撤退了，並不能保證學術就可以正常發展。

如果我們今後仍不能朝上述三方面去努力，終將無法邁出「五四」的幽靈，突破學術發展的困境。

《中國論壇》三二七期

是文化危機，抑是文化重建？

——「臺灣文化主體性問題」初探

一九九一年二月，由夏威夷東西方中心主辦的「文化與社會：二十世紀中國的歷史反省」學術討論會，希望探討的歷史課題之一是：自十九世紀末葉以來，中國知識分子如何奠定一種新的文化秩序，以解脫由於傳統文化結構破裂所引致的文化危機。一九四九年以來的臺灣，針對這個課題，從理論到實際所做的努力，大家熟知的有三方面：⑴新儒家學派。⑵現代化學派。⑶官方倡導的中華文化復興運動，以及文化建設委員會。要就臺灣探討文化危機與文化重建，以上這三方面都值得研究，但我的文章是要透過「臺灣文化主體性問題」的討論來看文化危機與文化重建，這不只是在臺灣，即使在中國歷史的全程中，它都是一個全新的課題，因爲問題的出發點和問題的取向，與以往皆大異其趣，而目前臺灣正面臨這樣的文化課題。

這個文化課題，涉及多層次多面相的問題，要全面地探討，非我能力所及，我只簡單地提三點，供關心臺灣的人做參考：⑴問題的背景，主要在說明臺灣文化主體性這個問題之所以形成。⑵問題可能引發的文化危機。⑶如何使這個問題的探討不引發文化危機，而有利於文化的重建？

「問題」形成的背景

臺灣文化主體性問題形成的背景，可以包括國際的影響與中共的威脅，但因這兩種因素屬於次要而非必要，在此不加討論。下面列舉的僅限於必要的因素：

第一，由於國民黨政權。這又可分三方面來了解：(1)文化政策：一九四九年以後的二十年間，政府的禁書政策，不僅使身陷大陸作者的書（包括與政治無關的）無法公開出版，連臺灣本身的歷史研究也成爲禁忌。「五四」以來的自由主義被視爲「思想的毒素」，提倡自由主義者，被認爲是共黨同路人❶。在學校裏，小學生講臺語要受罰，教科書中的近現代史，著重國民黨的黨史。政府推行傳統的倫理教條，而不管它對現代人產生了什麼意義❷。國民黨以承繼中國的道統自居，而其所作所爲，又恰好成爲道德傳統的反面教材。這種種現象造成「文化斷層」和「歷史意識的失落」，也有人稱之爲「思想眞空」狀態❸。

---

❶ 一九四七年一月，官方文件：〈向毒素思想總攻擊〉，見《雷震回憶錄——我的母親續篇》，頁一一二—一四五。

❷ 李亦園：〈文化建設工作的若干檢討〉，見《中國論壇》主辦《臺灣地區社會變遷與文化發展研討會論文集》，頁三三六，一九五八年，臺北聯經出版公司。

❸ 「思想眞空」之說，見殷海光：〈我對於在野黨的基本建議〉，一九五〇年七月十六日《自由中國》，二十三卷第二期。

(2)大陸政策。基於反共政策，臺灣官方至少有三十年以上，把中國大陸視為「匪區」，因而導致「反共」與「反華」不分的教育和宣傳❹。在臺灣當然不允許認同中共統治下的「中國大陸」，反過來如果鼓勵大家認同「臺灣」也不成，那又會犯上「主張臺獨」的政治禁忌❺。國民黨政權事實上只統治臺灣，它卻號稱是全中國唯一合法的政府，因此「中華民國」不等於「臺灣」，使臺灣人民只有一個抽象的國家認同。這種情況，使今日臺灣發生極嚴重的認同問題，於是產生「中國結」與「臺灣結」的爭論和對抗。

(3)政治事件。自一九四七年發生「二二八」事件，在國民黨統治下的臺灣，不僅「臺灣人」、「臺灣史」成為忌諱，即連到了七〇年代興起的富有本土意識的鄉土文學，仍然遭到打壓❻。「二二八」對文化層面的影響，一位作家的看法是：(a)臺灣經「二二八」的洗禮，對於「國家」產生根本的迷惑。(b)臺灣人心痛、惶惑之餘，精神領域中的「文化祖國」虛位化了。(c)臺灣人的族性受到嚴重扭曲，法治觀念崩頹，冷漠、自私、懦弱的習慣形成。無族羣自尊，共同理想難以凝聚，藝術、文學的創造，心靈世界的提昇，都受到無可比擬的抑制打擊。(d)「臺灣人意

❹ 參考南方朔（王杏慶）：〈「中國結」與「臺灣結」統一論〉，見李亦園編，一九八六年臺灣文化批判：《辨思與擇取》，頁一六〇，一九八七年，臺北敦理出版社。該文原載《中國論壇》，二六六期。
❺ 蕭新煌：〈解開當前意識型態紛爭的「結」〉，見前註書頁一五六，原載《中國論壇》二五三期。
❻ 代表鄉土文學與打壓鄉土文學的主要文章，均見尉天驄編：《鄉土文學討論集》，一九八〇年臺北遠景出版社。

識」在「二二八」的血肉焠煉之後深刻化了，於是「臺灣意識」也就逐漸凝結成型了⑦。因此，這次事件被認爲「塑造了臺灣人苦難重生的心靈」⑧。事實上，在一九八七年以前，很少人敢公開討論「二二八」，一九八七年由五十一個民間團體發起的「二二八和平日運動」，是首次衝破四十年來的最大禁忌，這個運動不僅標榜著「一種心靈反省運動」，也是建立臺灣人自主意識的文化運動」⑨。

第二，由於本土文化意識的覺醒。七十年代開始，在臺灣戰後文化史上是一大分水嶺。一九七一年「中華民國」被排出聯合國，同一年，海外的保衛釣魚臺運動延伸到島內，使沉寂已久的學生運動和知識分子重又活躍起來。此後的一、二年間，美國總統尼克森和日本首相田中，相繼訪問北京，使中、美，中、日因國際冷戰而中斷的外交關係開始解凍，從此使臺灣在國際處境上日益艱困，但對島內包括文化、政治、社會的各種運動卻帶來新的契機，籠罩在島內長達二十年的「白色恐怖」，從此也逐漸煙消雲散。

一連串的外交挫敗，使臺灣產生嚴重的危機感，危機感除了引發反帝國主義的仇外心理，並進一步產生「革新保臺」的理念，「革新保臺」理念則促發對鄉土的落實情感⑩，到七十年代中

⑦ 李喬：〈從臺灣人自主性立場看「二二八」〉，見一九八九年三月一日，《新文化》第二期，頁二〇。
⑧ 同前，頁一二。
⑨ 陳永興：〈臺灣文化運動的反省〉，《新文化》第二期，頁四二。
⑩ 李祖琛：《七十年代臺灣鄉土文學運動析論》，頁三一，國立政治大學一九八六年碩士論文。

期，終於興起鄉土文學運動。這個運動是臺灣戰後歷史上首次具有「本土文化意識覺醒」意義的運動，它與保釣運動有精神上的關連，一位參與運動的作家說：「我和我的朋友們都是在這個運動中被教育出來的人，而今天社會上普遍高漲的民族意識，也正是當年這個運動所激發起來的」⓫。值得注意的是，在鄉土文學運動中，回歸臺灣本土的感情，與大中華的民族意識，是融會不分的，既是臺灣的，也是中國的，其間並無矛盾。後來如能朝這個方向發展下去，可有助於臺灣文化的重建，事實上在此之後，在熱愛「鄉土與人民」的意識推動下，臺灣的文學、藝術、舞蹈、電影、歌謠，都表現出新的風貌和新的生命。

保釣運動與鄉土文學運動所產生的影響，為一九七七年以後蓬勃發展的草根性黨外民主運動，提供一定程度的助力，但同時也使剛孕育的民間文化運動，在一波波風起雲湧的民主運動中，着上了政治色彩，文化與政治的混合，一方面使民間文化的開展遭到阻力，另一方面也萌生了「排他」的特性。一九七九年臺灣又發生震驚國際的「高雄事件」，這是一次僅次於「二二八」的大規模政治事件，這次事件雖使黨外民主運動受到重挫，卻激動「臺灣意識」的全面復甦。在此之前，「臺灣意識」縱然存在，只能算是一股若存若亡的潛流而已。「高雄事件」後的選舉中，黨外已打出「臺灣自決」的口號，「自決」本是在政治上對抗國

⓫王拓：〈是「現實主義」文學，不是「鄉土文學」〉，見《街巷鼓聲》，頁六一—二，一九七九年，臺北遠景出版社。

民黨政權，無形中也使「臺灣意識」深化，這種趨勢自然也反映在文化上，造成一九八四年以來，「臺灣意識」與「中國意識」，「臺灣結」與「中國結」的熱烈爭論，在爭論過程中，使兩種意識形態公然對抗，由對抗而日漸分離，「臺灣文化主體性」所以成爲「問題」，這是關鍵性的因素。

「問題」可能引發的文化危機

「臺灣文化主體性」的自覺，對臺灣文化的重建，本具有正面的意義，因這種自覺，不只是因熱愛鄉土的情懷，有助於文化創新活力的復甦，更重要的是，在這種意識中可建立文化上的自信，可以更積極更開放地吸取外來文化，而不喪失「自我」，也可以使中國傳統文化獲得有生機的延續，並進而發揚光大。一個具體的例子，是鄉土文學運動後興起的林懷民的舞蹈，它既是傳統的，也是現代的，既是臺灣的，也是中國的，因此它能獲得臺灣社會各階層的欣賞與共鳴，甚至享譽國際。遺憾的是，由於十多年來的政治抗爭運動，由於兩種意識形態的公然對抗，已使文化主體性的自覺意識，轉化爲排拒「中國意識」、「中國文化」的根據，從近二、三年部分政治人物和知識分子所倡議的「臺灣新文化運動」的一些論調，可明顯看出這一趨勢。

從臺灣歷史上看，無論是「中國意識」或「臺灣意識」，本都是我們和我們父祖與生俱來，難以掙脫的情結，只有以寬厚的胸襟彼此對待⑫，公平的制度增強其一體感，才可能化解於無形。可是這十多年來臺灣政情的演變，卻是朝野各執一端，以之作爲鞏固政治權力和爭奪政治權力的工具，使兩種意識形態各走極端。起先是執「中國結」者，對臺灣地方意識總是抱著懷疑、猜忌，試圖把臺灣地方意識全盤否定，或防之唯恐不及。相對的，執「臺灣結」者，有時爲了對抗中國意識而誇張了地方性歷史、文化和語言差異的「民族」特性⑬。後來因兩極對抗，凡是執「中國意識」者有一正命題，執「臺灣意識」者便有一反命題，例如一方主張臺灣人就是中國人，臺灣是中國的一部分，所以政府應當在臺灣維持足以代表全中國的政治架構。但另一方卻認爲，這種說法不過是執政黨統治臺灣的藉口而已⑭。演變到去年（一九九〇），執政黨成立「國家統一委員會」，在野的民進黨則公開主張「臺灣主權獨立」，矛盾的激化，爲臺灣社會帶來普遍的不安。

「臺灣意識」或「臺灣結」這組「情結」，它可代表臺灣民間小傳統與國家大傳統的抗爭，也是臺灣政治上「支配——反支配」抗爭的精神力量泉源。在中國歷史上，一個地區的人民能憑

---

⑫ 尹章義：〈臺灣意識之史的發展〉，見楊青矗編：《臺灣命運中國結》，頁二二一，一九八七年，臺北敦理出版社。該文原載《中國論壇》二六六期。

⑬ 陳其南：〈本土意識、民族國家與民主政體〉，見一九八七年十月十日《中國論壇》二八九期：《「中國結」與「臺灣結」》研討會論文專號，頁二三。

⑭ 黃光國：〈「臺灣結」與「中國結」：對抗與出路〉，見前註《中國論壇》專號，頁一六。

勇氣和信心，面對國家而發展出「支配——反支配」的全面抗爭，臺灣可謂先例⑮。如把這股力量集中運用在民主實踐上，對中國的歷史與文化，都將產生重大的意義與貢獻，臺灣文化主體性意識，也可在民主制度中落實下來，發展一種生命力充沛而又包容面很廣的新文化，應可預期。

而今日臺灣，提倡新文化運動者，卻認爲若不承認臺灣文化的獨立性，仍視臺灣文化爲中國文化的一支，那麼，要解決臺灣社會精神面的問題，結論必是恢復中華文化，亦卽解決了整個中國文化的問題以後，才能透過中國文化的「生機」，與世界文明的共同價值融合，路途更爲遙不可及，也解決不了問題。因此他們主張「立足臺灣，放眼世界」的文化詮釋，也就是直接吸取世界進步的文化⑯。態度激烈的，甚至主張臺灣文化與中國文化劃清界線，而理據大都不外引用主張「臺灣獨立」的理論，如謂臺灣最早有高山族（現稱原住民），後來又來了荷蘭人、漢人，又被日本殖民五十年，所以臺灣並不是一個純以漢人爲中心的中國文化區⑰。又如「臺灣民族」論者，則試圖自方言差異、地緣意識和歷史上的分離事實，加上現實政治資源分配的不平均，來建立本土意識的民族性格，進而以此作爲分離國土的依據⑱。也有從現在臺灣與中國的政治、經

⑮同④。
⑯以上見一九八九年二月一日《新文化》，由謝長廷執筆的發刊詞。
⑰參考石在海：〈臺灣文化VS中國文化〉，見一九九〇年十一月《中國論壇》，三六二期，頁六一。
⑱同⑬，頁二五。

濟、社會、文化等條件的格格不入、互不相容而立論的⑲。如果今日的臺灣文化能稱之為「海洋文化」，那麼如歷史所昭示，它是從中國文化內部逐步發展出來的，這一發展在開始時必須憑藉原有的文化資源⑳。可是到臺獨論者的手上，「海洋文化」與「中國文化」，一是求變、求新，一是封閉、保守，成為相反的對立體㉑。

上述的種種論調，有的並非沒有道理，如謂目前兩岸各種條件的格格不入、互不相容，這是事實，如允許臺灣居民自決，我相信很少人願與中國統一。我們也相當理解，那些缺乏說服力的說詞，皆源於國民黨政權對「臺灣人」和「臺灣意識」的長期壓制而產生的怨恨，近年來復因中共威脅日增而愈加強化。由兩種意識形態之爭，發展到今天「統」、「獨」的公開對抗，朝野都似已鬆弛了實踐民主的課題，這是臺灣目前最大的隱憂。這一趨勢如無法抑制，任由它繼續發展下去，勢必導致社會體的分裂，使道德、政治、經濟陷入無可救藥的混亂。

如何使「問題」的探討有利於文化的重建

---

⑲ 蕭欣義：〈祖國臍帶誰剪斷〉，轉引自一九九〇年九月一日《新文化》第十九期，頁三七。

⑳ 余英時：〈臺灣的認同與定位——一個歷史的觀察〉，一九九〇年二月十一日，臺北《中國時報》第七版。

㉑ 謝長廷．朱高正對談：〈臺灣新文化的路向在那裏？〉，以上的觀念乃謝氏的談話，見一九八九年二月一日《新文化》第一期，頁一九。

「臺灣意識」與「中國意識」這兩種「情結」的形成，並由潛流而演變成兩極化的對抗，有其歷史和政治的複雜因素，因此要解決分離意識的問題，沒有簡便而具速效的方案。

首先是執政的國民黨，應充分認識並承認「分離意識」存在的事實，今後在教育和文化上，不要再刻意強調「中國意識」，因爲所有成長在臺灣的漢人，對中國的歷史、大地、人民，都存在著自然的感情紐帶，這種感情在沒有約束的情形下會自然流露，如刻意企圖使這種感情更加強烈，反而會使它失去原有的力量。同時，從多年來的教訓，已該認清對「臺灣意識」的壓制，非但不能奏效，反而助成它的蔓延。今後應在言論自由的範圍內，任其自然消長。

其次，執政黨應承認，多年來「臺灣意識」對「民間社會」力量的凝聚，有很大的貢獻，這股力量爲建立眞正而健全的民主制度，不可或缺的條件。民主如能正常地發展，「臺灣意識」必將消融於「民間社會」之中，讓「民間社會」與政府之間建立起互補與制衡的關係，才有利於民主的正常發展。在建全的民主制度中，「國家」是建立在「民意」之上，而非僅建立在「中國意識」或「臺灣意識」之上。

最大的在野民進黨方面，應知今後黨的功能，不能再侷限於消極反映人民對執政黨的怨恨和不滿，或僅止於奪取國會席位以問政制衡，應以能奠定民主法治的基礎以自許，爲我歷史文化寫出新章。必須具此等氣度，才能爲黨創造新局㉒。一個在野政黨，必須在民主常規中，才能有機

㉒ 陳光中：〈「臺灣結」與「中國結」的再試析〉，見楊青矗編：《臺灣命運中國結》，頁一四〇。該文原載《聯合月刊》六十七期。

會茁壯，甚至執政，把「臺灣意識」回歸到「民間社會」之中去，才有助於早日建立起民主常規。如把「臺灣意識」擴張爲「臺獨意識」，最先受到傷害的，便是剛剛起步的民主。以目前的情況，要獨立只有訴諸武力一途，這一點國民黨都辦不到，何況民進黨。

基於西方自由主義思想，能從非自由傳統的思想中獲取資源的先例，今日臺灣也可由兩種價值之不能相容的認識，到兩種價值因彼此不能戰勝或涵蓋對方而不得不並存的境況，發展出對價值多元的肯定。要促進這一有利的發展，在同一社會中，持有不同價值的人，就必須學習彼此容忍、共處之道㉓。這方面在中下階層和年輕的一代，已沒有多大問題。問題在高層次的政治力場中，由於長久以來的成見，和現實利害的衝突，要他們彼此之間相互容忍很難，這恐怕要等到民主學習和民主實踐有了成效以後，才能辦到。這有賴於朝野今後的共同克制和共同努力。

政治民主化可以減低兩種意識形態或兩種價值的衝突，並爲文化發展提供更開放而合理的環境，這自然有助於「臺灣文化主體性」問題的解決。但要使這樣一個與政治訴求夾纏不清的問題獲得解決，並有利於文化重建，在觀念上猶待重新了解、重新詮釋。

㉓ 根據林毓生：〈兩種關於如何構成政治秩序的觀念——兼論容忍與自由〉，見《政治秩序與多元社會》頁三二、三四，一九八九年，臺北聯經出版公司。該文原載《知識分子》第一卷第四期（一九八五年七月）；《聯合月刊》第四六、四七期（民國七十四年五月、六月）。

對那些懷有「中國意識」偏見的人，一想到「臺灣文化」的「臺灣」二字，立卽會引起排拒的反應。一個具體的例子，是一九六六年發起的「中華文化復興運動」，在運動推行的十五要項中，有五項是「對匪文化作戰」，其餘十項中，有九項是復興或發揚中華文化，只有一項「發展觀光事業，保存歷史文物」，與臺灣文化具密切的關連，臺灣文化在他們心目中，不過是地區性的「民俗技藝」而已。

如果我們拋開意識形態之爭，跳出政治力場，從經驗事實來了解，相對於一九四九年前及以後的四十年中的中國大陸，在文化上不論是它的形貌和它的精神，都已呈現相當大的差異，就其差異而言，稱之爲「臺灣文化」並無不當。而這四十年來的臺灣文化，毫無疑問是由中國文化的基礎上發展出來的，今日臺灣的新文化形態，代表「中國文化」與「海洋文化」的重組與整合，既涵有內陸中原文化的保守，也富有海洋文化的冒險與創新，在地區上臺灣雖是邊陲，在文化的意義上，由於他特有的生命力，已成爲中國文化一個新的中心，所謂「臺灣文化主體性」的意義，必須從這裏來了解，才有利於臺灣文化向更廣、更深、更高多面相的開拓與發展，而達成文化重建的目標。

「臺灣文化主體性」的自覺，在臺灣文化發展史上，有重要的意義，它不止能提高羣體的自信心，還有促進並強化文化動力的作用；它本質上不但不涵有「臺灣意識」與「中國意識」的對立，反而能增進歷史文化的一體感。發軔於七十年代的民間文化運動，本來就是如此。後因政治的滲入，才使文化的自覺運動，淪爲政治力場中的工具。但願今後能「政治的歸政治，文化的歸文化」㉔，才不致扭曲了「臺灣文化主體性」的意義。

㉔ 同❺。

破繭而出的彩蝶

——訪韋政通談臺灣當前的文化思想

施淑宜

近百年來，中國承受了西方文化的衝擊，面對如何選擇吸納的問題，可以褒獎它是有容乃大的國家，也可以批評它是從自閉驕傲過渡到吸納模倣所暴露的矯枉過正，那就要檢視自己文化的主體性發展是不是厚實？

臺灣本土文化的覺醒，至少是對臺灣文化主體被壓抑的反抗，等主體性增強後，才能自主地處理不同的文化訊息。

臺灣近幾年出現的次文化，不正透露著文化主體性發展的盲點？臺灣這塊土地無法和青年人產生厚實的感情，中原文化又無法在臺灣這塊土地茁壯，雖然，中原文化與臺灣文化的關係一再被耳提面命，也因此我們須小心地擺脫臺灣本土意識發展中的反抗性大於人和土地命脈相連產生的自然性。以下是韋教授的訪問內容。

問：在歷史脈絡中，您認爲目前臺灣在文化及思想上的性格怎樣？

韋：從文化觀點來看，臺灣四十年來變化很大，可以用幾個觀念來說明：傳統文化的四根支柱開始改變：政治上由專制皇權開始解體，但還變相地存在強人政治，這是人治不是法治，國家體制的改革能否成功，現在完全不知道；經濟上由小農經濟開始轉變爲工商經濟，可以說擺脫傳統的道路中走得最好的；社會上由家族走向核心小家庭；文化上儒家的價值系統面臨崩潰。可由以上的改變看得出來，在金錢物慾橫流下，價值系統調整中面臨極大的問題。將來中原文化在臺灣會日漸萎縮，由工商業帶動的文化會日漸擡頭，再加上本土意識覺醒，會有新的文化面貌出現，這當中包含了受到美國及日本影響的次文化。

從思想史的觀點來看，四十年來有相當的成就，比方說傳統、西化的爭論在來臺灣之後就逐漸成爲過去。中國人長久以來吸收西方文化，在思想上缺乏自主性，最近二十年來，思想的自主性要求很強，能不能發展成功是另一回事，但這種自主性的要求很重要，象徵著慢慢從文化殖民性國家的地位中脫離出來，這是一個很大的覺醒。從思想史來看，最近一、二十年來本土意識很強，是很好的現象，人文發展中如果沒有本土意識，根本沒有生命，本土意識是根，是創造的肇始，如果臺灣的社會更開放，政治的禁忌更少，就能讓人文學界更有自由發展的空間。

問：原本根性脆弱的臺灣文化，在接受外來文化的刺激之後，又面臨四十年來國民黨對臺灣文化根性的扼殺，使它不能自然的發展，今後兩岸在日漸接觸頻繁，兩岸官方在尋求統一的目標下，對臺灣文化主體性的發展會有什麼影響？

韋：文化上臺灣要和大陸徹底割斷是不太可能的，但中原文化中的政治文化在臺灣將會日漸萎縮，臺灣文化將來的發展所呈現的新面貌可能會影響中原，尤其臺灣在民主政治如發展成功的話，我想在文化上統獨問題是不存在的，受到創造力發揮的吸引是不受地域影響的，誰具有創造力誰就有影響力。

臺灣文化史觀的確有問題，這個問題的重心在那裏呢？現在臺灣發生了本土文化與中原文化意識的衝突，臺灣本土意識擡頭之後，對中原文化有抗拒性，基本上是排斥大中國意識的。在政治上是臺獨意識，文化上是本土意識，這在將來牽涉到史觀的問題，文化究竟要從何處承繼？現在如果談臺灣文化的主體性的話，主要在提高文化的自信。

在中原文化和本土文化主體性要求之間，要知道臺灣在近幾十年的現代化過程中已出現了新的文化，這個新文化的面貌，也許看得不是很清楚，最容易觀察到的就是次文化，多年來受美國、日本影響，在青少年心目中，可能居於非常重要的地位，所以目前臺灣文化中有幾種成份：一是中原文化，二是本土意識和臺灣主體性的覺醒，三是現代化帶來的次文化，這三種成份將來怎麼組合是臺灣文化發展中的大問題。

問：臺灣目前在文化、思想上欠缺什麼？困境在哪裏？怎麼突破？

韋：我們現在注意到臺灣在經濟富裕背後是思想貧窮：第一，過去一百多年來，我們對西方文化的挑戰，一直欠缺有力量的回應，只有屈服，缺自主性批判性的接受。第二，在臺灣所談有關現代化的理論多半是吸取西方的，自己沒有獨立性的理論。第三，對自己的傳統，到最近這

五、六年來常聽到「創造的轉化」這個口號，口號很好，但是做得太少。第四，我們缺乏影響力廣泛的思潮，過去臺灣在二、三十年前存在主義流行過一陣子，結果也是不成氣候。現在在臺灣，我們最注意的是民主，民主的理論還是不够，民主教育更是談不上。

文化品質的低落可以從幾方面看出來：缺少知識性的追求、人生意義很少人去關心、文化思想的刊物生存困難、感官的消費型態普遍化、社會秩序混亂缺乏安全感等，這種種現象背後就是缺乏有生命力的文化。文化是一般人生活的自然反映，與國民性、生活習慣息息相關，老實說，過去臺灣在日據時代，社會秩序曾經有過好的表現；歐洲的農村呈現出的整潔美觀，這就是文化，不是少數人雕琢出來的。對於文化困境突破的問題，我有幾點意見：第一，臺灣的政府官員大都是技術官僚，人文素養不够，思考政策時不會把人文的因素考慮進去，一再炫耀臺灣每年有多少國民所得，就算再增加一倍又怎樣呢？臺灣今天會變成這樣一個惡性消費的社會，罪魁禍首是把人當成經濟動物的這種政策。政策上的歧視人文，導致人文經費的不足，不能吸收優秀人才，這個問題早在四十年前胡適就已經提過，到今天還有過之而無不及。第二，臺灣近幾年來設立的文化中心，常常成爲政策宣導的場所，軟體的內容應該伸展到人文的關懷上，對於時間有限的現代人來說，有必要提供方便的精神食糧，像美國的流動圖書館可以把書送到家裏來。第三，必須消除政府對大眾傳播媒體的控制，提供完整眞實的訊息，避免誤導觀眾，大眾傳播媒體不應是少數人的專利而打擊了有創意的人。

思想上困境的突破可從幾方面來說：第一，起步工作必須大量翻譯好的作品，我們對世界文化的知識吸收一直不够，日本之所以即將成爲文化大國，就是迅速地把世界各地的知識翻譯成日文，臺灣近年來才開始起步，目前許多翻譯的作品，還是從大陸上來的。第二，學校教育應該消除思想的禁忌，對人文及社會科學加以嚴格的訓練，有充分的自由討論的氣氛與鼓勵。

問：就自學的態度來說，您對現在的青年人有什麼建言？

韋：一個有志從事文化思想創造性工作的青年是不會感到空虛的，智慧的財產是任何人都剝奪不了的，抗拒社會的誘惑就是需要志氣，有理想的人就有力量可以抗拒。超越現實的理想培養、敬業的教師、學校的人文氣氛是我們所缺乏的，過去貧窮的年代，教授生活單純，書卷氣很濃，這種爲讀書、教書、研究而活的專注就是一種力量，現在這種力量喪失了，學生缺乏這種無言的啟發，這個教育的根是很有問題的。像美國這種資本主義化的國家，卻還有許多學校具有中世紀的氣氛，有一種永恒感，這種人文氣氛，可以培養一種志氣，投入社會生活之後，就可以有所抉擇，有所抗拒，學校的高等教育就是培養人有抗拒能力的地方，目前我們教育達不到這樣的功能，學校反而被社會引導，這是一個悲哀！文學、藝術、歷史、哲學的價値是持久的，在歷史上自然而然就放大了，而那些只追求金錢、權勢的人慢慢會渺小下去。追求永恒的信念，就有更高的志氣，要永恒的人才能眞正抓住今天，只想抓住今天的人，今天就抓不到。

問：就文化、思想的脈絡中，臺灣當前在批判性和創造性的角色輕重傾向如何？

韋：在我的瞭解當中，批判是打破任何僵化、成例的力量和方式，一個思想形成權威之後會僵化，一個文化成熟之後也會僵化，要通過批判去鬆動它，高水準的文化思想活動沒有不帶批判性的，任何一種藝術創作都有新的成份，能對舊有的批判，才能保持新鮮感與時代感，所以我覺得批判是走向創造的必經之路。如果一個社會批判風氣盛，表示這個社會文化活力很強。解嚴前後，我們的文化稍微帶有一些批判性，最近幾年由於新馬克思主義的作品陸續介紹進來，因為它是極具批判性的，可以藉由新馬克思主義思想家的眼睛來看臺灣的問題。一個社會能有大規模的論戰是可喜的，是一種批判工作集體的表現，我們這個社會幾十年很少有大規模的論戰，論戰沈澱下來之後，可以為文化思想奠下基礎。今天文化意識的喪失，金錢把其他的價值都比下去了，臺灣成了缺乏歷史意識的社會，一般青年人讀的歷史根本和他親切不起來，真正與他生息相關的土地的歷史卻全然無知，這是一種病態的歷史教育。政治因素抹殺了活生生的臺灣歷史，中原歷史和臺灣歷史固然可以銜接，但有關每個人生活在其中的歷史應該放大，可是臺灣的歷史教育和生活是脫節的，所以放大臺灣史教育的地位是非常必要的。

問：從發展的觀點來看，臺灣目前是否還處在文化停滯的狀態？

韋：那倒沒有，臺灣社會的動力是很強的，臺灣社會目前出現了前所未有的活力。

問：這種力是不是一種反省的力量？

韋：那很缺少，這種活力很多表現在金錢的強烈追求上，層次比較低。過去臺灣的大學生被瞧不起，但從這次的學生運動的表現看來，本身就是一種反省，得不到眼前利益，又很有可能危及自身的安全，祇是基於純粹的熱誠和理想，可以洗刷一些先前的耻辱。這次學運發揮了羣體教育，比課堂的影響力還大，讓更多學生反省，做到了民進黨都發揮不到的力量。這種社會對學生的期待與尊敬，給學生自信，將來會帶動腐敗的學校教育的改革。

《臺灣春秋》一九九〇年五月

殷海光先生的志業與悲劇

從今天起，一個紀念殷海光先生逝世二十周年的學術研討會，將在陽明山舉行，出席者包括他的家人、國內外的弟子、朋友、年輕一代的仰慕者，以及五〇年代在《自由中國》爲爭自由、民主、法治、人權，而共同奮鬪的伙伴。無疑的，這是目前臺灣自由派學者，爲紀念四十年來第一代的自由主義者中，最具代表性人物的一個盛會。

海光先生所以能被稱爲自由主義者中一位代表性的人物，主要是因他在臺灣的二十年中，(1)重振了「五四」的精神；(2)提倡科學方法、闡揚民主思想，成爲「五四」思想的集大成者；(3)爲爭取人權、捍衛自由，曾付出重大代價；(4)在那社會封閉、思想倒退的年代裏，對知識青年發揮了思想啟蒙的作用；(5)爲維護知識分子的尊嚴，樹立了不爲權勢所屈的風範。

二、三十年代在大陸上建立的國民黨政權，所表現的基本精神，代表「五四」精神的反動；退守臺灣以後，這方面有變本加厲的趨勢。必須先了解這一背景，才能體會海光先生在臺灣重振「五四」精神的重要意義。重振「五四」，不僅使因大陸潰敗而陷入低潮的知識分子，重新喚起追求自由、民主的熱情，更重要的是，可以爲抗議專權統治和異議言論，提供一有利而又有力的歷史據點。

海光先生所提倡的科學方法，有多方面的用途，它不僅能使人觀念清晰、正確判別是非、培養合理的懷疑能力，而且能憑恃批判傳統思想，揭穿政治與社會的神話。他的學術訓練雖主要來自邏輯經驗論，但當他宣稱：「除了科學以外，一切論說我一概不信」時，他仍信守「五四」的傳統。

海光先生堅信民主是「大江東流擋不住」的潮流，相信只有民主的社會才眞正是人的社會。這方面的工作重點之一，是由解析民主與非民主之間的分野，延伸到對國、共兩黨政權的基本結構和形態的批判。總地看來，他闡揚民主思想是破的多，立的少。雖然如此，由於他借鏡波柏和海耶克的學說，已非「五四」人物所能比擬。

凡是受過海光先生影響的青年，無不承認他是思想上一位很好的啟蒙師，有位美國學者曾稱他是個有蘇格拉底精神的老師。你去看他，一見面沒有任何俗套，開口便談問題。他喜歡和學生辯論，但絕不以權威自居。最難得的是，他能由衷地欣賞在學問方面比他強的學生和後輩，因此也培養了自我批判、不斷自我反省的習性，這種習性一直使他在艱苦轉折中求取學識的進步。

抗戰時期海光先生在昆明讀聯大，因受金岳霖教授的影響，開始接近羅素，後來他說：「羅素的思想，甚至於他的行誼，深深地沁入我的心靈」。在臺灣大學教書，早期卽常借用羅素的思想啟發青年，後來則是海耶克、波柏，二、三十年來，愛好思想的青年，對這幾位現代西方思想家，幾多耳熟能詳，並對臺灣的思想界，至今仍具有一定的影響，海光先生傳播之功，實不可沒。

重振「五四」精神，闡揚科學、民主，啟廸一代青年，是海光先生一生志業所在。但作為一個自由主義者，他之過人之處，尚不止於此，在那人人自危的所謂「白色恐怖」的年代裏，為了爭取人權，他不惜以家庭的安危、個人的生命做賭注，去捍衛自由，去扮演自由守護神的角色。正因為如此，才迫使他不得不與現實政權正面交鋒，在此對決的過程中，他為了維護知識分子的尊嚴，樹立了不為權勢所屈的風範，但也使他畢生的最後一程，陷入深沉的悲劇之中。

所謂「白色恐怖」，海光先生在〈我看雷震和新黨〉一文中有恰當的詮釋，他說：「近十幾年來，臺灣的社會活動，除了吃喝玩樂之外，一切都置於自上而下的強力控制之下，一切非來自控制者的活動都在懷疑和禁止之列，因此，社會正常發展的生機都窒息和扼殺了」。在那年代，自由主義一向被官方視為「思想毒素」，像他這樣的角色，自然成為必須拔去的眼中之釘。

早在一九五八年，因在臺大演講〈胡適與國運〉，為胡適辯護，從此便被禁止公開演講。一九六四年，遭到文化界一些聞人的誣蔑和毒罵，揭開晚年被迫害的序幕。一九六六年夏，「國家長期發展科學補助金」被迫停止申請，剛出版不久的《中國文化的展望》也同時遭警總查禁。就在同一時期，他因拒簽抗議「美國的共匪姑息分子」的宣言，終於使當局以調教育部任職作為掩人耳目的手法，達成臺大教職被「變相解聘」的目的。在這一步進逼一步的迫害過程中，海光先生曾遭到一次又一次的恐嚇和威脅，既無任何可公開的理由逼他離開臺大，又強迫他接受教育部的閒差，「他們像惡霸一樣，強暴了女人，又要受害人自己代他們掩飾」，海光先生峻拒的決心，終使當局的詭計未能得逞。

西方悲劇中描寫悲劇英雄的故事所以感人，多半是因其能與命運奮戰，以及在因奮戰而遭致的失敗中，仍能表現出人的尊嚴。在這一時期，海光先生正是一個悲劇英雄的角色。

被迫離開臺大以後，又被不人道地禁止出境，使他在二、三年中，一直陷入貧病交迫，一九六九年去世時，正值五十歲的盛年。如果說當今中國現代化在思想上的工作重點是：既要光大「五四」，同時也要努力超越「五四」的境界，我們可以說，海光先生一生，在光大「五四」的方面，做得非常成功，至於超越「五四」的思想境界，才剛起步，便倒下去了。

《自立早報》一九八九年八月二十八日

「自由」和「存在」的對決

——略論殷海光先生悲劇的形成

國家最後目的非在支配人們，以恐怖束縛之，使之屈服於他人的意志。它的目的本在使其公民安穩地發展身心，並能自由運用他們的理性。因為國家的眞正目的是「自由」。

——斯賓諾沙

一、自由的捍衛者

海光先生去世後，在他的朋友和弟子的悼念文章中，有人稱他為「硬漢」、「少見的巨人」（許冠三），有人稱他為「思想鬪士」（羅業宏、黃展驥）、「大勇的風範」（林悅恒）、「知識人的一個典型」（夢童），也有人稱他為具有五四「理想主義精神」的「理想主義」者（張灝），和「隻手重振五四精神」與「五四思想集大成的殿軍」（林毓生）。

以上的稱謂都相當傳神而且眞實，有助於對海光先生的了解。但我總覺得要用一句話來形容他的角色，其中如缺少「自由」，似有所不足。海光先生生前，常說他是「五四後期人物」，自稱最多的是「自由知識分子」，自擬的碑文是「自由思想者殷海光」，「自由」是他心目中的上帝，是他生命中可以爲之生爲之死的根深柢固的深層信念，如果說他的一生是一齣悲劇，那末這個悲劇主要是由於他所持的信念而造成。

「自由」對海光先生的意義，與一般政治學學者所說的有所不同。一般政治學者至多能正確傳達其學說，而他是一直與那個歪曲自由、誣蔑自由、危害自由的現實政權奮戰不息。他不是自由哲學家，他是自由的捍衛者。他是長期在與這個政權的對決中，塑造了他人格的特質，發揮了他人格的光輝，至今仍值得我們紀念他、感懷他，我認爲主要是在這方面。

做爲一個自由的捍衛者，可以不必要有一套完整的思想體系，但卻不能沒有一些理由，以堅持他的信念。在眾多的理由中，最重要的是：

(一)「自由是從舊到新必有的動力」，爲什麼？因爲自由精神是一種能動的心理能力，它含有自主與自動二種特徵，所以它是人類推動歷史前進在行爲方面的主動力❶。

(二)只有依賴自由這股精神力量來運用物質力量，才能打敗邪惡的極權主義者❷。

---

❶ 《殷海光選集》（香港、友聯，一九七一，以下簡稱選集B本），頁一四三、一四六－一四七、一四八。殷先生「社會政治言論」的選集有出版時、地相同的兩個版本，一個版本共有六三二頁，另一版本只有四〇四頁，後者乃前者之刪本，爲了區分，註文中稱前者爲A本，後者爲B本，以上所標示之頁數，是根據B本。

❷ 同前，頁一五〇。

(三)落實到當前的中國，國、共兩黨都不能把中國帶上自由民主之路，因此我們必須超越於這兩個權勢集團的觀念之上，試闢一條能走向自由民主的新路❸。

海光先生充分了解，今日西方一些民主國家，能享有種種自由，是由於千百年來無數愛好自由者，以及自由鬪士們，不惜生死，捨身奮鬪的結果。遠在一九五二年，於《自由人底反省與再建》的長文中，就提到「爲了申張地動之說與教會底信條衝突，卒至身受酷刑」的伽利略，「爲了堅持其思想而至遭火焚其身」的布魯諾，在「西方，類此爲了眞理而殉身的事例，屢見不鮮；爲了實現政治民主與個人自由而與專制魔王奮鬪犧牲者，更多至不可勝數」。因此，他爲自己做下許諾：「本乎理性的認識而建立的信仰，是值得用生命去保衛的」❹。

後來他在寫給林悅恒的信上說：「書生處此亂世，實爲不易，像我這樣與眾不同的人，生存當然更爲困難，往後的歲月，可能苦難更多。自由和眞理及正義的追求，是要付出代價的」❺。這也說明他扮演捍衛自由的角色，甚至「以一個讀書人扮演了近似反對黨的角色」❻，終至無可避免的遭到悲運，是完全自覺的，用傳統理學家的術語來說，他爲自由所負的使命，不是「氣魄承當」，而是「義理承當」。

❸ 盧蒼主編，《殷海光書信集》（香港，文藝，一九七五，以下簡稱《書信集》），頁三〇、三二、三六。
❹ 以上均見前註❶之書，頁一五一。
❺ 《殷海光先生紀念集》（香港，友聯，一九七一，以下簡稱《紀念集》），頁九〇。
❻ 林毓生，《政治秩序與多元社會》（臺北，聯經，一九八九），頁一三二。

二、白色恐怖年代的個人遭遇

要了解海光先生的悲劇，是一相當複雜的問題，因為要處理這個問題，理應先對悲劇本身有所討論。但在這篇通俗性的短文中，我只想簡單地指出：這位自由知識分子的悲劇的形成，小部分的原因，是由於個性，大部分的原因，則來自他的處境。

關於海光先生的處境，我們可以從個人的遭遇和「現實的存在」這兩方面加以觀察和分析，當然，二者之間關係密切，因為他個人種種不幸的遭遇，絕大部分是由「現實的存在」所造成。

在大家熟知的印象中，海光先生的不幸遭遇，好像在一九六六年被迫離開臺大才開始，事實並非如此。一九六七年他在給張灝的信中說：「我常常在近來想，我這二十多年來的生命歷程，正好像象徵著五四後期自由知識分子的悲劇」❼。可惜在離開臺大之前十多年的遭遇，根據現有文獻，我們所知很少，但也不是完全沒有：⑴早在一九五二年，他說：「這樣的時勢和環境之打擊自由人，尤其是現實的存在之糟蹋人，作者深有同感，而且所感非常痛切」❽。不過使他感到「痛切」的詳情，仍無從獲知。這裏所說的「時勢和環境」，包含國、共兩黨，來臺後，所謂「現實的存在」，則專指國民黨政權。⑵自從一九五八年演講〈胡適與國運〉之後，因這次演講

---

❼《書信集》，頁七〇。

❽《選集》B本，頁一三六。

「招致了某黨人士極度不滿」，臺大同學再約請演講，概遭訓導處拒絕❾。(3)在臺大的位置發生問題之前一年，他已有「山雨欲來」的預感：「現在，我像冰山一隻（支）微細的蠟燭，這隻（支）蠟燭在蒙古風裏搖曳明滅，我祇希望這隻（支）蠟燭尚未被蒙古風消滅之前，有許多隻（支）蠟燭接著點燃」❿。

不幸的遭遇雖非始於離開臺大，但從被迫放棄教授職位到去世爲止，在這三年的歲月裏，終於使他陷入貧病交迫、孤立無援的最深沉的苦難之中。

根據〈我被迫離開臺灣大學的經過〉一文⓫的自敘，從一九六四年之初起，即遭到文化界一些聞人的誣蔑、毒罵及構陷；一九六六年六月，「國家長期發展科學補助金」被迫停止申請；七月，拒簽抗議「美國的共匪姑息分子」的宣言；同月，出版不久的《中國文化的展望》遭警總查禁；八月，當局以調教育部任職掩人耳目的手法，達成「變相解聘」的目的。在這一步進逼一步的陷害過程中，幾乎使海光先生的精神瀕臨崩潰，「可是，我的義憤，使我產生了勇氣」，他決心與當道者抗爭到底，「他們像惡霸一樣，強暴了女人，又要受害人自己代他們掩飾」，他的決心，終於使當局的詭計未能得逞。西方悲劇中描寫英雄的故事所以感人，多半是因其能與命運奮

---

❾《選集》A本，頁五六四。

❿《殷海光先生文集》(二)（臺北，九思，一九七八），頁一三〇二。

⓫此文手稿，將刊於即將出版的全集之中。

戰，以及在因奮戰而遭致的失敗中，仍能表現出人的尊嚴[12]。在這個時刻，海光先生正是扮演了一個悲劇英雄的角色。

離開臺大後，在給友人和學生的信中常說他是「一個孤獨的旅人」、「羣眾中的孤獨個體」、「過著隱士一樣的生活」[13]。依照他自己的分析，他之所以孤獨，主要導源於他是「五四後期人物」，「這種人，吸收五四的許多觀念，五四的血液尚在他的血管裏奔流」，「還保持著那一時代傳衍下來的銳氣和浪漫主義的色彩」。然而，時代的變動畢竟太快，「五四的兒子不能完全像五四的父親」，由「五四的兒子」看「五四的父親」，不免覺得他們淺薄，而且也早「被歲月磨掉了光彩」；另一方面，由「五四的父親」看「五四的兒子」，「則認爲他是一個欠穩健的時代叛徒」。比他晚一輩的人呢？又「絕大多數和他分立在兩個不易交通的心靈世界裏」。至於那些保守人物，就更不用說了，「毫無問題，視他爲禍根」。「於是，在這一時代，他像斷了線的風箏，這種人，注定了要孤獨的」[14]。

孤獨不同於孤立，孤獨依照上面的分析，根本就是他自覺的選擇的生活方式，而孤立則是由外力所造成，它「是多麼利害的統治工具」[15]！經由長期文字的誣蔑，在「魔鬼們日夜找藉口來

[12] 韋政通，《中國的智慧》（臺北，牧童，一九七五），頁一八七。

[13] 《書信集》，頁一〇七、五八、六〇。

[14] 以上均見《書信集》，頁六七—六八。

[15] 《書信集》，頁四三。

陷害我」⑯的情況下，原來的親朋好友，一個個與之疏遠，「正因這樣，我不僅變成一個生活的孤島，而且是一個價值的孤島，以及一個感情的孤島」⑰。在如此精神上所受的迫害，有甚於實際上的牢獄之災。

既被孤立，又告失業，現實生活所遭到的困窘，是不難想像的。於是逼迫著一向孤傲的人，也不得不以哀鳴的文字向友人求助、訴苦，他寫信給許冠三：「我的收入被切掉一半，另一半今年七月三十日停止。所以，生計問題馬上臨頭，躲也躲不掉，這是必須跟老朋友們切實商量的，也必須老朋友們設法的。我自己只有一個念頭，五四以來，眞正的自由知識分子已經凋零得差不多了，特別像我這樣的人，難道這個時代讓我活活挨餓」⑱？又寫信給張灝：「我如今，頭髮如霜，現實裏的一切，什麼也不屬於我，連基本的生存也成問題，還要student-friends（學生朋友）來支持，……我的心情，在某些方面，頗似晚年的陳獨秀，或流亡墨西哥的托洛茨基」⑲。又寫信給盧鴻材：「我在這裏，只能像一個寂寞的蜘蛛，躲在一個小角落裏，結一個小網把自己封起來。然而，即令如此，耳根並不清靜，窗前充滿了轟隆之聲，他們要摔死這隻蜘蛛才舒

⑯《書信集》，頁二五八。
⑰《書信集》，頁七〇。
⑱《書信集》，頁四二。
⑲《書信集》，頁七一。

暢！」⑳

這就是海光先生爲了捍衛自由、追求民主所付的代價。

三、對國民黨政權的批判

我的爲人，好惡分明，壁壘森嚴，是非之際毫不含混㉑。

我所表現的是高亢、不假詞色、好惡分明㉒。

以上是海光先生的夫子自道。像他這樣個性的人，如生活在一個比較自由民主的國度裏，至多孤獨一點，卻不必遭到孤立，更不致演爲人生悲劇。很不幸，他卻活在既缺乏自由、又不民主的社會裏，僅僅爲了堅持一點做人的原則，和扮演一個異議者的角色，竟然要付出如此慘痛的代價，假如不去了解他的對手，也就是那個「藉『反共』和『反攻』來維持殘餘權勢的集團」㉓，是很難索解的。

⑳《書信集》，頁一三五。

㉑《書信集》，頁一一一。

㉒《書信集》，頁一三三。

㉓〈我被迫離開臺灣大學的經過〉一文。

海光先生於一九六七年四月發現患了胃癌，直到去世的兩年多時間裏，主要爲哈佛大學寫《中國近代思想史》做準備工作，但這部書始終沒有正式動筆，卻在最後的一年，以僅餘的一點精力，用英文寫成〈剖析國民黨〉的長文。爲什麼這個題目對他如此重要？最直接的了解，也許是因爲這個政權影響了他一生的命運，更重要的理由，我想是他認爲自己才是這個政權在臺灣所製造的白色恐怖，最佳的歷史見證者。

二十年後的今天，臺灣實施民主法治的必要條件，大抵已算齊備，而事實上如大家所看到的，民主之路不僅困難重重，且隨時會面臨倒退的危機。假如想深一層追究其中的緣由，海光先生當年對國民黨政權的體認和剖析，仍具有現實的意義。

他寫政論文章，絕大部分都是爲了中國的自由、民主和人權，他之批判國民黨政權，也是從這個目標出發的。他認爲這個政權的基本結構與形態，是由三部分所組成㉔：

(1)它的核心是一個宮廷。

(2)它的意識形態是法西斯和納粹。

(3)它的組織方式則爲左派共產式的。

第一部分用現代流行的術語來說，它的領導核心乃是封建傳統的延續。「今日臺灣，在表面

㉔《書信集》，頁一二九。

上是一個『國』，在實際上早已成爲一人一家一黨的殖民地。這一個殖民地在骨子裏完全被置於效忠私人的秘密力量嚴格控制之下」[25]。「蔣氏家族和蔣氏父子的權力意志，特別是做父親的鍥而不捨地努力保持他個人的威信和顏面。老蔣一直聲稱他個人的威信和顏面等於國家民族的光榮」[26]。爲了強化「效忠私人」的效果，並充分「保持他個人的威信」，當這個政權退守到臺灣之後，一直就在細心的策劃之下，悉心神化其領袖，除了運用傳播媒體、宣傳小册，不斷歌頌其爲「偉大的舵手」、「民族的救星」，並利用人民對中共的恐懼和大陸人重返家園的憧憬，製造「反攻大陸」的集體神話[27]，又把建設臺灣的成果，歸功於「英明領導」[28]。爲了達成這個目標，更重要的工作是消滅異己，尤其是那些具有獨立思考又勇於批評的知識分子。

一個專制獨裁的政權，當然沒有民意基礎，因爲沒有民意基礎，要保持政權，只有依靠壓迫性的控制。意識形態的統制是爲了加強思想控制——它屬於隱性的、內化的社會控制。組織方式是執行一切控制的國家機器——它屬於顯性的社會控制。

海光先生對國民黨政權如何從事思想控制，討論頗多，如「統一思想」，爲什麼要統一思想呢？「這是由於他們要嚴格貫徹『一切反共力量一元化』的思想。他們基於這一思想，堅持反共

---

[25]《書信集》，頁二四一。
[26]《書信集》，頁二九八。
[27]《書信集》，頁三〇六。
[28]《書信集》，頁三二三。

力量只應有一個領導中心和一個組織」[29]。可是在他看來，「統一思想」就是要「統制思想[30]」，統制思想乃極權者之所爲，而「極權與民主的矛盾是統一不來的」[31]。在統一思想的要求下，「教育爲製造統治工具，並爲不斷動員的程序，灌輸一黨政治觀念之工具」[32]。

又如「泛政治主義」，它是指把官方的政治意識瀰漫到社會的每一角落，大部分的社會活動，都是爲了滿足官方的政治需要。「我們稍一檢視這幾年的出版物就可知道了，尤其是中小學生底文史課本中的政治色彩之濃厚，看了眞叫人傷心！搞政治的先生們！你們搞了幾十年，把國家搞成這個光景，爲什麼還不饒過下一代」[33]？

又如「二分法」的運用，這是所有極權政權，爲了思想控制，最常使用的思考方式。可是在臺灣，一個號稱「反共」的政權，卻也藉著教育和訓練機構，把二分法灌輸給青年：「不是同志就是敵人」；更進一步塑造一個公式：「非國卽共」。於是將這種想法體現於實際政治措施之中：對於國民黨以外的自由反共人士，一概以「敵人」視之，至少以「准敵人」視之。他們對於這些「敵人」或「准敵人」，不惜採取種種手段來困擾、分化、打擊、威嚇、迫害、壓制，並進

---

[29]《選集》B本，頁三三〇。

[30]《選集》B本，頁七四。

[31]《選集》B本，頁八二。

[32]《書信集》，頁一二九。

[33]《選集》B本，頁三〇一。

而消滅之㉞。

從組織方式或國家機器來看臺灣的國民黨政權，它是以「革命民主」定性，在領導方式上是個人獨裁與一黨專政，再經由一批職業黨棍，「把臺灣變成具體而微的極權警察國家」㉟，以達到無所不在的控制。

所謂「革命的民主」之說，海光先生把它納入「反民主的民主」範疇，在他看來，「二者是互相排斥的經驗」，「熊掌與魚，二者不可得兼」㊱。既然如此，爲何仍要提出這個主張呢？主要的作用有二：(1)在「革命」之上塗上一層「民主油漆」，更可以遮掩國內外的耳目㊲。(2)中國既已是行憲的時期，政府一切施政自當以憲法爲依據，但在國民黨領導看來，行憲對權力的揮霍，實是一大束縛。憲法乃國民黨政黨的法統所在，至少在形式上必須保持。在既要施展無限權力，又不能公然廢棄憲法的兩難情況下，「於是搬出『革命』法寶來：現在是『革命』時期，一切得從『革命的觀點』去做。這麼一來，在實際的運作過程中，就可以把行憲之事放在一旁，而處處『便宜行事』了」㊳。

㉞《選集》B本，頁三二九。
㉟《書信集》，頁二九七。
㊱《選集》B本，頁二七五。
㊲《選集》B本，頁二七六。
㊳《選集》B本，頁二七五。

海光先生對國民黨的一黨專政所造成的種種弊端，有頗爲深透的分析，這些分析，到三十年後的今天，仍極有助於我們了解：大家期待它政治轉型，卻又轉不過來的眞正困難所在。一黨專政事實上已引發下列諸種弊端㊴：⑴扭曲了中國前進的方向。⑵透過教育、宣傳、飯碗控制、和人身威脅等方式，強迫舉國以『黨見』爲國是。⑶將國家軍隊、法治機構、特殊組織、保安力量，一概置於一黨亦卽少數人的意志支配之下，作有利於一黨亦卽極少數人的使用。⑷黨費由國庫開支，於是屬於國家的財政金融機構就變成黨的賬房錢莊。因此，他認爲：「一黨專政是目前諸般病症的總根子」。這些話到今天看來，依舊十分眞實。經過全盤分析，他的結論是：「如果我們希望中國眞正走上民主的道路，那末先決條件就是結束一黨專政。」㊵三十年過去了，我們仍然只能懷抱同樣的希望！

> 反共的結果，是越來越像共㊶。
>
> 他們（指國、共）都受了列寧主義的影響，都是自由、個體主義和民主的死敵㊷。

㊴《選集》B本，頁三五七—三五八。

㊵《選集》B本，頁三八三。

㊶《書信集》，頁二四二。

㊷《書信集》，頁五〇。

這些話猛聽起來，會覺得好獨斷。但是，認識了國民黨政權的基本結構與形態之後，自然會恍然大悟。在這樣「現實的存在」中生活，一個個性倔強，勇於揭穿統治者謊言，又把自由、民主看得比生命還要重要的人物，他的不幸遭遇和悲劇之所以形成，就容易理解了。

四、「內在力量」的來源

一九六五年九月，海光先生寫成《自由的倫理基礎》，這是他讀了海耶克《自由的構成》一書而藉題發揮的一篇長文，因是「藉題發揮」，所以林毓生在信中批評它「離開問題中心過遠的話講得太多」㊸。在我看來，這篇有感而發的長文，主要表達的就是「自由與存在」的問題，特別是第四節：「內在力量」的培養，其中不僅包含他自己長期以來爲追求自由而抗爭、掙扎所做的反省，在這裏他實已提出一個自由知識分子，與統治者的鎮制權力對決的遭遇中，最具關鍵性的問題。知識分子假如缺乏豐富而堅強的「內在力量」，本諸天賦良知，偶爾表現一點不滿，仍是可能的，長期抗爭，則不可能。

甚麼才是「內在力量」？「每一個人的『內在力量』則是他這一個人超生物的力量實體的核心，而這一『實體』的核心是社會文化乘個人特質的產品」㊹。所謂「超生物的力量實體」，是

㊸《殷海光・林毓生書信錄》，（臺北，獅谷，一九八一），頁八九。
㊹《殷海光先生文集》㈡，頁七八四。

指超越「求基本的生物邏輯的生存」，這種「實體」的內容，「它可以是道德的堅持，可以是宗教信仰，可以是美的情操，可以是對眞理的熱愛，可以是救世情懷，……自古以來，爲了發揮或守護這一核心，有不少的人表現了『殉道』的精神，有不少的人殺身成仁，也有不少的人受苦受難，或被火燒死」㊺。在人類史上，正因爲有不少人爲信仰、爲理想、爲眞理而甘願受苦受難，才能在血淋的鬪爭史中，開出幾朶芬芳的鮮花，留下一些不朽的業績，這類人物才是文明史上長明的火炬。因爲有了他們才不斷點燃了人類的希望，使人們渡過許多黑暗的時期。

在這篇文章裏，他說明了統治者爲了建造並鞏固權勢，如何腐蝕並摧殘人們的「內在力量」，以及爲了保有或喪失這種力量的人們形形色色的反應。統治者運用鎭制權力之所以會收效，「是因：受鎭制者顧慮名譽受到損害、地位受到動搖、財產被權威沒收、親戚朋友遭人離間、基本生活的資源被截斷，以至於最後個體的生命被權威毀滅」㊻。一九六六年海光先生在發生臺大逼退事件的前後，就曾遭到上述步步進逼的嚴酷考驗，但他不但沒有在鎭制壓力之前退縮，反而決心以生命爲賭注，終於使鎭制手段失效。

事後他說：「眞不知哪兒來的勇氣和頑強，一切狂風都吹不散我心頭的那點追求自由的理想

㊺ 同前。

㊻ 同㊹，頁七八三。

和肯定的人理價值。」㊼又說：「這一撲向自由的『內在的動力』，並不因挫折而消失，也許這正是人類文明突破性的創造力之所繫，也許這正是人類值得活下去的基本理由。」㊽

也許在這裏我們不妨追究一下海光先生「內在力量」的來源，這個問題儘管難有簡單的答案，但肯定與「個人特質」密切相關。個人特質可分為「深層特質」與「表象特質」，我認為林毓生在〈殷海光先生一生奮鬪的永恆意義〉一文中，所指陳的「他那震撼人心的道德熱情」㊾，就正是他的「深層特質」。由於這種道德熱情，使他能以一人之力把五四精神做悲劇性的重建；也由於這種道德熱情，使他勇於向反自由、假民主的現實政權抗爭。

一般所說的個性，則屬於「表象特質」。海光先生對自己的個性非常清楚：「這種人堅持獨立特行，不屬於任何團體，任何團體也不要他」㊿。因此，「多少年來，我為了自己的見解與整個環境扭執」51。像這種個性的人，即使不為自由、民主，大概也很難生活順遂。但我們也應該知道，一個人具備強烈而明朗的個性，往往也正表徵他生命的強大動力。

除了「個人特質」外，他心儀的幾位自由主義的大師，也當是他「內在力量」的重要來源。

㊼《書信集》，頁七〇。
㊽《書信集》，頁七九。
㊾《紀念集》，頁九二，又見《文集》(一)代序，頁四。
㊿《書信集》，頁六七。
51《書信集》，頁七〇。

他在給林毓生的信中就說過：「海耶克這種 type（類型）的人對我有『感召力』啊」[52]！海耶克之外，還有羅素和卡爾·巴柏，比較起來，他可能更仰慕羅素，影響他的時間也最久。

另一位對他有「感召力」的歷史人物，是先秦儒家中的孟子，這一點似乎被大家所忽略。在一般的印象中，海光先生對中國的傳統文化，攻擊不遺餘力，一向採取否定的態度。如注意到他對孟子的景仰，今後這方面的論定，應有所區分：以傳統文化中的儒家而言，他所攻擊和否定的，是儒學中某些特定的思想，如孝道，大部分是指與專制結合後的儒家或儒學，他對當代新儒家所表現的心態，也特別討厭。但對歷史上眞正道德理想主義的儒家如孟子者，他不但心嚮往之而有精神上的契合，他實已把這位道德上的典範內化爲一己人格的特質。

根據以上的了解，當他討論「內在力量」的培養，竟說「孟軻是倡導並且激發這種力量之一偉大的導師」[53]，就不會有何突兀之感。此外，在一篇以〈人生的意義〉爲題的演講詞中，他讚美「孟軻有氣象，他可說是一個標準的道德英雄」[54]。在《中國文化的展望》裏，寫〈道德的重建〉一章，既推許「他那種不通融的堅持原則的精神」，又認爲「孟軻所提示的人禽之分與義利之辨實在扣緊基本的德操」[55]。又引《孟子》：「生亦我所欲也，義亦我所欲也，二者不可得

---

52 《殷海光·林毓生書信錄》，頁八八。

53 《文集》(二)，頁七八四。

54 陳鼓應編，《春蠶吐絲：殷海光最後的話語》，頁七〇。

55 見該書（臺北，文星，一九六六），頁六一八、六二〇。

兼，舍生而取義也」一段大發議論，所談的也是有關培養「內在力量」的問題。就在不斷討論的過程中，不僅可藉以堅定自己的信念，同時也把歷史上這方面的資源，轉化爲提升自己的力量。

儒家從孔子起，便已努力給知識階層貫注一種理想主義的精神，也就是「士志於道」、以道自任的精神。孟子把「士」與「道」的關係扣得更緊密，也是他才正式揭出「道尊於勢」的觀念，由此自然發展出不爲權勢所屈的尊嚴感[56]。海光先生也許根本不知道這觀念，但由於精神的相應，他不但對儒家傳統這一理想有充分的體驗，而且在「自由」與「存在」的對決中，爲這個不朽的觀念做了鮮活的現代見證。

[56] 以上參考余英時，《中國知識階層史論》（臺北，聯經，一九八〇），頁三八——四一。

雷震在臺灣民主運動史上的地位

——「臺灣民主自由的曲折歷程」研討會開幕詞

當臺灣民主化進程，再次陷入困頓的時刻，來紀念在臺灣戰後史上，為爭自由、爭民主有過傑出貢獻的雷震先生，就顯得格外有其不尋常的意義：一方面，今日統治臺灣的政權，仍是三十年前以「莫須有」的罪名，製造雷震寃獄的政權。這個政權於解嚴後，儘管曾遭到風起雲湧的自由化、民主化浪潮的不斷衝擊，使它的基礎已有些動搖，但它專權體制的本質，迄未改變。因此，回顧一下雷震當年的奮鬪史，對我們當前的嚴峻情況，就可多一層的認識。另一方面，希望經由對這些民主拓墾者歷史位置的了解，以及他的生命在民主奮鬪史上放射出來的光輝，能激勵我們繼續為臺灣民主奉獻的熱忱，使我們有勇氣繼續前進。

要了解雷震先生在臺灣民主運動史上的地位，首先得探討，他如何從一個國民黨的高級官僚，轉變為熠熠發光的民主鬪士。

一九四九年初，國民黨在大陸的敗局已定，就在那全國人心惶惶，黨人咸感走投無路的時候，雷震先生已覺悟到，只有走自由民主的路，才能反共，才有可能挽救國運。他是位行動型的人物，在認知上既有覺醒，便立卽付諸行動，於是和胡適、王世杰等人商議，決定發起一個以自由主義爲號召的「自由中國運動」，以從事長期反共救國的工作。運動尚在醞釀之際，大陸已全面赤化，後來這個運動唯一落實的工作，是由雷震在臺灣創辦了《自由中國》半月刊，刊物的誕生，是促使他轉變的一大關鍵，那時候他已五十三歲。

雷先生的轉變，並非突然，在危局中的覺悟，亦非偶然，決定他開創後半生新歷程的覺悟和轉變，在他過去的生活背景中，是有脈絡可尋的。當他還是中學生時，便因反對袁世凱稱帝，參加了學生運動。在日本留學期間，曾於京都帝大法學部政治學科攻讀，畢業後在同校大學院繼續深造，從著名民主主義者森口繁治教授，專攻憲法。一九三三年在教育部工作時，就已提出教授治校的主張。抗戰期間擔任過戰時最高民意機構國民參政會的副秘書長，代表國民黨與其他黨派溝通。同時爲了防範國民黨任意侵犯人權，曾負責起草「保障人民身體自由辦法」。抗戰勝利後，他出任政治協商會議的秘書長，和制憲國大的副秘書長，由張君勱起草的憲法草案，是經他的建議，先爲政治協商會議所採用，後又因他的多方奔走與協調，才在國民大會通過。所以雷先生前半生的經歷，就已和中國現代爭自由、爭民主的歷史分不開。所不同者，是他在創辦《自由中國》之前，爭取的對象，是黨內的當權者，之後，則訴之於知識分子和黨外的社會大眾。

司馬文武在悼念雷先生的文章中說：「他的最大本錢不是他的理論，而是他的個性」。這一點觀察很深刻。與這一點相比，辦雜誌仍只能算是促使他轉變的外緣，使他後半生能成爲一位百折不回的民主鬪士，最重要的，還是在他的個性。這方面在他去世後，不少文章都提到，有人說他「剛正不阿」（岑逸飛）、「個性倔強」（雷夫人）、「豪爽義氣」（司馬文武），有人說他「眞、誠、憨、厚」（黃中），也有人稱他具有「堅毅寬厚容忍的性格，眞是一位了不起的民主鬪士的性格」（徐復觀）。由於這種個性，才使他不畏強權，並承擔了無止境的壓力；由於這種個性，才使他能夠凝聚一批意氣相投的朋友，共赴艱鉅；由於這種個性，才使他對民主的信念始終堅定，卽使爲民主受難十年，依舊意氣風發，無怨無悔。從雷先生的例子，正可以印證傳記大家盧德威克所說，一個人的成就，個性比才華更重要。

如果沒有一九四九年的轉變，雷震先生不會成爲一位令人敬仰、令人懷念的歷史性人物。一位歷史性的人物之所以能確立他在歷史上的地位，主要靠他生前的貢獻，雷先生在臺灣民主運動史上的貢獻有二：一爲創辦《自由中國》；一爲籌設「中國民主黨」。他自撰墓碑文：「自由中國半月刊發行人，中國民主黨籌備委員雷震之墓」，可見這兩點是他一生價值之所繫，他對自己所以成爲歷史性人物，完全是自覺的。

南方朔認爲國民黨讓《自由中國》存在，是爲了爭取美國的好感，以及拿它做宣揚臺灣自由開明的「樣版」。他的看法雖不無道理，但在那「白色恐怖」的年代裏，這本成爲國民黨「愚民政策絆腳石」的刊物，能維持達十一年之久，如果主其事者沒有堅忍不拔、威武不屈的個性，是絕對辦不到的。

《自由中國》的內容，比較突出的有三個重點：⑴思想啓蒙：主要在民主與科學的宣揚、傳統文化的批判，代表「五四」精神的餘緒。⑵以民主憲政爲主導的政論：主要在爭取自由、維護人權、建立法治。⑶反對黨問題的討論：渴望臺灣能建立起民主制衡的制度，走政黨政治之路。

中國近百年來，從來沒有一份報刊，像《自由中國》那樣重視反對黨問題的，《自由中國》創刊還不到半年，雷震就發表了〈反對黨之自由及其如何確保〉一文；一九五七年四月起，在三年五個月中，一連刊載了七篇朱伴耘討論反對黨的文章；一九五七年八月起，一連七個月以社論討論「今日問題」，最後一篇即歸結爲〈反對黨問題〉；到一九六〇年五月，雷氏發表專文：〈我們爲什麼迫切需要一個強而有力的反對黨〉，終於揭開籌組「中國民主黨」的序幕。從上述的事實及演變來看，爲促進民主政治的發展，成立一個具制衡力的反對黨，才是雷先生一生爲民主奮鬥最重要的目標。與此相比，辦《自由中國》仍只能算是工具性的價值。成立反對黨，才是他終極的關懷。

從前後兩篇討論反對黨的文章，可以看出雷先生不斷在思考這個問題，而且有很大的進步。在前文中他說：「我們認爲民主政治制度的眞諦，就在允許反對黨存在這一點」。這仍停留在「恩賜民主」的思考模式。在後文中他的觀點完全改變，他說：「我們今天當然有組織反對黨的權利，而且反就黨的組成，並不需要站在同等地位的其他政黨，或由其政黨組成的政府之承認」。

三十年前雷先生在客觀條件並不成熟，當權者仍把成立反對黨認爲「造反」的情況下，爲了達成一生中最重要的目標，終於義無反顧，像「過河卒子」般勇往向前，一肩擔起籌設「中國民主黨」的重任，其結果是使他付出極爲慘痛的代價：十年牢獄之災。反對黨雖未組成，但由於他的勇於犧牲，已爲臺灣的民主運動注入一股剛毅不屈的精神，使後來從事民主運動者，莫不受其鼓舞，同時因此也確立了他在反對黨運動中先行者的地位。

一九九〇年九月七日

「語錄」、「文復會」與個人崇拜

——對李登輝總統的兩點建議

據報導，目前坊間有關李登輝總統的書已有五本，十一月中旬「中華文化復興節」，李總統又被「恭請」擔任「文復會」的會長，這些事象，正顯示大家在努力把往日的威權體制轉型爲民主體制的關鍵時刻，仍有人在搞個人崇拜。

文復會政治意義較大

開放探親後，我三次去大陸，在上海、在北京，我託朋友四處爲我找本《毛語錄》，始終未能如願。在文革期間，《毛語錄》所印的數量，遠超過西方的《聖經》，不旋踵間，而今安在！這是古今中外因搞個人崇拜而發行「語錄」者的共同命運，從無例外。這說明權力不止使人腐化，更嚴重的，它還使人愚昧。

不斷出版有關李登輝的書，我寧願相信這是下面阿諛者的傑作，假如眞是這樣，我希望李總統主動制止這種事繼續發展下去，因爲這與你平易、樸拙的本性不合。

至於「文復會」這個機構，它成立的原始目的，以及二十多年來在臺灣社會和教育上所產生的影響，農經博士出身的李總統，我想也不一定很清楚。

一九六六年五月，中國大陸開始「文化大革命」。同年十一月，臺灣也開始推行「中華文化復興運動」，這個運動誠如李亦園教授所說，「一方面是以重整固有倫理道德為重心，另一面也是要以重整傳統倫理的精神以對抗共產政權，所以在本質上其所含的政治意義大於文化意義」。所謂「政治意義大於文化意義」，並不限於「對抗共產政權」、「重整固有倫理道德」，主要也是為了政治，所不同者，一是對外，宣傳中共在破壞中國文化，而臺灣則代表中國文化的正統；一是對內，希望經由倫理教育，更強化、更鞏固個人的偶像崇拜。

倫理教育是權威倫理

一正一反的尖銳現象，在當時國內外的確收到一些宣傳的效果。文革結束後，連中共自己都承認，「文化大革命是領導者錯誤發動，被反革命集團利用，給黨、國家和民族帶來嚴重災難的內亂，它不是也不可能是任何意義上的革命和社會進步。」臺灣的文化復興運動，不能說完全沒有正面意義，例如在整理古籍方面，由於官方提供巨額經費，確有貢獻。同時，因學界受到獎勵，也帶給古典研究新的刺激。不過，在倡導倫理教育方面，既不是把儒家倫理當作一門倫理學去教，也不是檢討儒家倫理在現代社會的侷限，及其在實踐上可能產生的問題，而是繼承了傳統與專制皇權相結合的「三綱」意義的權威倫理，且有計畫的透過教育政策，編入相關的課程之中。

根據《中華文化復興運動紀要》，一九六六年十一月十四日：「全國各界人士代表會商，為響應中華文化復興運動，決擴大表揚好人好事，並配合推行忠孝運動」。時代畢竟不同了，像專制時代政治化的泛孝主義，已無從說起，所以孝道的提倡，大抵已回歸到社會的意義。由於忠在中國傳統裏，它的涵義本就複雜，且有多方面的功能，與專制皇權結合之後，才把忠定位於效忠君王的絕對倫理。臺灣官方和「文復會」所提倡的忠之倫理，主要在要求人民效忠黨國，尤其在效忠領袖。為了配合這種需要，教育部於一九六八年九月，修訂了〈青年訓練大綱〉，規定青年要「信仰並服從 領袖」（「領袖」上面要空格，保存了專制時代的陋習），在實施要點上，則要求教師們「講述 領袖言行，激發其信仰 領袖，服從 領袖之情緒，使青年耳聽心維，時時刻刻心 領袖之心，行 領袖之行」。要求教師們講述，不一定眞有效果，還要強制性的納入國民教育課本，例如國民中學的課本《公民與道德》中，它的編輯要旨便是：「本書立論根據國父遺教、先總統蔣公言論及當前國策，以加強學生民族意識」。

勿藉黨政之力搞文運

依賴政治力量貫徹下來的倫理教育，當然會有一定的效果，但很脆弱、很畸形、很表面。在民間政治運動未興起之前，許多青年一出國便開始「反動」，當局從未深切反省過這種教育之不當。等到民間政治力量壯大之後，尤其在解嚴後這幾年，這種教育雖已遭到知識界的嚴厲批判，至今仍看不出有全面更張的迹象。

臺灣的文化復興運動，曾投入大量的財力與人力，因當道不知文化的更新，需要培養並保留社會更多的生機，讓它不受干擾地自然而然的成長與發展，因此，政府應該做的，是爲社會大眾，特別是學術文化工作者，提供一自由而免於恐懼的環境。提供經費，而又不帶任何黨派色彩的獎勵。可是，在臺灣推行的文化運動，多半是反其道而行，結果推行二十多年，中華文化在社會大眾意識中，卻愈來愈「異化」。儒家倫理在這個運動中成爲僵化的教條，成爲老官僚謀取私利的工具，成爲現實政權的護身符，延誤了從農業社會轉向工業社會，必須重建倫理的時機，導致今日倫理道德全面崩潰的危機。

基於以上的了解，我希望李登輝總統，如一時無法擺脫「文復會」這樣的機構，也應把它約束在古籍整理的工作上去，千萬不要像過去那樣，藉黨政之力，搞什麼文化運動了，尤不可借文化運動之名，搞個人崇拜，這樣你縱然在臺灣的民主改革上，沒有什麼大作爲，至少可以不必背負反民主的罪名。

《自由時報》一九九〇年十二月三日

開創民主社會，需要民主性格

在這次大選中，那種蔚爲奇觀的選風，使我的腦子裏，總是不斷想起亞里斯多德那句古老的名言：「民主的性格造就了民主的政體，獨斷的性格造就了獨裁的政體，性格愈好，所造就的政府也愈好」。這位希臘哲學家的話，未必是一項眞理，但對我們的民主現況，卻不失爲嚴重的警惕。現在大家要求國會全面改選，要求回歸憲法，我擔心像國人如此缺乏民主素養、民主性格，縱然有一天憲政制度能落實，恐怕仍將只是一個空架子。

在過去，不論是政府和民間，對培養國人的民主素養、民主性格的工作，從來沒有認眞進行過，甚至連這方面工作的重要性，也被長期忽略，今日政治人物的獨斷、橫蠻、惡言惡狀、肆無忌憚，正是我們長期忽略民主紮根工作難免的惡果。假如搞民主可以完全爲達目的，不擇手段，可以拋棄所有做人的基本原則，縱然有一天能爭到政權交替，那也不過是民主的形式，未必能使多數的民眾享有民主的福祉。

民主不但是一漸進的過程，也是一種長遠的理想。一個缺乏理想的社會，很難眞正實現民主。在朝民主理想奮鬪的進程中，除了達到權力分配的目的之外，更重要的工作，就是培養國人的民主性格，因爲只有多數人具有民主的性格，才足以開創眞正民主的社會。

民主的性格要如何培養？民主性格的外顯行爲是民主的生活方式，民主性格的內在基礎是富有客觀精神的認知心態。這是民主政治文化的兩個重點，也是我們著手培養民主性格必須掌握的兩個要點。

民主生活方式的養成，最重要的場所是家庭和學校。「民主始於家庭」，在我們這個社會，已經不是一句口號，在少數知識分子的家庭裏，早已付諸實踐，只可惜我們的各級學校，無論是訓導或教學，一向仍沿用反民主的方式，因此少數家庭培育的民主幼苗，反而在這個過程中遭到扼殺。

一個富有民主意識的家庭，是屬於「個人中心平權的」家庭形態，它與傳統「家族主義父權的」家庭形態之不同是在：前者尊重個體，後者是以家族爲中心的。尊重個體，是要提高個人的價值，並給予每個人一個獨立的身分；尊重個體，是因它本身就是目的；所以家庭裏每一分子都是平等的。民主的家庭，是瀰漫著平等氣氛的家庭。

尊重個體，並不妨礙子女對雙親的尊敬，不過這種尊敬是自發的，不是爲了屈從於禮教或其他的原因。中國人重視孝道，基本上無可非議，因爲孝心本來就是在親密關係中自然成長的感情，如果把孝道當作維持父權的工具，在今天的社會，不但很難見效，可能適得其反。

成長在既被愛護又受尊重的孩子，比較容易養成獨立自主的能力，這種能力爲自由競爭社會所必須。在今天，大部分的子女都要靠自己去闖天下，很少依賴祖蔭或繼承父業，因此父祖的權威自然減少。沒有高高在上的權威，才有利於民主性格的培養。

民主性格的萌芽始於家庭，它的成長則更有賴於學校。就這方面而言，我們各級學校的訓導與教學的方式，都必須做大幅的改變。因受民主運動的影響，校園民主化已到爭取立法的階段。在校園民主化這個大目標之下，爭取教師治校，爭取學生參與校政，使校務不受政治和行政的干預，皆有其必要。但校園民主化最重要的目的，是使學校可高揚自由的氣氛，在這種氣氛下可以使師生自由學習、自由討論、自由研究，如此環境，如此過程，可自然養成民主的性格。民主的性格必由自由的氣氛、自由的價值中陶養，這種人必然反對極權主義、反對共產主義。

爲什麼說民主性格的內在基礎是富有客觀精神的認知心態？因爲在認知心態活動中，能誘發民主心態，同時一個講求並堅守客觀認知的人，必然反對獨斷的態度、反對訴諸權威的論式。

無疑的，認知心態在西方思想傳統中的表現優於中國、印度、和伊斯蘭的傳統，這也是民主產生於西方，而不產生於其他傳統的深層原因。認知心態在西方，早在希臘蘇格拉底式的對話和層層質疑重重問難的辯論中，即已表露無遺。我們閱讀柏拉圖的對話錄的經驗，和閱讀《論語》、《孟子》中對話的經驗，大不相同。中國儒學思想以道德實踐爲主，探討的重點在道德意義的心性上，入手的方法爲反求諸己，知識活動只處於輔助的地位。柏拉圖的對話錄屬於追求知識的認知活動，在辯論中不但要求遵守辯論的規則，而且爲了要求觀念的精確，需不斷下定義，以便把問題的性質固定下來。在對話的過程中，任何一方如論證上顯露破綻、推理上犯了錯誤，一經對方指出就得承認，參與辯論者完全平等，誰也不是權威。辯論著重的是心智活動的過程，對問題可懸而不決，不輕易遽下結論。就在這種容許懷疑、容許批判、容許挑戰，並容忍不同觀點的矛盾與衝突的表現中，自然養成寬容異見的習性，和對理性的信任，而這兩點正是民主性格的基本特色。

臺灣在民主的道路上，成就雖很有限，但已走上民主的不歸之路，爲了實現這個理想，不能只限於政治的形式，社會文化都必須有相應的變革。爲了開創民主社會，需要培養國人的民主性格，這才是爲民主做紮根的工作。

《中國時報》一九九〇年一月三日

推廣民主教育，發展民主文化

——為自由主義者重定位

一九九〇年六月二十六日，正值國是會議召開前夕，擔任會議籌備委員的胡佛教授決定退出，這一舉動引起政、學兩界相當大的迴響。政界的反應，暫且不說，學界的反應，錢永祥先生認爲他的退出，是「爲了維護自由主義知識分子的立場」；黃碧端教授則認爲他「提供了一個自由主義者的本色範例」、「而覺得安慰」。在這個時刻，能有知識分子站出來，講幾句良心話，並且正確評估了此一舉動的意義，這不但使我覺得安慰，也使我由衷敬佩，因爲長久以來自由主義備受摧殘，如果少數富正義感的知識分子，不再彼此護持、互相激勵，自由主義很難在這塊土地上生根、茁壯。

此外，陳其南教授說：「臺灣的政治運作形態在解嚴後實際上已邁入了一個不同的階段，此種轉型直接影響到自由派學者與知識分子的定位。」作爲自由主義者，在今後究應如何重新定位，在此時此刻，的確是需要用心想一想的問題。

粗略地看，在解嚴前的三十多年中，臺灣的自由主義大抵可分爲兩個階段：

第一階段即今日大家熟知的五〇、六〇「白色恐怖」的年代。在一般的印象中，好像五〇年代恐怖的程度尤甚於六〇年代，至少對知識界而言，實際的情況可能並非如此：代表五〇年代言論的《自由中國》，直接批判當道的言論很多，到六〇年代的《文星》，連批判傳統文化都可以成爲一項罪狀；許多著名知識分子被誣坐牢或被迫逃亡，大都是在六〇年代；比較起來，校園控制和黨化教育的傾向，六〇年代也遠比五〇年代爲嚴厲。形成這種差別的原因很多，但一個主要的因素，是因威權體制的重整已完成，強人政治已重新確立，民間和政治上的異端已被清除，於是自由主義知識分子遂成爲第一線的敵人。

五〇年代的《自由中國》，與當道的關係並不單純，批判的言論雖爲當道所憎恨，另一方面在海外它卻是民主櫥窗的活樣板。就歷史觀點來看，《自由中國》代表「五四」自由主義精神的延續，言論雖備受壓抑，但在彼此微妙的關係中，知識分子仍可意氣風發。到了六〇年代，自由主義才眞正進入黯淡期，《文星》被迫關門之後，連相當溫和、影響很有限的《時與潮》都不允許其存在。

第二階段包括整整七〇年代到解嚴之前，由於國內情勢的巨大變化，使自由主義獲得重整的機會。七〇年代初，《大學雜誌》趁著釣魚臺運動與蔣經國接班的間隙而起，經歷了短暫的「臺北之春」，知識分子的大集合，迅速遭到分化，其中一部分在「青年才俊」的名目下，被收編到體制內服務，另一部分則走向反對陣營，創辦《臺灣政論》，原先便在學術界工作的幾位，於七

○年代中期，藉《中國論壇》的園地，爲臺灣言論開拓了新的方向。

七○年代正是臺灣經濟由貧窮閉鎖走向富裕開放的年代。伴隨著經濟的成長，現代化理論開始風行。這一羣在學術界工作的知識分子，由於引介現代化理論，推動臺灣現代化的研究，遂被冠以現代化派。到了八○年代前期，黨外運動進入高潮，因扮演朝野之間溝通的角色，與論界遂有自由派學者的稱號。他們雖關懷社會，支持民主運動，但主要的工作仍在學術。他們推動臺灣社會的現代化，不但不像五○、六○年代自由主義者與傳統文化對立，而且以社會科學的方法和理論，重新詮釋中國傳統，他們爲了民主政治中不可或缺的制衡力量，雖同情並支持黨外的民主運動，但始終堅持漸進改革之路。由於態度理性開放，不走極端，專業水平也較高，因此賦予自由主義以新的生命，並能帶動輿論，重建了自由主義的社會聲望。

解嚴後，自由主義已邁向第三個階段，澄社的成立，正象徵著新階段的開始，這次自由派學者退出國是會議，可以說是向第二階段正式告別。就大趨勢而言，現實政治已由抗爭的年代進入溝通的年代，今後面臨的應是政策競爭的年代。在此大趨勢之下，如果說自由主義知識分子已完成抗爭和溝通的階段性角色，那麼今後要如何來重新定位呢？

首先我想說的是，身爲學者又要扮演知識分子角色，在已往實在負擔沉重，太辛苦了，事多則力分，顧此則失彼，縱然盡了全力，在某些方面總不免有所遺憾。因此今後應選擇屬於長遠目標，而知識分子本身又能用得上力的工作去做。

在這個前提下，我認爲推廣民主教育，並經由各種的教育方式，發展民主文化，是今後自由主義知識分子最值得戮力以赴，而且是責無旁貸的工作。

幾千年來中國傳統中所塑造的政治文化，基本上是爲了鞏固專權統治，作爲民主文化礎石的自由、人權、法治等觀念，完全闕如。四十多年來，我們的教育，在民族文化、反共國策等大帽子下，傳統政治文化不但沒有多大改變，反而變本加厲。雖然有定期局部的選舉，雖然有少數報刊不斷傳播自由、民主的理念，但與黨政無遠弗屆所控制的整個大環境相較，其所產生的影響力，實極爲有限。解嚴後，社會上自由化的程度大幅提升，爲什麼大家——特別是政府官員又開始抱怨民眾「濫用自由」？爲什麼經由選舉產生的大都是些唯利是圖的政客？這種現象難道與長久以來反民主的教育沒有關係？爭取自由，需要民主教育；享用自由，更需要民主教育。今天我們終於嚐到反民主教育的惡果。

不論是推廣民主教育，或是發展民主文化，其重點的工作，是在喚起權利意識的覺醒，發展個人權利的一套學說，不但是自由主義的中心思想，同時也是近代民主的精髓所在。權利卽自由，包括言論、出版、信仰、集會等自由；自由主義最大的使命，是希望把我們的社會成爲一個根據自由主義的原則建構起來的社會，更切實地說，就是不使上述諸自由受到威脅的社會。

臺灣要實現這樣的社會，還有遙遠和艱困的路程要走，到今天誰也無法保證我們必定會達到目的。這多年來，民主運動雖蓬勃發展，但權利意識並未隨之普遍提高，民眾的自主性和責任感更未見提昇。政府和政客們仍一心想塑造新的強人，民間也嚮往有新的強人來解決種種難題，這樣的政治文化與自由主義所要求的，實有很大的距離。

要使臺灣實現眞正的民主，須要很多條件來配合，民主教育與民主文化雖十分重要，也祇是眾多條件的一部分，主宰歷史進程的因素相當複雜，知識分子的角色，不過是盡其心而已。

《中國論壇》三五六期

學術要自主，文化要自由

八月中旬，教育部擬議把「國父思想」課程，改為「憲法與立國精神」，同時把原來的必修改為選修，這本應是屬於教育界一件很單純的事，可是一向泛政治化的臺灣，竟然演變成所謂改革與保守的大爭論。一些黨政大員，甚至連國民黨的中常會都捲入其中。

在同一時間，報紙刊登了兩則對臺灣第一大城市臺北的評論，其一是美國《財星》雜誌，最近出版的亞洲專刊，把臺北寫成西方企業界最不喜歡的亞洲城市；其二是美國《新聞週刊》，引用一位駐香港的美籍銀行家的話說：臺北是個醜陋的城市。

以上兩個話題，表面上看，好像並無關聯，但深一層想想，由「國父思想」課程引發的爭論，基本上是學術問題；國外媒體對臺北的批評，是文化問題。這兩方面之所以出了問題，追溯起來，都多少與長期受黨政操縱，並使其為政治服務攸關。所以從病理的觀點來看，這兩方面的問題，實有同一病源。

思想轉化成學術

孫中山先生的三民主義和其他建國思想，在中國近代史上當然是了不起的文獻。但任何人的思想，都必有其時代與環境的局限；世界上任何一種主義，畢竟只是一套意識型態。要使一套思想傳承下去，唯一的辦法，便是將其轉化成嚴格的學術，經由不斷地批判和檢討，才能提升其價值，保存其生命。一套思想如要靠政治上強制性的力量，才能維持它的地位，既不容許自由的討論，又經不起獨立思考的批判，它必然會遭到學術界的排斥，並加速其僵化和凋亡，「國父思想」在今天就面臨這樣的命運。

有關臺北的種種，我覺得漢寶德教授的省思，比外國人更有深度，他說：「如果你是一位文化學者，你會問：在臺灣的中國人生活品味到那裏去了？他們怎麼會忍受這樣的環境？爲什麼在臺灣看不到一座具有代表性的建築？爲什麼在香港與新加坡的中國人可以創造嶄新的城市、有秩序的環境，在臺灣滿目所見只是混亂？」

凡事由政治考量

要探討以上這些問題，幾乎在不同程度上，都與凡事皆由政治上考量有關。早年一心想反攻復國，對臺灣沒有完整而長遠的建設計畫，導致今日積重難返的市政問題。由於政治考量，把兩大都市的市長，開倒車地由民選改爲官派，使市長只要奉承上級，而不必向全體市民負責。

而假如大陸上不發生「文化大革命」，不是爲了「對匪文化作戰」，大概就不會有復興中華文化運動的推行。幾十年來推行傳統的倫理教條，其中一個重要的目的，就是培養領袖崇拜。二十一縣市文化中心的設立，充分反映文化官僚對文化建設的無知與無能。

章太炎說：「中國學術自下倡之則益善，自上建立則日衰。」學術如此，文化亦然。臺灣民間並不是沒有優秀的文化團體，也不缺乏默默耕耘富有創意的文化人，可是在這動輒得咎、令人窒息的環境裏，卻很難存活、很難持久。

學術需要自主，文化需要自由，現在應該是政府徹底檢討這方面問題的時候了。

《遠見》一九九〇年十一月

知識分子的抗議傳統

最近大陸上三十三位知識分子聯名發表公開信，呼籲中共當局釋放政治犯的舉動，有人稱之為中國知識分子抗議傳統的復活，下面就簡略地談談這個表現抗議精神的傳統。

中國抗議傳統的來源和組成，雖相當複雜，但主要是來自儒、道二家。儒家的抗議精神是經由下列三種方式來表現：⑴講學：中國歷代民間自由講學之風始於孔、孟，散佈在民間各地的講學場所，代表大小不同的儒學羣體，每逢權奸當道，朝綱不振時，這些場所遂於講學之外並兼議政，以形成輿論（古代叫「清議」），如南宋朱熹一派的學者，抗議朝政的氣燄，就曾盛極一時，結果導致朝廷為立「黨籍碑」（類似現在的「黑名單」），禁止這一派的學者應試。由儒學羣體而引發抗議風潮，最著名的例子是明末的東林講學，當時朝政腐敗、黑暗已極，黃梨洲形容東林師生的抗議運動是以「冷風熱血洗滌乾坤」！

⑵諫官：專制體制裏的帝王，基本上是「獨制而無所制」的「獨夫」，這是傳統政治諸多弊端的主要根源。但在中國官僚制度中卻有諫官的設置，諫官的職責，就是向皇帝抗爭，必要時可

以「冒死犯上」。由於諫官位階卑微，身家性命往往寄於皇帝一念之間，毫無保障，所以在多半的情況下形同虛設。然諫官的聲音，畢竟是制度上被容許的異見，一個有風骨的諫官，可以利用這個管道，把民間的清議傳達「聖聽」。

⑶太學生運動：太學生運動始於東漢，而大盛於宋。東漢官辦教育發達，到質帝本初元年（西元一四六年），太學生已多達三萬人。東漢時代，一直由外戚、宦官交相擅權，使朝政日亂，綱紀廢弛，清議領袖范滂、李膺、杜密等遂結合太學生，成爲外戚、宦官以外的清議集團，他們不斷「伏闕上書」，抨擊朝政，形成一股足以威脅到權奸們的輿論力量，終於釀成黨錮之禍，太學生死難者百餘人，被捕下獄者千餘人。宋代太學生上書論國是，始於仁宗慶曆年間（西元一〇四一年），直至宋亡的兩百多年中，學生一波波的抗議運動，可謂層出不窮，其中聲勢最大的一次爲太學生陳東所領導，他前後共上書十次，這是第四次，響應者達十多萬人，當他第十次上書後，終遭捕殺。

道家的抗議精神始於老子而與儒家不同：儒家抗議的目的，是希望對政治社會有所改造，道家的抗議則在衝破政治社會上的一切網羅。在社會方面，禮是行爲規範，社會秩序賴以維繫，可是老子卻認爲「禮者忠信之薄，而亂之首」。在政治方面，老子對政府的法令太多，對老百姓干預太多、剝削太多，都提出控訴：「民不畏死，奈何以死懼之」！是他對那些濫用嚴刑峻法的統治者，最嚴厲的警告。

破除網羅之後，政治上老子主張無爲（無政府主義），人生方面則嚮往返璞歸眞，這都是基於他對人類結構性的暴力的深透了解，因而激起對政治權力鬪爭的極端厭惡。老子思想的這一取向，對中國歷史上獨有的隱逸傳統有相當影響，隱逸傳統在種種網羅之外，開拓了精神活動的空間，也代表知識分子對專制暴政不合作的態度和無聲的抗議。

《中國論壇》三二三期

三月學運的檢討和期待

如果我們把過去四十年來的悲傷情況，看成是某遠親交給我們的一件東西，那是非常不智的，我們必須要求自己對這個情況負責。如果我們能夠這樣做，才能明白我們是可以改變這個情況的。我們不能把過錯全推到以前統治過我們的人的身上，不只因為這是不正確的，而且這麼做，會使我們低估自己應負的責任，以致我們不能主動地做出任何自由的、合理的和快捷的抉擇。

——捷克總統瓦克列夫・哈維爾

文首引的這段話，出於今年元旦哈維爾向捷克民眾的演講文告，這篇文告充滿智慧，發人深省；上面這段話，尤其使我們這些自詡為一生追求自由民主的知識分子，深感慚愧！臺灣的政治所以會變到今天這樣惡質化的地步，是因為我們的民眾，特別是知識分子，顯然「低估自己應負的責任」。民主政治是一種以民眾為主體的政治，而我們的民眾卻一直向統治階層乞討民主，希望他們欽賜、施恩，無怪乎我們搞了民主運動十幾年，眞正的民主卻依舊遙不可及。

二次大戰後，在許多推展民主改革運動的國家中，大學生一向扮演著吃重的角色，以他們的理想，號召民眾，以他們的熱情，鼓動風潮。而我們的大學生，除少數之外，絕大部分都成為民主以及其他各種社會運動的局外人，他們冷漠、疏離，只知道在父祖輩辛勤努力換來的繁華社會中，過著逸樂無趣的生活。就這個背景來看，三月間發生在臺北中正堂的學運，如果也有一點歷史的意義，也只不過是稍為洗刷他們長期逃避責任的恥辱而已。

這次的學生運動，相對於過去四十年而言，其規模確屬空前，也表現了年輕知識分子應有的理想與熱情，但整個運動暴起暴落的過程，卻顯得十分奇特，奇特的令人費解：

第一，二月間因正副總統人選，引發的完全罔顧民意的高層權力爭奪，已使社會普遍地感到不耐。進入三月，在陽明山上召開的「國民大會」裏，上演著一幕又一幕的政治荒謬劇，在輿論一致撻伐之下，這幾百個不知身在何地、身處何時的老人，儼然成為國民公敵。臺灣全民民主運動的氣候已經形成，在這重要的時刻，由清純形象又無利害關聯的大學生起來號召民眾，必可發揮前所未有的巨大道德力量，極有可能因此而改變歷史。可是我們的學生運動起來之後，卻嚴格地自我設限，不讓民眾參與，使民眾成為圈外的旁觀者，這是所有國家學生運動中難得一見的怪現象。我當然了解學生們憑著良知和勇氣站出來抗爭，內心不無恐懼，近年來社會上無數的抗爭中，政府動輒使用鎮暴部隊，使得早年「白色恐怖」的陰影，始終籠罩在臺灣的天空。不過，在學生羣中，如有足够的智力，當可判斷，今日的臺灣已不是五、六十年代的臺灣。假如那幾天能號召數萬民眾共襄盛舉，用和平示威的方式堅持下去，其結果雖難預料，但對學運本身一定比現在要好。

第二，在這次學運中，政府當局能冷靜處理，特別是李登輝能迅速回應，並以最大的誠意和決心，與學生代表當面溝通，值得稱許，也是促使學運很快結束的一大關鍵，李氏的表現，在近代中國元首級人物中，是一次突破。

在同樣的場景中，學生的表現，就有些令人費解。學生們的四大訴求：解散國民大會、廢除臨時條款、召開國是會議、訂定政經改革時間表，在這個時刻提出來，無異代表全民的心聲，因此學運決策部門，所要求於最高當局者，應該不是去見總統，而是要他在電視上或其他公開場所，把他的想法和做法告訴全體國民，然後看輿論和社會的反應，再決定下一步的行動。

有人以爲李總統肯定了學生們愛國、愛鄉的情操，是學運一大成就，當然，總統都這樣說了，可以保證他們回到學校不被找麻煩，對今後爲了加速校園民主化的校內抗爭，也會有些幫助，但對學運本身是消極的。如果說這方面有什麼成就，那是屬於李總統的，而非學運。這次空前的政治危機，是因四十年來累積的許多重大政治問題，執政黨和執政當局，始終沒有決心去改革而爆發的，學運宜運用難得高漲的民氣，向當局施壓，使最高當局能做出符合民意的回應，這才是學運的主題。這次學運的成敗，也必須從回應中所獲得的多少去評斷。學運很快落幕，本來是一抗爭性的運動，結果卻幫忙當局化解了一次危機，這種奇特的演變，我無以名之，我只能說，這仍是威權政治下的學運，學生們仍不免「低估自己應負的責任」。

以上兩點，對從未有大規模學運經驗的學生，不免苛刻，我主要的用心，是希望這羣可愛又可敬的知識青年，趁著這個機會對學運多做點反思的工作，在未來有更成熟的表現。臺灣已是一個嚴重病態的社會，什麼價值，什麼標準，幾乎都已崩潰，正有賴於有理想、有熱情、有責任感的青年注入新血，注入新的生命力，畢竟這個社會仍是絕大多數青年，將來要生活的天地。以六〇年代美國的學運爲例，知識青年透過運動的方式，是可以對整個社會發生正面影響的。

即使在今後二、三年內，眞能把學運所訴求的問題一一解決，臺灣民主仍有很長的路要走。在這過程中爲了分工，今後學運的主要目標，仍應放在校園的民主化上，其重點在民主文化的培養，和民主性格的養成，這樣才能使民主在我們的社會紮根。兩千多年的專制文化、四十年的反民主教育，校園民主化是極具挑戰性的工作，我們的反對黨和各種社會運動團體，已無餘力關心這根本問題，卻正是學運可以直接用得上力的地方。

學運結束時，學生們宣稱，要把廣場上學到的帶回校園去繼續耕耘，這是很正確的想法。具體實踐的方法，不妨在各校設立民主廣場或民主講座，利用課後和假日，任何一位師生都可以在那裏發表高見，自由討論，然後把自由的氣氛帶進教室，帶回家庭，帶向社會，這樣使大家渴望的和平、理性的民主化過程才有可能。

這是我對當前學運的衷心期待。

《中國論壇》三四九期

一個夢想：多元化的統一

對那些很難實現的理想，我們往往叫它是「夢想」，「很難」並不表示沒有可能。目前要在中國實行民主，目前要使海峽兩岸統一，誰都知道很難，但誰也不敢說，未來沒有可能。我想提出的是：當這一代知識分子，渴望中國走向民主時，似乎忽略了，民主化一旦落實，像中國這樣一個廣土眾民的國家，不可避免地會產生「多元化統一」的要求，而使傳統「普天之下，莫非王土，率土之濱，莫非王臣」這種根深柢固的政治信念，以及爲統一而統一的理念，勢必遭到挑戰。因爲民主最重要的一個目的，就是使各種權力受到控制、制衡，特別是中央握有決策權者的權力。要達到這個目的，人類的智慧到目前爲止，唯一想到的辦法，就是使中央與地方分權，走向多元化的統一。

中國傳統中雖沒有分權的觀念，但並非沒有分權的現象，大體而言，在天下一統的盛世，傾向於中央集權，到了國運衰微，往往出現地方勢力坐大的割據局面，因而導致天下一統的瓦解。上一個朝代割據之弊害，使下一個朝代興起時，更傾向於強化中央集權，中央集權久了，又出現

「強幹弱枝」之弊，使地方無力抵禦外侮，於是再下一朝代又比較傾向於分權。唐以後幾個朝代，這種交替的現象格外明顯。

明代之亡，士大夫最爲痛心，黃梨洲、王船山等對中央與地方的問題做了相當深刻的反省，歷史上攻擊專制集權的言論，也在此刻表現得最爲嚴厲、潑辣，顧亭林已有「以天下之權寄之天下之人」的想法，但他們的思考因跳不出「封建」、「郡縣」的框架，自然也找不到眞正解決問題的方法。

民國以後，因南北分裂、軍閥割據，在國人統一的要求下，於是中央集權與地方分權，在三十年代又成了熱門話題，參與討論的，包括一些在西方受政治學教育的學者，他們已談到聯邦制，同一時期也有「民主」與「獨裁」的論戰。不幸，抗戰爆發，八年戰爭結束後僅四年，中共已席捲大陸，決定國家治亂的根本大問題，一時已無從說起。今日中共如繼續改革開放下去，必將面臨地方分權的問題——事實上現在已經發生。無論是個人或是一個統治集權，能力都是有限的，依靠個人或依靠一個統治集團，絕對無法使十幾億人民的國家長治久安。專家預估，到二十一世紀後期，中國將超過二十億人，今天如還不盡一切可能，設想朝多元化的統一之路去走，中央集權式的統一，到那時勢必發生比二十世紀更嚴重的問題。

要使海峽兩岸以和平方式統一，聯邦式的多元化統一，只要臺灣能維持現狀一天，就不可能，因爲那仍是中央本位，臺灣縱然能享有一些權力，仍是地方政府。四十多年來，臺灣完完全全是個獨立的國家，它所以仍要宣稱對大陸有主權，在理想上是因受制於傳統統一的理念，一旦放棄這個使命，將成爲歷史的罪人。在現實上，如放棄統一，政權將喪失合法的依據。臺灣國民黨目前最大的困境是：統既無力，獨亦不能。

但臺灣的存在，與中國歷史上任何割據的地方勢力都不相同，它的經濟水平、政治自由化、社會開放的程度，現前都優於大陸。臺灣內部仍持有爲統一而統一想法的人仍然有，但絕對是少數；對大部分的人而言，不要說在現有體制下，要統一臺灣，不會同意，卽使聯邦式的多元化統一，也照樣不能被接受。這種情況，北京並非完全不了解，否則爲何在「一國兩制」的條件中，允許臺灣保有軍隊和司法權？這也說明臺灣問題的特殊性。

正因爲有臺灣存在，才使我們有機會檢討傳統中央集權式的統一，是否仍然可欲？是否仍然是天經地義？正因爲有臺灣存在，對統一問題，在北京之外，仍可有另一種聲音，使這一代的中國人，可以徹底想想，是否應該努力去改變一下歷史，採取一種更能符合萬民福祉的統一方式，而不必像過去那樣，僅僅爲了統一，便大動干戈？

二十世紀的中國人，爲了革命、爲了戰爭，已付出太大代價，稍有理性的中國人，都不希望再有這種事發生。因此，加強兩岸交流，保持和平競爭的態勢，在目前應該是最符合中國人的利益的。如在短期內仍要以和平方式統一兩岸，那也只有一個辦法可行，卽走邦聯式的多元化統一之路，也就是在保持兩岸現狀下，加上一個合法的統一形式，這樣，統一的願望滿足了，兩岸人民的利益也照顧了。這種方式只是一個過渡，至於過渡的時間有多長，要看兩岸發展的情況，讓後世子孫去解決。

依照目前北京的想法，統一問題顯然無法用和平的方式解決。北京如不能放棄中央集權式的統一，那只有訴諸傳統的老辦法：以武力解決。但中共必須面對兩種情況：⑴臺海一旦興起戰雲，臺灣至少有三分之一人口有能力移民，其中包括資本家和優秀的學者與知識分子。⑵如一戰不成，臺灣極可能趁機脫離中國。

世界正在變動之中，歐洲共同體的單一市場即將成立，日本正憑藉它雄厚的經濟實力，野心勃勃地向外擴展，二十一世紀中國人面臨的種種難題與挑戰，絕不會比二十世紀少。二十世紀我們因太多的內戰和內亂，使中國喪失了走向富強、民主的機會，兩岸當權者應以向全體中國人負責的態度，放棄仇恨、放棄成見、突破傳統，引導中國走出一條既民主又統一的眞正能長治久安的道路，使我們的子孫，不必再把力量消耗於內鬪，使他們更自信、更勇敢地去迎接二十一世紀的挑戰。

《二十一世紀》一九九一年二月

尊重生命的典範人物

——馬曉濱案引起的省思

在馬曉濱等三位青年被槍決的當天，汪紹欽律師發表文章，對大法官會議認爲絕對死刑的立法尚難謂與憲法牴觸的解釋，嚴重質疑。文章結尾，汪律師語重心長地提道：「在鎂光閃閃，在記者爭相採訪的光圈下，許多人爲馬曉濱案熱情奔走，我希望在馬曉濱走上唯一死刑之路後，社會關懷的熱情，不會隨著鎂光與記者的消失而冷卻」。

汪律師關心的是錯誤的立法政策，希望社會繼續關懷的熱情，以達到修法的目的。不過這次許多人爲此案奔走呼號，法律之外，還有更深一層的涵義，那就是「尊重生命的倫理」的社會教育意義。

在貧苦落後的傳統社會，或是在連基本生存的條件都不具備的社會，不知尊重生命的現象，是完全可以理解的；而今日號稱富庶的臺灣，竟然仍普遍對生命冷漠，甚至把生命當作可任意殘害的對象，就不能不說我們這個社會從底子上已出現嚴重的問題。

這類問題形成的原因是非常複雜的，在這裏無法一一檢討，但可以指出一個直接相關的原因，是長期以來我們各級學校的管理方式和訓導的態度，要負很大的責任。愛因斯坦在〈論教育〉一文中說：「我認為學校憑藉恐嚇、壓力和權威來管理學生是一件最壞的事，它破壞了學生們深摯的感情、眞誠和自信，它養成學生馴服的性格」。我們的問題就在這裏，馴服的性格是把人培養成工具，使人喪失了眞實的自我與自尊，而深摯的感情、眞誠和自信，卻正是培育「尊重生命的倫理」不可或缺的條件。

教育年輕一代如何尊重生命的方法自不止一途，但普遍讓他們知道一些尊重生命的典範人物，使這些典範人物的事跡能感動他們，並進而產生由衷地敬佩，應是一可行之道。下面我想簡介兩位二十世紀尊重生命的典範人物，他們對人類的生命表現的深摯感情、眞誠和自信，都是無與倫比的，希望今後能把他們的感人事跡，編入倫理的課程之中。

一位是臺灣知識青年並不陌生的史懷哲博士，一八七五年他出生於法國屬地阿爾薩斯，早年專修神學，做過牧師，三十歲那年，為了替歐洲白人在非洲大陸所造的孽贖罪，決心去非洲行醫。為了達成他的心願，於是改攻醫學，三十八歲獲醫學博士後，立即與新婚妻子起程赴赤道非洲的加彭，就在那裏設立了一所簡陋醫院，一直到他九十歲去世，為黑人們奉獻了他的大半生，其間歷經千辛萬苦，百折不回，因而被世人尊稱為「非洲聖人」。一九五三年，他在接受諾貝爾和平獎時發表演說，第一句就是「我要呼籲全人類，重視尊重生命的倫理。這種倫理，反對將所有的生物分為有價值的與沒有價值的、高等的與低等的」。他認為這種對生命的全然肯定，是一種精神工作，有了這種認識，我們才能一改以往的生活態度，而開始尊重自己的生命，使它實現眞正的價值。世界史進入近代，戰爭與暴行之所以增多，在他看來，主要是由於人們不再以殘害生命爲罪大惡極，同時近代文明的機制，也容易使人變得冷漠無情。

另一位典範人物，是臺灣知識青年比較生疏的晏陽初博士，一八九三年他出生於中國四川省巴中縣，自幼就讀西學堂，接受基督教的薰陶，二十五歲畢業於美國耶魯大學，畢業典禮後即趕赴法國戰場，爲五千華工代寫代讀家書，並教他們識字，就在這次的工作中，他發現中國苦力階層肯上進肯學習的優秀品質和無窮潛力。二十七歲回國後，遂決心以有生之年爲絕大多數的貧苦文盲同胞服務，先是主持「中華平民教育總會」，在全國各地推行掃除文盲的工作。一九二九年，被史家譽爲「空前偉大壯舉」的河北定縣農村改造實驗開始，十幾位有博士、教授頭銜的高級知識分子在他的號召下隨同下鄉。抗戰爆發，河北淪陷，他率領數百人的工作隊伍，移向華中、華西，在烽火中工作從未間斷。由於在這史無前例的工作上的卓越表現，一九四三年被「哥白尼逝世四百年全美紀念委員會」推選與愛因斯坦及哲學家杜威等，共同爲「現代具革命性貢獻的世界偉人」。一九四九年遷來臺灣的「農復會」，是靠他在世界上「偉大人道主義者」的聲譽，以及與美國朝野的良好關係，於美國援華法案中特列「晏陽初條款」而設置。中共統治大陸後，他於第三世界十幾個國家，繼續推行農村改造工作，直到今年元月逝世爲止。他雖沒有標榜「尊重生命的倫理」，他的一生卻是這種倫理的最佳見證。

今天臺灣這個社會，大家不知尊重生命，法律也草菅人命，對生命的意義和價值普遍缺乏省思，的確已顯現出極深層的危機。但願年輕的一代，能從這兩位典範人物獻身的方向受到感動、獲得啟示，並決心努力去改這個惡質而又病態的社會。

《民眾日報》一九九〇年七月二十四日

全斗煥悲劇的意義

這幾天震驚東亞的大新聞，莫過於南韓前總統全斗煥，在人民的力量壓迫之下，公開向全國人民道歉、認錯。這一幕結束後，遂卽偕夫人驅車開往離漢城一五〇公里的雪嶽山百潭寺，開始其隱居生活。據寺中一名和尚說，全氏第二天清晨四點就起床，並與其他僧侶一起做早課，進用寺中普通的食物。

這幕警世活劇，不禁使我想起湯瑪斯．海華德的名句：「乾坤一戲場，生命一悲劇」。如由中國傳統的悲劇意識，來透視全斗煥的暴起暴落，也許更能使我們領悟這場悲劇的意義。

中國傳統的悲劇裏，很少有西方埃廸帕斯、哈姆雷特與李耳王這類悲劇英雄的描寫，中國人的悲劇意識，是由世事的無常和歷史興亡中表露。西方悲劇英雄之所以感人，在其能與命運搏鬪，以及在失敗中表現出人的尊嚴。中國悲劇感人的力量，是在能揭開生命與世事虛幻無常的實相，並由此激起的大悲與深情。

下面舉兩個例子，第一，《三國演義》扉頁上有一首詞：「滾滾長江東逝水，浪花淘盡英雄；是非成敗轉頭空，青山依舊在，幾度夕陽紅。……」滾滾長江之水，象徵著歷史的洪流，多少權傾一時、叱咤風雲的人物，當他們得志的時候，意氣飛揚，沉醉在勝利的歡愉中，可是時過境遷，究能留下些什麼呢？「是非成敗轉頭空」，說明在人世間，不論你曾享有過多大的權勢、多少的財富，到頭來都不過是一場空夢。相對於人世間的虛幻無常，自然界倒是青山長在，夕陽輪迴，在大自然的懷抱裏，反而令人有一種眞實之感。

第二，孔尚任的《桃花扇》是透過歷史興亡，來表達中國人的悲劇感的，該劇最後一曲〈哀江南〉，寫明朝亡國恨史：「俺曾見金陵玉殿鶯啼曉，秦淮水榭花開早；誰知道容易冰消，眼看他起朱樓，眼看他讌賓客，眼看他樓塌了！這青苔碧瓦堆，俺曾睡風流覺。將五十年興亡看飽，那烏衣巷不姓王，莫愁湖鬼夜哭，鳳凰台棲梟鳥。殘山夢最眞，舊境丟難掉！不信這輿圖換稿，謅一套哀江南，放悲聲，唱到老」。

在這短短的文字中，眞是寫盡了人世間的哀痛與悲傷。五十年興亡是如此，五千年的興亡又何嘗不是如此！當朱樓初起時，冠蓋雲集，笑語盈庭。轉瞬間繁華如夢，京華烟雲，朱樓塌了，賓客星散，遍地哀鴻，鬼哭神號！世事之無常，猶如風雨之難測，人生其間，情何以堪！人面臨這種歷史性的滄桑之變，如能了悟到「殘山夢最眞」，就個體性的意義來說，也許是一個轉機，也可能是一個生機，因爲人總是要走到繁華夢的盡頭，才有可能得到人生的徹悟。

全斗煥如能逃過這一刼，如眞像百潭寺僧人所說：「這位前總統看來對過去的錯誤有深切的悔恨」，如眞能在古刹的梵音中，體會到「是非成敗轉頭空」的道理，從此，朝看青山，晚觀夕陽，一樣有可能再創人生的新境。今日爲國民公敵，他日未嘗不可令後人懷念。

《中國論壇》三一七期

古典的重要

今日臺灣，能讀點古典的人，已經不多，少數這方面從事研究的人，在這缺乏歷史感的社會裏，也不被重視，這當然是文化上很嚴重的危機。因爲不重視古典的民族，將失去夢想。一個富有創造力的民族，不應丟棄古典，而是把古典的智慧化爲前進的動力。

古典都是經過長期的考驗，才得保存下來。在中國，這些古典，或稱之爲四書、五經，或稱之爲經、史、子、集。四書、五經乃中國文化觀念之庫，兩千多年來知識分子始終鑽研不輟，它是啟發中國人智慧的泉源。

史書不僅是幾年來中華民族克服天災人禍的奮鬪紀錄，更重要的是，其中有豐富的歷史教訓。凡是不能忠實地了解過去歷史的民族，很難找到前進的正確方向。要了解過去，自然要靠史書。

司馬遷是中國史家中一個典範，他寫《史記》的抱負是：「欲以究天人之際，通古今之變，成一家之言」。所謂究天人之際，是除了探究造成歷史成敗得失的人爲與自然因素之外，還要進一步了解二者之間的交互影響。所謂通古今之變，是要了解古今歷史的因革、損益。「因」是繼承傳統，「革」是革故更新。了解何者當「因」、何者當「革」，然後知歷史中變中有常，常中有變。由「常」可吸取傳統的資源，由「變」可適應新時代的需要。保守與創新永遠應當並重。

子與集，是個人作品的總匯。一般的印象，總以爲子書屬於哲學思想，文集屬於文學，事實上，子書裏有重要的文學作品，如《莊子》，文集裏也包含著豐富的哲學思想，如唐、宋八大家的集子。中國傳統典籍的分類，不是依照知識的性質，傳統知識分子文、史、哲是不分家的，這三方面的典籍，都是他們學習的基本課程，所以哲人能寫一手好文章，文人而有深刻的思想，並不稀奇。一部好的史書，這兩方面的優點，往往兼而有之。

如果說經書是中國文化智慧的根，那麼汗牛充棟的史書就是文化之樹，數量無盡的子、集就是文化之林，以往每一個讀書人都曾沐浴其中，形成他們的意識，影響他們的行爲。即使到今天，假如中國人仍具有異於外人的行爲特徵，主要還是由於這個傳統。

不論是經、史，還是子、集，都有相當的比重是傳達道德教誨和討論修養的，這方面的文字不能全從字面理解，它還需要生活來印證，沒有相當道德實踐經驗的人，不容易有透徹的悟解。宋儒嘗說，一個人在讀《論語》前和讀《論語》後，如果沒有什麼改變，等於沒有讀。這類的作品，十七歲去讀和七十歲再去讀，其收穫與感悟是大不相同的。假如沒有道德的眞誠和提昇道德水平的決心，縱然去閱讀，就如身入寶山，仍將是空手而回。

在歷史的長流中，各時代有各時代的特殊問題，這是事實。但另一方面，人永遠生活在大自然的環境中，永遠有著相同或相似的需求和渴望，因此人類一直被一些共同的難題所挑戰，也累積了許多應付難題的經驗，不經由古典，我們就無從獲知這種源遠流長的經驗。

《中國論壇》四五五期

下編　大陸部分

北京學運的背景與影響

一九八九年發生在北京，並波及全國，甚至引起全球華人熱烈回應、支援的學生民主運動，它產生的背景，可以從經濟、政治、社會、文化等各方面來看，我發言的範圍屬於文化思想方面，主要是談談我親身的經驗。

北京學運有其文化背景

我四月三十日到北京，應邀出席兩個爲紀念「五四」七十周年而召開的國際學術會議，一個是由中國文化書院、二十一世紀研究院、香港大學、香港中文大學合辦，一個是中國社會科學院主辦。根據我會內會外的所見所聞，也可以知道這次學生運動的發生絕非偶然。

這次學運規模之大，以及全國人民響應的程度，已遠遠超過七十年前的「五四」。而這兩次會議中呈現的自由熱烈討論的氣氛，據說也是四十年來所僅見，這雖與會議主題有關，也多少是受會外正在發展的運動的衝擊，但主要還是十年開放的成果。

兩次會議中我所讀到的論文，超過二百篇，有關「五四」的論題，沒有不談到的，其中討論自由、民主、人權和啟蒙佔相當大的比例。例如在社會科學院的會議中，引起我注意的，就有下列幾種觀點：

⑴對「五四」時代的人物和各派思想，都應重新評估，並給予同等重視。

⑵民主非恩賜，必須經由犧牲奮鬪才能獲得。

⑶民主就是民主，無所謂資產階級民主和社會主義民主。

⑷「五四」研究必須突破，不可再以毛澤東所說爲方針。

⑸過去把「五四」的性質，定調爲反帝、反封建，這並不是「五四」的本質，「五四」的本質是思想啟蒙，卽主張民主、科學、自由、人權。

⑹今日再提反封建，不應只限於一九四九年前的傳統，也要包括一九四九建國後的新傳統。

⑺「五四」運動與「四五」運動可以相提並論，但與「文化大革命」相提並論是錯的。

⑻今天應繼承「五四」，也要超越「五四」。

⑼今後中國文化應結合中西，創造新文化。

⑽馬克思、恩格斯的思想，經由列寧、史大林，早已被庸俗化，庸俗化的馬、恩思想破壞了啟蒙。

⑾四十年來政治上一元化的領導，強化了中國人民的奴性。

諸如此類的言論，不勝枚舉。大陸學者在會中義正辭嚴、激昂慷慨的發言，其衝破禁忌的程度，令人很難想像，那仍是一個以社會主義爲官方統治意識形態的國家。

我在分組討論會中曾一再表示，假如能把會中的言論和討論的氣氛，延伸並傳播到社會上去，中國的民主就更有希望，因爲今日大陸上仍缺乏輿論、缺乏新聞自由，大眾化的傳播媒體，如電視、報紙，仍被嚴格控制，不過與一年前相比，由學院走向社會的知識分子越來越多，像北京、上海，在學院外從事文化活動的知識界已開始形成，此可以最近出版的幾本知識性雜誌爲例。

去年我在北京看到知識性的雜誌，只有《走向未來》和《讀書》，這兩本雜誌水準不差，對知識青年頗有影響。今年這方面的出版，有顯著的增加，例如：

㈠《新啟蒙》，上海出版，目前出到第三期，它的成員二、三十人，包括北京一部分的學者，也包括一些著名的自由派知識分子，顧名思義，這本雜誌是以發揚「五四」精神爲職志的。

㈡《思想家》，今年元月於上海出版，它標榜的宗旨是：學術獨立、思想自由、兼容並蓄、求異存同。內容以專欄處理，包括：⑴時代與思潮。⑵東西文化比較。⑶傳統反思。⑷經濟與政治。⑸法律文化。⑹知識分子。⑺國際文化。⑻學苑人物等。

㈢《青年學者》（季刊），編輯部設在南京，我帶回來的一本是今年四月剛出版的，標明本期專題是：「重新認識個人主義」，從簡明的刊頭語中，可以看出這批青年學者的用心：「當代中國的價值天平處在激烈的搖擺之中，傳統的集團主義觀念遭到了有史以來最有力的挑戰，商品經濟的魔力呼喚著個人的權利、自由和價值。但是，在一個集團主義傳統的國家中，要建立起眞正的具有獨立人格的個體，塑造出千百萬自覺地合理地實現個人價值的自我，其難不亞於蜀道之行。不過，路總是人走出來的，縱然有重重關山，層層險阻，但理性的啟蒙旗幟將義無反顧，一往直前，『個人』將洗刷一切歷史的陳垢，以健康、活潑、獨立、自由的面貌出現在新的年代。」

㈣《知識分子》，前幾年本在美國出版，今年起改由大陸遼寧人民出版社出版，仍是季刊，內容、編排、紙質都保持了以往的水平。北京的主編梁從誡先生爲本刊定的宗旨是：「無意於宣揚某種特定的學術見解或思想觀念，也無意於爲少數團體或派別提供特殊的講壇。作爲這套文叢的主編，我是把它當成一種獨立的、民間的出版物來看待的，我們只是想在推動中國文化——學術的多元化方面貢獻一點力量，並主張爲此要有一種寬容和開放的胸懷。」

在兩次會議中，獲贈的知識性雜誌還有一些，可惜無法全帶回來。有兩本即將創刊的新雜誌：《太平洋論壇》、《文化中國》，都希望能包括大陸、香港、臺灣的作者，並能在三地發行。要做到這一步，還有一些困難猶待克服。

從上面舉的一些例子，不難看出目前大陸學術界、知識界新的動向，它們共同的特色，都渴望學術獨立、言論自由，都強調民主、開放的重要，這種明顯的變化，年輕知識分子怎麼可能不受其影響。

目前大陸知識界，還有一點値得一提，卽「文化個體戶」的出現，他們不吃公家飯，完全靠自己擁有的知識，從事寫作、編書、譯書、出版來謀生，這些青年知識分子的覺醒和努力，可敬可佩，他們必將爲大陸的言論自由、出版自由寫下歷史的新頁。

學運打破了政治絕對性的禁忌

其次，談到這次學運的成就，我認爲：

第一，經過幾十年的極權統治、政治鬪爭，對人性的敗壞十分嚴重，近年來大學生的逸樂、功利、反智（讀書無用）傾向，令人失望，但在這次學運中，使我們重新看到青年人最珍貴的品質：純淨性與理想性，使全球華人都感到，中國仍然充滿希望。

第二，十年開放，百病叢生，必須在各方面從事重大的變革，方能起死回生。時代在召喚青年，這一代的青年也終於適時地做了歷史性的回應，靠他們的熱情和勇氣，已打開僵局，做了政治改革的急先鋒，以後會如何發展，已不單單是青年人的問題。

第三，由於在如此巨大規模的學運中，青年學生們所表現的自我節制與自我犧牲，不但使所有的中國人感動，也震撼了全球，中國歷史上從來沒有一個運動，能像這一次，打破全世界中國人心靈上的隔閡，在精神上結合在一起的。

最後談到影響，我不敢做過分樂觀的估計，一個有幾千年的專制，又加上四十年的極權統治，要走向民主，必然仍是漫長的路程。不過眼前已經產生的巨大影響是，已使中共政權威信掃地，也打破了人民不敢向最高領導挑戰的禁忌。從中共政權對學運的反應，不但使人民普遍失望，卽使那些還保有「第二種忠誠」的幹部，也徹底灰心。今後要如何恢復秩序，已是大陸最迫切最嚴重的問題。

另一方面，中共政權不可能馬上垮臺，在權力重整的過程中，究竟會產生什麼情況，也難以預料。但是權力不只是使人腐化，也使人愚昧，因此，在這場風暴中，部分知識分子的菁英，肯定會受難，我們相信，他們爲中國的自由、民主而受難，將激起更多知識分子追求自由、民主的決心。

「六四」天安門事件前夕，《中國論壇》主辦「大陸變局與中國前途」座談會發言，刊《中國論壇》三三〇期

「五四」在北京

北京學潮的背景

今年因逢「五四」七十周年，面臨這樣重要的紀念日，北京會發生學潮，原是意料中事，結果卻發生被稱爲中國有史以來最大規模的學潮，這當然與胡耀邦的猝然去世，有著一定的關係。

胡耀邦逝世所以會引起知識分子和青年學生極大的震撼和深切的悼念，主要是因他曾爲十年來的改革開放奠定基礎，卻在非程序化的權力轉移中下臺，大家都覺得他是受到不公平的待遇。如深一層去探究，胡耀邦的悲劇，充分凸顯中共政治結構的不民主，在天安門的羣眾追悼會上，除了「悼念耀邦」的旗海之外，大家談論最多的就是「中國缺少民主，中國需要民主」。

造成這次學運風暴的原因，極爲複雜，胡的死不過是增強其催化作用，其中最明顯的肇因，是在經濟結構錯亂，以及嚴重的官倒現象，而導致普遍的民怨。「四二七」達到這次學潮的首次高峰，在官民對峙中，竟然沒有產生嚴重的衝突，絕不是中共政權沒有鎮壓的力量，而是它不敢公然與百萬人民爲敵。以羣衆運動起家的人，當然深知，這次學運獲得人民和知識分子的普遍支持，一旦採取強勢高壓，極可能引起全面的動亂。據說「四二七」這一天，部分學生已寫下遺書，也有少數知識分子揚言，一旦採取鎮壓，他們將公開宣佈脫黨，學生和知識分子的決心，也形成一股無形的壓力。

四月三十日上午，我由南京飛抵北京，二十九日晚上我在金陵飯店從電視中看到國務院發言人袁木、教育部副部長何東昌，和北京市政府秘書長袁立本三人與學生的對話，這是中共政權成立以來從未有過的事，政府方面是希望經由對話，能平息學潮，但由對話的內容，誰都會判斷它不僅不能平息學潮，且必將引起學生的反彈。北大大字報中有一副醒目的對聯，上聯是：「如此對話民族何以東昌」，下聯：「這副嘴臉國家焉能立本」，上面橫條：「緣（袁）木求魚」，從這副包含三人名字的妙對，反映出學生對對話的不滿。

三十日中午一到北京，立即感受到外弛內張的緊張。我這次到北京的目的，是出席由中國文化書院及中國社會科學院爲紀念「五四」召開的兩個國際學術會議，從機場到會場八十多分鐘的車程中，這位能言善道的司機，爲我詳說了十天來學潮的整個過程。雖然主辦單位安排我在大會發言，並擔任分組討論會的召集人，二日上午我還是迫不及待地從西山包車進城，參觀了三所大學的學運現場，拍攝了五十多張大字報。

五月四日，第一個會議已結束，第二個會議尚未舉行，使我有機會親眼目睹天安門既使人感動又令人悲痛的壯觀場面。

造訪北大校長

「五四」那一天，北京天氣晴朗。美國威斯康辛大學教授周策縱、香港中文大學中國文化研究所所長陳方正、香港大學中文系主任趙令揚，我們都是要出席兩個會議的外來客人。「五四」前夕就已由西山臥佛寺會場，移往城裏東郊民巷的「社科賓館」，這天清晨我們四人遂相約包租一輛計程車，去看看遊行隊伍。出發前趙令揚提醒大家要帶證件，以便在發生情況時可以脫困，事實上這一天清晨，整個北京市沒有人能預知究竟會發生什麼情況。計程車到後，司機知道我們要去追蹤遊行隊伍，面露難色，我們答應他加錢，才勉強上路。當我們的車向天安門行進，沿途已有一些車被警察要求改道，我們在人羣中卻僥倖穿過一道道的關卡，可能是因爲我們包租的車屬於社會科學院車隊，車頂並無計程車標誌，據說在大陸進出公門，坐轎車的往往可免除被盤查的禮遇，同行的趙令揚教授，身體壯碩，手持煙斗，大亨模樣，恰坐在前座，大概也起了保護作用。

九時剛過，駛過天安門廣場，廣場上人並不多，也看不出有什麼戒備。事後知道，北大學生隊伍八時半由校區出發，九點半左右，以人民大學帶頭的北京高校和來自全國各地的大學生遊行隊伍，到達三環西路與白石橋路交岔路口的北口，南口有三四層排成半弧形的警察，在學生隊伍與警察之間，有市民自動組成的「人牆」。當學生隊伍向南移動，準備衝破封鎖線，就在這千鈞一髮的緊張時刻，「人牆」中有人高呼一聲，頓時出現了令人感到意外又欣慰的情景，這些市民羣眾，本是要護衛學生隊伍通過封鎖線的，當「人牆」衝向前去，還未與警察接觸時，警察忽然自動地撤向馬路兩旁，因此隊伍能順利通過。

十幾萬人的學生隊伍，使北京市區許多重要路段的交通停頓，我們曾嘗試從不同路線去接近隊伍，始終未能成功，在外圍繞來繞去，預計隊伍到達天安門時，已是午後，所以決定先去北大看看。去年五月我住北大勺園，北大四門二十四小時任人進去，今年因學運門禁森嚴，在南門車被禁止通行，在西門登記後進入；西門行政大樓前，去年「五四」前夕被移走的毛澤東巨型雕像的遺址上，已佈置成圓形花圃，周策縱教授建議攝影留念，然後直闖校長室，時爲十點十分。

因未事先約定，此舉不免冒失，好在周、陳、趙三位教授與丁石孫校長本是舊識，我們用周教授的名片，並簽上同行三人的名字，由校長室工作人員遞給正在別室洽商校務的丁校長，我們在校長室等候。三分鐘後，這位著名的數學家帶著爽朗的笑聲，走了進來，首先我們對貿然造訪表示歉意。稍事寒暄，他在我們對面坐下來，此情此景，自然會從學潮談起，他表示北大當局已同意經由民主程序產生學生會，在以往學生會的代表，很少學生願意幹。我們懷疑有黨方的干預，他說近年來學校已相當開放，這種情形已很少。「學運未來的演變如何」？這是我們很關心的問題，據丁氏當時的估計，學生運動不會再繼續昇高，且認爲從下週起，會漸次恢復上課。從他的態度和語氣，他似乎已知道「五四」當天的學生遊行，不致產生大規模的衝突。

在這次學潮中，學生們所提出的要求，已遠遠超出校園民主的範圍，例如：⑴要求與政府平等、直接公開地對話，並承認對話學生代表的合法性；⑵定期公佈黨和國家領導人及其子女家屬的財產，並公開查處官倒及貪官污吏；⑶儘速制訂「新聞法」、「遊行法」、「結社法」，允許民間辦報；⑷對近年國家決策重大失誤向全國人民作出解釋。針對這些要求，我們趁機向丁氏探詢當局處理的態度，以及可能反應，他只願意表示一點個人的看法，他認爲學生的要求嫌太高，現實環境不允許。

從一些學者的口中得知，在學運期間，有關當局曾向丁氏索取北大學運領袖的名單，爲丁氏所拒。同時北京學界也流行一項傳聞，說丁氏因來自四方的壓力過重，已提辭呈，丁氏回答：絕無此事。

最後我問：擔任北大校長，最重要的工作是什麼？他直接了當地回答：做校長的主要工作在籌款。因北大有些科研成果，最近他將有美國之行，到那邊去談合作計畫。他的答覆，並不使我感到驚訝，因我在江蘇家鄉時，就聽說各級學校的教職員，因工資太低，政府又無力調高，只好各校自謀生財之道，以貼補生活，這種情形連軍隊也不例外。「這種情況會不會影響到學校正常的運作？」答案是肯定的，教師們爲了增加收入，無法專注於自身的工作，比比皆是。

我們與丁校長交談的過程中，不大像舊友重聚，倒像一羣新聞記者在訪問，當我們辭出時，再度爲此表示抱歉。這一天不僅是「五四」運動七十週年，也是北大創校九十一週年的校慶，爲了慶祝這樣重要的節日，校方本預備了一些學術性活動，同時還要開運動會，因受學潮影響，全部停辦。我們一行從行政大樓出來，走向校區核心地帶，大批學生遊行去了，留在校內的同學，正在舉行遊園會，主要是擺設一些攤位，銷售飲料、文具和一些與北大校史有關的資料，在我購回的資料中，其中《北京大學建校九十周年紀念特刊——一八九八—一九八八》，以及《西南聯大北京校友會簡訊》，大部分刊載歷屆校友的回憶文字，對了解舊日的北大與西南聯大，很有參考價值。

近幾月來，因校園裏要求民主的聲浪頗盛，學生們便在離西門不遠處的空地上，開闢了「自由論壇」，師生可隨時在這裏宣講對自由、民主的見解。我們走過「自由論壇」，就看到一大羣老人，圍著一塊巨大的石碑，原來是西南聯大的老校友們，爲了紀念當年從軍的校友，利用校慶日正在舉行立碑儀式，雙目已失明，年高九十四的馮友蘭老教授，身著藍色長袍，頭戴禮帽，坐在輪椅上參加儀式。

時間已快到正午，豔陽高照，氣候炎熱，我們一行匆匆離別北大，驅車直奔北京飯店，希望不要錯過遊行隊伍。在北京飯店吃了一頓簡單的午餐，四人遂快步沿著長安街走向一公里外的天安門廣場。

周策縱在天安門廣場講道

我們到達廣場時，已是下午一點半鐘，打頭的遊行隊伍已抵達會合的英雄紀念碑前，後續的隊伍正在廣場的右側行進中，民眾夾道歡呼，掌聲歌聲，此起彼落。隊伍中一片旗海，寫著：「五四精神不死」！「德先生、賽先生，我們盼了你七十年」！「失民心者失天下」！「清除腐敗，懲治官倒」！「愛國有理，民主萬歲」！「共和國，請記住今天」！

參加遊行隊伍的，除了本地的北大、清華、人民大學、中國科學院、中國社會科學院等七十多所高校代表之外，還有來自全國各地的學生代表，如來自東北的吉林大學、瀋陽大學，來自西北的西北大學，湖北的武漢大學，江蘇的南京大學，天津的南開大學、天津大學，上海的復旦大學，廣東的深圳大學，香港的中文大學等，我們在現場還遇見幾位來自香港的年輕記者，他們並不是工作單位派的，爲了關心自身的命運，他們自費到北京響應學運。

早年以著《五四運動史》聞名於世的周策縱教授，往日只是由文獻上研究這段歷史，而今天卻置身於活的歷史之中，目睹百萬學生和羣眾，正在爲五四運動開創新頁，他眞是興奮極了。我們向羣眾介紹他是「五四」運動的專家，他立即便被一羣青年包圍，就在天安門廣場，就在「五四」這一天，這位精研「五四」的老學者，向青年們開講「五四」運動的意義。爲了攝取這一歷史性的鏡頭，我擠入重圍，一位留著小鬍子的青年向我說：「老伯，感謝你」。

下午二時三十分左右，全部遊行隊伍在英雄紀念碑前席地而坐，然後一起朗讀〈宣言〉：「我們要高舉民主科學大旗，發揚『五四』精神，促進法制建設，促進社會主義現代化建設，加強民主建設，促進政府加快政治體制改革，鏟除官倒，重視教育，重視知識，科學立國。我們的思想與政府並不矛盾，我們的目的只有一個——實現中國的現代化。……」這時我們仍被擠在萬頭鑽動的人羣之中，看著爬上紀念碑的學生，手中揮動著大旗，內心激動，眞想衝上紀念碑，與青年們一起高呼！在離開天安門的回程中，周策縱教授仍不斷喃喃自語：「青年人眞可愛」！「青年人眞了不起」！

可是這一天在十幾萬名的遊行隊伍中，最令萬眾矚目，最令人感到振奮的，卻是北京四十多家新聞單位的數百名記者組成的隊伍，他們在巨幅標語上寫著：「新聞界呼號：我們的筆不能寫自己要寫的文章，我們的嘴不能說自己要說的話」！他們喊的口號是：「捍衛新聞的眞實性」！「重大的事情要讓人民知道」！「新聞公開，增加透明度」！

這次數百名新聞工作者，無畏地參加「五四」大遊行，一方面固然是受到學潮的鼓舞，另一方面四月二十四日的《世界經濟導報》，因刊佈《悼念專輯》而受到處分，總編輯欽本立並因此下臺，給新聞界極大刺激。《悼念專輯》如只是爲胡耀邦表示不平，大概還不至於遭到如此命運，它所以觸犯大忌，主要是其中言論直攻最高領導階層，說出千萬知識分子的心聲，例如政治學專家嚴家其說：「實際上，到今天爲止，主要的問題我認爲就是缺少民主，就是那麼幾個人議論議論，就可以把全中國人民重大的事情放在一邊，可以不顧中國人民意志作出決定」。又如報導文學作家戴晴說：「我們的希望、中國的前途、黨和國家的希望不能够寄託在個別領導人的人格上，而應該建立在機制的保證上」。諸如此類的言論，當然不是中共領導階層所能忍受，何況正值學潮澎湃的時刻。

北京的知識分子都認爲，新聞工作者集體走上街頭，在一九四九年以來的中共史上是破天荒的，這次行動的效應，第二天的大眾傳播媒體上，就反映出來，不但各報對「五四」大遊行有較眞實的報導，各電視臺在新聞處理上，也有顯著的改變。自由是要爭取的。

五月五日的《科技日報》，對「五四」大遊行，有肯定的報導，並認爲七十年後與七十年前在同一個地方，追求民主、科學的目標相同；所不同者，「只是，不再有馬靴、警棍，不須拋頭顱、灑熱血，政府和羣眾所表現出的，是冷靜、理智、克制、秩序」。就「五四」這一天而言，這個描述是正確的，中共政權是否眞能從此次學潮中學到一些教訓，仍須待時間來考驗。

《中國論壇》三二八期

大陸學運已開創新的變局

五月上旬我在北京，與不同年齡的知識分子交談時，我們最關心的問題是：這場四十年來最大的學潮，其結局會如何？在眾說紛紜中，一位熟悉內情者的分析，使我留下深刻的印象，當時他認為有兩種可能：

紫陽在位　改革才有希望

第一，趙紫陽被貶，但就目前的情勢來看，可能性較小，但不是不會。

第二，在黨的領導階層裏，趙紫陽顯然是比較能獲得學生與羣眾的支持，如果他有辦法使鄧小平在不太喪失顏面的情況下退休，他就有機會架空元老派，掌握實權。

這種看法，不能說沒有一點道理，但仔細想想，恐怕僅代表一些開明知識分子的主觀願望，因為他們覺得祇有趙紫陽繼續在位，改革開放的路線，才會繼續走下去。

畏首畏尾 怯與學生對話

以上的分析，似乎忽略了共黨政治結構的特性，趙氏在名義上雖是黨的總書記，如沒有鄧小平的支持，他是很難有所作爲的，趙想安於其位，就必須貫徹鄧的意志。「四二七」是學運的第一個高潮，起因於前一天鄧的主張鎭壓，結果招致數十萬學生的強烈反彈，學生並獲得百萬市民的支援，使開放十年來鄧小平的權威受到嚴重的打擊。

假如趙紫陽在當時敢挺身而出，與學生展開對話，並能做出一些承諾，縱然不能立卽平息學潮，至少會使學潮緩和下來，因爲直到五月三日上午，北京高校學生對是否舉行「五四」大遊行，並未做成決定，他們限定中央於中午十二時前答覆三項要求；與中央領導平等對話、學生組織合法化、以及平反學運。

出言恫嚇 再度激怒學生

從「四二七」到「五三」這段時間，中共黨中央與學界領袖、部分民主黨派人士，雖頻頻開會商討對策，因學界代表堅決反對鎭壓，又在黨中央無人敢於負責的狀況下，這天正午不僅未答覆學生的要求，反由國務院發言人袁木召開記者會，公然對學生施加恫嚇，會中充滿殺伐之氣，終於再度激怒學生。等到三、四百名新聞記者參加「五四」大遊行，訴求已經昇高。雖然「五四」大遊行結束時，五十二所高校代表舉手表決，從五月五日起，全部復課，但仍要求繼續對話。

狂妄自大　坐失平息良機

如果中共眞是代表人民的黨，聽得進人民的心聲，在這時刻發表一篇能表達自省的文告，肯定學生的愛國行爲，表明改革的決心，應該可以暫時結束這次學潮。不幸中共是一個十足的專權體制，擁有絕大權力者，往往把自己與黨與國家視爲一體。因此，當他個人的權威受到打擊時，會形同黨與國家面臨危機，於是採取任何鎭壓的行動，都會被認爲正當，所以儘管學潮洶湧，並無人能改變鄧小平的態度。這次學潮所以擴展到失控的地步，鄧固然要負最大的責任，然如深一層去了解，鄧本人又何嘗不是共黨專權體制的受害者！

戒嚴鎭壓　中共威信盡失

筆者撰此文時，北京已中斷了對外的一切通訊，並宣佈戒嚴，鎭壓行動已如箭在弦上，這似乎已是中共當局唯一的選擇，是否會因數十萬名學生及羣眾誓死對抗，而發生重大慘案，此刻雖仍難預料，但要以緊急戒嚴的方式結束學潮，已使中共的威信盡失，此乃建國四十年來，從未有過的情況。同時，如此大動手腳的措施，無異向世人宣告：一個曾自豪爲拯救被壓迫者的政權，今日已變爲壓迫人民、與人民爲敵的政權。

學運洗禮　體認民主真諦

五月二十一日，由零星的電訊中，知道北京和其他三十多個大城市，已陷入一片混亂之中，這說明專權體制，表面上雖穩定，實質上缺乏應變的能力。中國大陸經過長達一月的民主運動洗禮，帶動億萬民衆學習並體認民主的眞諦，未來不論是誰繼續掌政，都將面臨一個新的變局。

這次由北京高校發動的學運，其規模之大，影響之廣，史無前例；尤其在一波接一波澎湃的學潮中，集體所表現的理性、克制的能力，以及不達目的絕不中止的堅定意志，已在人類學運史上，樹立了新的抗爭模式。因此，學運縱然被鎭壓下去，學生們在精神上已獲得空前的勝利。

《自立早報》一九八九年五月二十二日

方勵之：自由的象徵

六月四日清晨，北京發生震驚全球的屠殺學生和民眾的事件之後，七日起方勵之夫婦已避難於美國大使館，並引發了中共與美國之間的緊張關係。十一日美國《紐約時報》撰文主張：「我們不應把方勵之交給今日的紅衛兵」。同時推崇方氏，目前「是一位世人注意焦點所在的異議分子，他應該是下一個諾貝爾和平獎得主，由於中國大陸官方的譴責和我們的保護，他已成爲全世界知名的人」。該報說，經由這次事件，方氏已成爲當今世界三位最著名的異議分子之一（其他二位爲蘇聯的沙卡洛夫和波蘭的華勒沙），並認爲他們都是「自由的象徵」。如果檢視一下文革後方勵之在中共極權統治下，爲自由、民主奮鬪的歷程，《紐約時報》的推崇，並不爲過。

方勵之其人

方勵之，一九三六年出生於北京，現年五十三歲，學生時代就加入共產黨，加入的理由，是因看不慣社會上人壓迫人、人剝削人的現象，他相信共產主義會消滅這種現象。

一九五六年在北大物理系畢業後，次年（一九五七）就發生「反右」運動，被打成「右派」分子，並開除黨籍達二十年之久，十年前執行開放政策，始獲平反，同時恢復黨籍。

打成「右派」分子後，下放了一個時期，他還算幸運，不久就被科技大學當局聘去任教。科大是一九五八年秋，在中國科學院全力支援下成立，這所高等學府，素有「民主辦學」的美稱，一開始就朝著「尊重知識超過尊重官階」的方向努力。第一、二任校黨委書記郁文和劉達，冒著遭批鬥的風險，請了一批已被打成「右派」，但年輕而富有潛力的科研人才到校任教，其中就包括方勵之。

一九八六年十一月，方氏接受《人民日報》記者的訪問，記者問他：「科大的民主辦學，給人印象最深的是哪些」？方氏回答：「四句話：分權制衡、校政公開、言者有功、共榮共生」。二十多年後，科技大學早已建立了尊重知識和開放的校風，這在知識分子被打成「臭老九」的大陸，科大眞是一個異數。

方勵之就在這所人才濟濟、校風特殊的環境裏，開始了一個天體物理學家的生涯。一九八〇年秋，共有一二〇名教職工的「物理教研室」，由全體工作人員選舉室主任，方氏以百分之九十三的壓倒性多數票當選。一九八四年出任科大第一副校長，就職典禮上師生們問他準備爲科大做些什麼，他回答：「提倡學術思想的自由」。七九年起就曾多次至西方各國開會、訪問，八六年並在美國普林斯頓大學高等研究所研究半年。八五、八六年間，他在上海、北京等地的大學，鼓吹自由、民主、人權的思想。一九八六年冬，北京發生學潮，八七年一月十二日，終被以「背離四項基本原則，宣揚資產階級自由化」的罪名，革除科大副校長及教授之職，也再度被開除黨籍。

近兩年來，他不但未因工作受挫而沉默、退縮。反而趁著大陸資訊日漸開放，外來訪客日多的形勢，把握所有可能的機會，不顧中共當局的勸告和壓力，繼續宣揚他所堅持的自由理念，成爲青年知識分子的偶像，在國際上則稱他爲「中國的沙卡洛夫」。

現在（一九八九．六．十五），方勵之正避難於北京美國大使館，未來的命運難卜，不禁使我想到一九六六年五月，蘇聯著名異議分子瓦拉利．塔西斯（Valery Tarsis），他逃到美國，以〈通向失望的階梯〉爲題，發表演說，這也許就是方勵之當前心境的寫照，但是他所堅持的理念，他所奉獻的目標，卻是中國希望之所寄啊！

八五年以前：爭取學術獨立

開放十年中，方勵之奮鬥的歷程，大抵可分爲兩個階段，一九八五年以前，以爭取學術獨立爲主，八五年以後，則以鼓吹民主改革爲主要目標。

一九八八年二月出版的文集：《哲學是物理學的工具》，代表他在爭取學術獨立這方面所發表的言論。依照我們這些生活在共黨統治外的人的了解，哲學與物理學都是獨立的，誰也不是誰的工具，但在四十年來中共統治的大陸，所謂「哲學」，一向是居於最高裁判者的地位，它是要統制並指導一切學術思想的一套官定的意識形態，它的存在，不但妨礙學術獨立，也扼殺了學術發展的生機。這便是方氏要批判並希望能加以改變的現象。

一九七九年，方氏兩度訪問意大利，前後到十個城市中的十多個天體物理研究機構去作客，在佛羅倫薩的科學史研究所裏，他看到陳放著幾塊人的手指骨，那是宗教裁判所迫害科學家的罪證，方氏慨嘆地說：「當年，擺在堅持眞理的人們面前的是割斷手指、終身監禁、火刑，……如今，……那一段歷史給意大利的科學，甚至給近代科學留下不能用物來代替的精神因素：思想上的自由是科學的朋友，而任何神靈、准神靈及他們的各種代言人，都是科學的死敵」。（頁六〇）

回到國內，同行們問起意大利的天體物理研究，與中國有那些差距？他回答：「只要看一看三百多年前，在現代科學發展的初期，就已解決了的眞理標準問題，直到今天，在我們這裏竟然還沒有完全解決，還要費很大力氣討論，這不正是在一定意義上表明，在科學這個領域中，在傳統和精神因素上的差距，甚至比在物質上的差距還要大一些嗎」？（頁六一）

同一年的冬季，方氏又應邀到英國劍橋大學訪問，並參加了皇家學院聖誕節的宗教活動，在莊嚴、肅穆、感人的儀式和歌樂聲中，使他認識到宗教文化在西方文明中所佔的重要地位；也使他悟到文藝復興時代，那些代表人文主義精神的大師們的畫作裏，「出現的是神，但是體現出來的精神卻是友誼、母愛、憐憫、同情……即人性，而不是神的至上，或神的權威；更使他了解到，西方的宗教改革，『是把中世紀政教合一的教權即神權的宗教，變成了能與自由、平等、博愛相容的一種精神的代表者』」。（頁六四）

這一晚的深刻經驗，不禁在他的心靈中徹夜翻騰，使他回想起在「十年浩劫」期間，年年被迫著參加「讚美我主降臨」的教儀活動，這兩種經驗完全不同：在西方近代的宗教意識中，是把宗教的神變成人，而「文化大革命」，則是要把個別的人變成神，「中國雖然一直沒有被有形的宗教長期統治過，但是，中國被沒有宗教形式的宗教統治得太久了」！（頁六五）

我們有理由相信：多次漫遊在西方文化和西方社會的豐富經驗，不但重塑了他的心靈，也更加堅定了他追求思想自由和學術獨立的信念。一九七九年時，他僅溫和地說道：「看來，在這塊禁地上，現在也是該採取一點科學的而不是教條的態度的時候了。」（頁六〇）到一九八六年，他用堅定而充滿自信的語氣宣稱：「我相信，在這裏，構造『哲學』大系用以『裁定』物理的時期，大概已是尾聲了，因爲，他們將逐漸死去，因爲，新的一代正在成長。成長中的一代從一開始就已熟悉：我們需要作爲工具的哲學，我們不需要最高裁判者的哲學！」（序文頁六）這番話無異是與中共的統制意識形態宣戰。

八五年以後：鼓吹民主改革

方勵之從一個物理學家的身分，轉變爲自由民主的鬪士，客觀方面是因中共自實施開放政策以來，到八〇年代中期，確已弊端叢生，各方面——尤其是政治已到了非改革不可的地步，否則問題會越來越嚴重，方氏之所以能鼓動風潮，就正是掌握到這股契機。

當然，能鼓動風潮者本身，必須具備相當條件，還要加上一些相互刺激的因素。方勵之個人的條件，首先他是一位有相當成就的物理學家，一九八五年五月，他與日本京都大學教授佐滕文隆合著的〈類星體紅移分佈中的周期性是否多連通宇宙的一個證據〉一文，曾獲國際引力基金會頒發的一等獎。七九年後在各國講學訪問，在國際科學界有一定的學術地位。其次，他似乎早就具有知識分子的性格，還在讀大學的時候，在一次由物理系團總支書記主持的青年團會議上，討論到培養青年理想的問題，年輕的方勵之發問：「首先應該討論一下究竟要把我們培養成什麼樣的人的問題，是培養成老老實實、規規矩矩只會說人家說過的話的書呆子，還是有抱負、忠於祖國、有獨創精神的紅色專家？我們除了在學業上要得五分之外，是不是還要增強自己的獨立思考」？在那被毛澤東認爲「知識越多越反動」的社會裏，大學生懷有這種想法，當然會使黨官驚愕不已，結果被批判了事。一九八五年他在以〈知識分子的社會職責〉爲題的演講中說：「知識分子除了自己的業務，應當同時想到社會、想到全局的問題，他要對社會盡責任，形成影響社會全局的力量。」這就是八五年後，他自覺地所要扮演的角色，以及奮力以赴的目標。

至於相互刺激的因素，我看至少有兩點：

㈠由於中國落後，與先進國家相比，那種恥辱感帶給他的刺激相當大。八六年十一月剛從國外回來，在上海交通大學演講，一開頭就說：「每次出國，一對比國外，說句不好聽的話，眞恨不得踢『中國』兩腳！覺得中國發展得太慢了，如果不使點勁給『中國』兩腳，我們這些炎黃子孫就眞對不起這個民族了。」

㈡由於他的正直敢言，幾乎衝破了大部分的言論禁忌，因此使他在所有的演講會場裏，都受到熱烈的歡迎和歡呼，這是一九四九年以來，沒有任何其他知識分子能辦得到的。青年知識分子的熱情支持，自然會使他感覺到正在「形成影響社會全局的力量」，自然也增強他不屈不撓的勇氣。

根據在臺北出版方勵之的兩本書，開始鼓吹自由、民主，是在一九八五年三月於浙江大學的演講，題目爲〈知識分子與社會改革〉（一本爲〈知識是改革的關鍵〉），因爲當時「反精神污染運動」剛過去不久，他告訴學生，這個運動「當然是搞得不對的」，不過他也提出警告：「從長遠來看，的確，不要以爲在中國一次〈運動〉就能解決問題，我覺得剛才說的科學化和民主化的進程，需要經過相當長的時間，要經過一些曲折和反覆的。」這番話太重要了，假如這次天安門的學運領袖們了解到這一點，在五月中旬學運效果已發揮到極致的時候，見好就收，不必然造成如此重大的悲劇。

八五年後方勵之的公開言論中，雖然包括教育、科學、傳統文化、中西比較、知識分子的社會責任、自由、民主、人權、現代化等論題，但主要的焦點是在藉批判中國大陸經濟、政治、社會各方面的缺點，以喚起知識分子的熱情，重視民主改革的必要。八六年九月在安徽省召開的「政治體制改革座談會」上發言，就一再強調，政治體制改革的關鍵，是在實現政治民主化，如謂：「民主在改革中是最核心的，其他都是第二位的，有了民主化，中國社會才能走上健康的道路。」又說：「要保證中國改革成功，實現民主化是一個根本，而實現民主化首先也必須實現輿論自由。」

從臺灣到大陸，都有學者批評方勵之，認爲他對他所鼓吹的自由、民主、人權，了解得非常之淺，這是事實。例如他對民主改革所需要的複雜條件，認識仍嫌不够；對民主改革在現有體制下所可能遭遇的困難，更是估計不足。

對照臺灣的經驗，臺灣的教育早已普及，經濟有一定的成就，有中產階級，有充沛的社會力，近十年來也已具備相當程度的輿論自由，可是臺灣至今在民主方面，仍不過僅有初步的成效。上述諸條件在今日大陸可以說全不具備，要怎樣走向民主化？我的意思當然不是說鼓吹民主改革本身不對，而是說在鼓吹的同時，也應該使人民大衆都有機會知道實行民主所需要的條件，並激發全民努力去創造這些條件。

毫無疑問，中共政權屬於極權體制。要把極權體制一下子就過渡到民主體制，史無前例。卽使努力的方向正確，相應的條件逐漸具備，至少也要五十年的功夫，才有希望轉向民主。羣衆運動的激情，有解凍和打開僵局的作用，要改革終必依賴理性：互相學習容忍、學習妥協，使各種力量能互依並進，而不是互相抵消。

八五年以後方勵之的言論，顯然有愈來愈趨於激化的傾向（這是走向羣眾的知識分子最難克制的一點），當八六年底北京學運已達高潮，他在領導這次學運的科大演講，雖然要求同學「要沉住氣」，但是他也告訴同學：「可以說我們今天每做一件事情，可能都會在歷史上寫下來！」想想看，一個知識分子在情緒高昂的羣眾之前，仍要保持冷靜和不偏不倚的判斷，有多麼困難。一九八六年的學運被壓了下去，今年學運規模更大，結局也更慘。這幾年方勵之爲鼓吹民主改革，業已贏得「自由象徵」和「這個時代眞正英雄」的美譽，中國人應該感到驕傲。但在天安門事件的悲痛之餘，我們大家也應該思考一下，在未來中國推動民主的過程中，能不能使這種悲劇不一再重演呢？

《中國論壇》三三〇期

新的黑暗時代已來臨

六月三日下午，海內外二十幾位知識分子在臺北開會，討論「大陸變局與臺灣前途」，對學運的背景做了多層面的分析，對學運的成就獲得一致的肯定，至於學運的後果和對未來的影響，雖有人提到，在近代史上從來沒有單靠人民的力量，就能使民主成功的。但大家似乎也不願意，也不忍心朝過分悲觀方面去想，有人私下甚至希望北京能出現奇蹟，改寫中國知識分子追求自由、民主的歷史。

誰也沒有料想到，就在幾個小時之後，中共政權竟然出動大量坦克車和荷槍實彈的軍隊，向爲了民主死守在天安門的近萬學生與民眾開火鎭壓。一夜之間，整個世界變了，中共慘無人道的野蠻暴行，經由各種傳播媒體，赤裸裸地呈現在世人之前，使得整個中華民族都爲之蒙羞！

天安門與北京城的悲劇，也是全中國人的悲劇。在三日之內即死以千計的中華兒女們，他們背負著民族的苦難倒下去了，我們除了悼念之外，也應感到慚愧，因爲他們是爲了達成全國自由、民主的共同目標，而犧牲了最寶貴的生命。

自從中共一九四九年建國以來，四十年間假藉「階級矛盾」，在一次又一次的思想改造運動和鎮壓行動中，有骨氣、有良心、敢說眞話的知識分子，幾已淸除殆盡，使中國成爲獨夫統治下的「一言堂」國家，更強化了中國人民的奴性。

文革十年浩刼之後，尤其是近十年執行開放政策以來，知識分子的命運與處境，確有改善。所謂開放政策，主要是限於解放生產力和商品經濟的範圍，知識分子的言論，在這個範圍之內，有了相當發揮的餘地。可是在所謂「無產階級專政」體制下搞經濟改革，必然是特權橫行，使得官倒腐化的現象極爲普遍，因此近年來知識分子的言論主流，已由經濟改革轉向到主張政治改革。

去年五月我在北大住了十一天，在那裏演講、座談，知識分子雖人人罵文革，總不免心有餘悸。當我問方勵之，明年「五四」七十周年，要怎樣慶祝時，當時我們也僅能想到，趁政府措手不及，在北大校園裏辦一場露天演講會而已。從臺灣到大陸，最先感受到的問題，就是那兒沒有新聞自由，因此輿論界根本不存在，知識性的雜誌也只有《走向未來》和《讀書》，國際資訊嚴重缺乏。

爲了紀念「五四」七十周年，也爲了去年對學界友人們的承諾，今年五月上旬我又去了北京，從上海、南京一路北上，對因經濟結構錯亂而造成的價格混亂，印象惡劣；然而，知識分子所表現的活力，以及在大型會議中，那種自由討論、百無禁忌的熱烈氣氛，簡直令人有「變天」

的感覺。

僅僅在一年之間，代表民間立場的好多份知識性雜誌紛紛上市，如發揚「五四」精神的《新啓蒙》，主張重新認識個人主義的《青年學者》，強調思想自由、兼容並蓄的《思想家》，以追求學術多元化爲職志的《知識分子》。它們的內容，很明顯地是爲推動民主化的政治改革，提供理論基礎，並製造輿論。每一份雜誌都聚合了幾十位從學院內走到學院外，在社會上從事文化活動的知識分子。目睹這種現象，怎不叫人興奮！

更使我興奮的是，在那個仍是以社會主義爲統制意識型態的社會裏，竟然出現了一些「文化個體戶」，他們大都具備研究所畢業的學歷，不向政府要求分發工作，有的做自由作家，有的靠譯書、編書謀生，對自身的工作充滿自信，他們關懷社會，也具有批判的能力。

這次我在北京與學院內外的知識分子廣泛接觸，一個總的感覺是：社會主義在中國大陸，已面臨「意識型態的黃昏」。坦白說，我當時並沒有意識到，在天安門的學潮一波一波擴大時，知識分子已大禍臨頭。

基於四十年來中共統治的經驗，共黨的最高領導和專政體制，是絕不容許挑戰的，不要說是毛澤東時代，卽使被美國《成功》雜誌推崇爲「有創新精神」的鄧小平也不例外。要求民主的魏京生、王希哲等人，是鄧的開放政策下第一批受難者：「清除精神污染」，鄧乃始作俑者；一九八六年底在北京發生的學生民主運動，被鄧認爲是「資產階段自由化思想氾濫」的結果，這次學運使鄧不惜犧牲他一手培養且甚得知識分子好感的胡耀邦，方勵之、王若望、劉賓雁也因支持政治改革而被開除黨籍。

今天在北京的青壯年知識分子，當然熟知中共領導階層對付改革派知識分子絕不寬貸的一貫作風。在如此危險的處境中，仍然不顧自己的安危，奮起扮演社會良心的角色，傳達萬民的心聲。這是因他們已確實認清，今日中國大陸如不急謀政治革新，僅靠百弊叢生的經改，實毫無前途可言。

大陸知識分子業已進入一個新的黑暗時代，他們的受難與天安門的血，必然會促進民主中國的早日到來。

《中國時報》一九八九年六月十二日

痛定思痛，認眞反思

六·四天安門慘劇發生後，一位友人從美國來信：「這次天安門慘案，希望因此警醒一些對於中國傳統太執著的人，眞的，我差一點想寫一篇『儒家，你在那裏?』」其他朋友在通信中，多半表示悲憤和沮喪，一位北京的朋又卻說：「我們知識分子只有筆桿子，我們要痛定思痛，認眞反思，儘快投入研究」。我回信建議他立即全面徹底地研究這次事件。

一個重大的歷史事件，它對將來是否能產生正面的意義，是否能成爲新歷史的起點，最重要的已不是事件本身，而是要看我們如何了解它，如何詮釋它的意義。

五四運動與法國大革命，距離我們已很遙遠，爲什麼對今人仍具有巨大的感召力?這就不能不歸功無數對這些運動從事研究工作者。歷史事件本身，很容易令人淡忘，只有史學家以及相干的學術工作者，才能使歷史再生，賦予它不朽的生命。對天安門事件，假如我們做不到這一點，才是眞正對不起那些奮不顧身的死難同胞。

澳洲西蒙列斯在〈我們爲何對中國看走了眼〉一文中說：「最近，中共宣傳部門企圖解釋『絕沒有任何一個人在天安門廣場死亡』，這種說法當然是過分失眞，但是，假以時日，如果他們虛飾得好的話，可能眞的能成功的讓人們信以爲眞，……他們可能在很多方面失算，但是有一點他們沒錯，他們已經很精確的評估出，我們維持義憤的能力眞的是相當有限的」。這是一個警告，尤其是對那些經歷了九死一生的倖存者。假如我們不希望這種情形眞的發生，就必須「儘快投入研究」。

六·四天安門事件，絕不是孤立偶發的事件，要徹底研究它，必須對中國歷史，特別是中國近代史要有一定程度的理解。余英時先生在《史學與傳統》一書中，提到法國中古史大師布洛赫，他因曾親歷一九四〇年法國陷落之痛，遂以無比的悲憤撰寫《奇怪的挫敗》，深入分析了這幕悲劇，余先生認爲，「這本書的力量可以說完全來自作者能用一千多年的法國史說明當身之巨變」。這次天安門事件，在大家都料想不到的情況下，竟然發生了，豈不也是一次「奇怪的挫敗」？如果我們不熟知中國近代史，尤其是俄化和國、共鬪爭史，我們就無法對這次的京華巨變，做深刻周全的說明。

此刻，全美中國學生學者代表大會，正在芝加哥召開。有一九〇多所學校的代表與會，大會主要的目的，在成立一個全美統一組織，以繼續推展大陸民主活動，這是好而新的開始，但願在海外的中國人眞能團結，把民主化的工作從自身做起，一旦時機成熟，再轉進本土。

此外，其中有能力的學者，在基本的生存問題解決之後，應即展開研究和思想性的工作，這種工作，不但可保持運動的理想性，也將爲運動開創新的生命。將來中國大陸的民主運動，如何改造全民思想，仍是決定性的第一步。目前大陸內的學者，自由民主方面的思想工作，已遭遏止，怎樣才能延續近年來大陸蓬勃發展的新思想運動，海外學者，已責無旁貸。

《中國論壇》三三三期

我看民主中國陣線

六・四北京大屠殺後，由流亡到海外的學運領袖和知識分子籌組的民主中國陣線，已於九月二十二日在巴黎成立，爲中國人爭取自由、民主的歷史揭開新的一頁，再度成爲海外所有華人社會關注的焦點。大部分的海外華人，對這個新成立的組織，都懷著高度的期待；另外也有少數人，基於組織本身背景的複雜，以及中國人不善於團結的習性，再加上國際環境的勢利，因此對它未來是否能發揮力量，表示存疑。作爲關心中國民主前途的一分子，我想趁這個機會，提供個人的一點淺見，供「民陣」所有的成員參考。

有關組織發展的問題

「民陣」成立後，立即面臨的問題是：如何健全組織和如何開展工作？關於前者，首任主席嚴家其認爲，「目前民陣組織上亦有其困難，內部有許多不同的想法，如何容忍不同的意見，團結在一起，是很重要的考驗，也是我們學習民主的過程」。他甚至認爲「中國人能不能以民主的方式來妥協、來包容分歧」，乃當前需要克服的兩大問題之一。

以「民陣」目前具備的各種條件，要克服上述的困難，實在並不是件容易的事，第一，新當選的三位領導人，可能是象徵的意義大於實質，嚴家其先生已是一位有成就的學者，對主席位子意願本來就不高，如讓他全心全力主持「民陣」的研究發展，推動民主的啟蒙工作，必更能發揮他的長處。副主席吾爾開希，假如大家眞愛護他，就讓他專心讀幾年書，中國大陸的民主，絕不是三、五十年能完成的，未來有的是機會。發展組織的工作，現階段大家都寄望於企業家萬潤南先生，他的確責任重大，我相信他一定了解，搞政治運動要比經營企業來得複雜，所冒的風險也更大。如在角色的轉換上沒有太大困難，他應該可以做好秘書長這個角色。我期望「民陣」中能不斷冒出有氣度、有魄力、有遠見的人才。

第二，容忍異見、包容分歧，說來容易做來難，這需要有民主的性格，這不是容易培養的。何況容忍和包容，也是要堅守原則的，否則便是鄉愿，成不了大事。這方面我建議，對意識形態以及一時無法獲得共識的問題，不必花太多時間去爭論，大家應集中力量在具體的工作上做出成績，才是挺重要的事，妥協的技巧，包容的胸量，也只有在工作的過程中才能學到。

有關今後「民陣」的工作，陳一諮先生提到，要研究治理國家的方案，這個題目太大了，即使勉強能做出來，恐怕也不過是一種新烏托邦。以「民陣」目前擁有的人力與物力的資源，最能做也是最應做的，仍是民主的思想啟蒙，其中必須包括對傳統的政治文化，以及四十年來馬、列、史、毛的新傳統做徹底的檢討與批判。

任何工作方案，紙上談兵容易，一旦執行起來，首先就必定會直接遭遇到來自北京共黨政權的壓力，甚至會被滲透、分化。所謂國際正義，那是不可靠的，假如中共能有效地以利引誘各國，有一天使「民陣」在海外無容身之地，或是不能發揮作用，並不是完全不可能的。

民主中國運動中臺灣的角色

當秘書長萬潤南回答記者「民主中國陣線對臺灣的基本態度如何」的問題時，他說經由內部的討論，大抵可歸納爲三個要點：⑴臺灣人民是中國人民的一部分，因此多年經濟發展的經驗教訓，對大陸都很重要。⑵臺灣政治民主化並非一朝一夕或一個黨派促成的，而是民間及其他各黨派(包括民進黨的參與)，因此大陸需要這些臺灣民間的經驗。⑶將來民主中國將採行聯邦制，以解決臺灣、香港、西藏及中國地方不均衡的發展。同是中國人，「臺灣能，爲何大陸不能？」因此「臺灣經驗」某些部分必然可以對大陸產生刺激和鼓吹的作用。至於臺灣發展經濟的策略，走向政治民主化的過程，這些方面的具體經驗，是否能移轉到大陸，恐怕很成問題。即就近年來共黨世界的改革風潮來看，基於各自的文化背景、社會環境，以及擁有的資源不同，因此改革所採用的方式與策略都不相同。中國大陸要想在政、經方面改革成功，必須要開創出適合自己的道路，臺灣經驗可以參考，未必能一一轉移。當然，這些問題無法憑想像來下判斷，需要針對問題多做客觀的研究，所以如何與臺灣學術界、知識分子進行合作，如何與臺灣民間從事交流，應列爲「民陣」今後工作的重要項目。

有關聯邦制的問題，此間若干知識分子和政治人物，也有相同的構想，此就中國的現況而言，只能算是一個合理但很遙遠的理想，因爲實行聯邦制的先決條件，是中國全面的民主化，要使這種理想化爲現實，我看比「在中國建立民主制度」還要艱難。

解嚴後的兩年來，臺灣的政治、經濟、社會、文化，無一不發生嚴重的問題，不論是政府或民間，都被這些問題困擾著。單說政治民主化，臺灣已眞正面臨關鍵性的時刻，我們相信，以臺灣現有的條件，如仍無法使民主走上成功之路，中國大陸的民主還能有什麼希望，因此大家正在全力以赴。臺灣民主化的成功，才是對「民陣」最有力的支持啊！

如何對大陸本土產生影響

「民陣」的核心人物，已有好幾位對「民陣如何回大陸」的問題，提出各自不同的看法，我覺得嚴家其先生看法比較冷靜，他說：「我相信就算八九民運得到平反，大陸政權不會輕易的讓民陣這個被指控爲『反動』的非法組織在短期間回去。在這種情況下就要看我們長期的鬪爭是否使民陣在國內得到人民的承認，要靠大陸各界給政府的壓力，創造機會。若大陸實行結社法，我們得以回去與大陸民主力量結合」。

他的看法雖然冷靜，但並非眼前最緊要的問題。除非中共政權瀕臨瓦解，「民陣」回大陸的可能性極小。如何把「民陣」在海外活動的訊息，以及努力的成果，大量的傳回大陸，才是當今必須克服的難題。這一點如做不到，過一段時日，「民陣」會失去精神上的動力，更不用說「在國內得到人民的承認」了。

大陸在國外有數萬留學生，他們是「民陣」思想啟蒙直接的對象，其中大部分都會回大陸，應該在這方面多下點工夫，使他們回去之後，能繼續從事民主播種的工作。

六・四大悲劇，雖使大陸民運遭受重挫，也導致黨內改革派紛紛下臺，但他們並沒有被趕盡殺絕，如經濟繼續惡化，民怨日漸昇高，或發生其他的變故，爲了維繫危機日深的政權，爲了平息民怨、收拾人心，改革派必然會再度擡頭。那時會給「民陣」帶來拓展民主空間的機會，不過他們不會熱中民主，也不會支持「民陣」。將來「民陣」最有力的支持者，當是今年民運中的難友，他們雖大量被捕，只要不死，總有一天會成爲大陸推動民主化的主力。所以「民陣」的工作，無論如何都要堅持下去。「民陣」中有人以爲大陸「不出五年、八年，必有混亂，這就是民陣回去的時候」。對這一點，我必須提出忠告：任何國家絕不可能在混亂中建立民主的秩序，相反地，它最容易產生新的獨裁。

《中國論壇》三三七期

中國人與中國前途

在這次研討會上，我被指定發言的題目是：〈中國人與中國前途〉，而我們會議的主題是〈大陸民主運動與中國前途〉，因此「中國人」與「中國前途」，都必須定位在「民主」的意義上。

今天距離「六四」天安門慘案，才剛剛過半年，大家內心仍充滿著悲痛，但作為知識分子，大家也都知道，僅僅悲痛，無濟於事，現在正是冷靜下來做反省和檢討的時候。

最近十三年來，中國大陸與民主相關的運動已發生多次，如一九七六年的「四五」運動，一九七九年的「北京之春」，一九八六年十二月到八七年一月的學運，以及今年四月中旬到「六四」起自北京，而蔓延全國各大城市的民主運動。這幾次運動，都以程度不同的悲劇結束，今年民運規模最大，結果學生與民眾的犧牲也最慘烈。

為什麼大陸一次又一次的民運，都終於失敗？說到這裏，我想大家自然會問：為什麼最近幾個月裏，發生在東歐、東德的改革風潮，與同屬共黨世界的中國大陸發生的五月學潮，會產生如此不同的效果？東歐、東德到目前為止，當然還不能說已成功，但改革派顯然已佔了上風，今年北京天安門高潮迭起的民運，也不過就是希望產生這樣的效果，卻遭到最殘酷的鎮壓！

上面的問題，雖然不屬於我發言的主旨，而且在簡短的發言中，也不允許我詳細回答，為了引向我所要提出討論的問題，我願意簡單地說：東歐的一些國家和東德，他們的國民所得、教育普及和國民素質，以及都市化的程度等條件，都高過中國大陸。發展民主是有一定的條件，今日大陸無論從那一方面看，民主的條件都仍嚴重不足。其次，東歐、東德畢竟是屬於西方世界，他們有源遠流長的民主政治文化傳統，而中國沒有。還有一點明顯的不同，即那些國家與中國相比，都是小國，像中國這樣大的國家，要想邁向民主，所要面臨的問題，的確要比其他國家更複雜也更困難。

為了凸顯我要討論的問題，我把與民主相關性的條件，分三個層次列出來：

第一個層次是經濟，一般來說，經濟成長到某一水平，才能推行教育普及，有了經濟成長和教育普及，才能產生中產階級。

第二個層次是健全的法治，因為民主基本上是實現自由目標的程序，必須有健全的法治，才能保證這個程序在比較公正的秩序中進行。

第三個層次是培養具有民主性格的國民。

以上三個層次，不代表先後的次序，應該可以同時進行，但在困難度上卻一層比一層為高。

至於那個層次比較重要，則很難說，一般都偏重經濟的因素，而印度卻例外，印度由於在英國統治時期，建立起法治的規模，雖然經濟落後，仍能實施民主政治。也由於這一歷史因素，在印度反而是發展經濟比建立法治困難。此外，經濟與教育普及之間的關係，以臺灣爲例，當一九六八年延長國民義務教育爲九年時，國民平均所得還不到五百美元，由於義務教育延長，使勞工素質提高，後來成爲有助於經濟成長的重要因素之一。這些複雜的問題，在這裏無法進一步討論，不過對中國大陸發展民主，都是有意義的問題。

就民主意義談「中國人」，我們討論的重點，自然是放在第三個層次上。所謂民主性格，是指熱愛自由、信任理性、尊重個體與個性，本身能獨立自尊不盲從權威、對人具有開放寬容的態度。這一層與前兩個層次的相關性是：一個社會有比較豐裕的經濟，遠比匱乏經濟的社會容易培養自由獨立的精神；一個具備健全法治的社會，也要比缺乏健全法治的社會，更容易養成自尊尊人的習慣。當然，培養民主性格，除了這些外在條件，更重要的是，人自身須針對固有性格上的缺點從事改造。

相對於民主性格，中國人固有性格的主要缺點是有較強的權威性格傾向。所謂權威性格，用最通俗的話來直接表達，就是指崇拜權威、服從權威的習性。這種習性本存在於所有的社會，不論它是現代的、還是傳統的。現代社會與傳統社會的不同，是前者只崇拜理性的權威，也就是靠個人的才能與成就建立起的權威，同時現代人也服從合法的權威——來自法律的權威；而後者則偏向於崇拜並服從非理性的權威。理性的權威，不僅允許而且會主動要求其屬下，經常提出質疑與批判，他們之間是屬於彼此信託的平等關係；非理性的權威，也可能很有才能、很有成就，但他根本上就認爲自己的力量永遠在一般人之上，在天生的不平等上。中國人的固有性格，當然和傳統不可分。

在過去二十年，臺灣的社會科學界，爲了促進臺灣社會的現代化，在「人的現代化」這個課題上，無論是理論和經驗的研究，都有相當的成果。根據這些研究，使我們知道，生活在臺灣的中國人，伴隨著現代化的進程，固有的權威性格，已有逐漸減弱的趨勢。最近三年來，因取消戒嚴，開放了報禁和黨禁，許多重大的禁忌，都已衝破，社會力已高度釋放。如今民間很流行的一句話是「誰怕誰！」這句話從壞的方面看，它可能助長暴力的猖獗；從好的方面看，人們不容易再像傳統社會那樣，不加批判地服從權威，且可能成爲養成獨立自主性格的動因。現在，「校園民主化」已不再是句口號，而正在爭取立法，使它能制度化，如能繼續朝這個目標努力，在臺灣的中國人，培養民主性格的阻力會越來越少，人的現代化的希望也會愈來愈大。

大陸方面，自一九七九年執行改革開放政策以後，社會氣氛已漸改變，特別是像北京、上海那些大都市裏，民間的財富也累積的很快，文革後接受高等教育的這一代，因有機會廣泛吸收西方知識，思想上大都已擺脫舊有教條。去年五月我住在北大，做公開演講時，談臺灣的自由主義和民主運動，沒有受到限制，每天在校園散步，與學生談天，感到氣氛很活潑，在上海也有相同的經驗。

今年因值「五四」七十周年，我再度應邀去北京出席兩個紀念「五四」的國際學術會議，大陸學者們在會中激昂慷慨的發言，其衝破各種思想禁忌的程度，令人很難想像那仍是一個以社會主義爲統治意識形態的國家。趁著紀念「五四」，近一年來標榜新思想、新知識的刊物，如雨後春筍般上市，它們要求學術獨立、多元，要求思想自由、開放，也要求重新認識個人主義。北京、上海在學院外從事文化活動的民間知識界已開始形成，甚至出現了獨立謀生的「文化個體戶」。五月間，因各大城的學運，正進行得如火如荼，會內會外，知識分子聚在一起，大家談得無不興高采烈，對中國的前景充滿期待，因爲這種種的表現，正是爲中國人轉化固有性格、塑造民主性格，創造新的條件。

很不幸，這一切似乎都在「六四」的慘案後不得不暫告結束，剛萌芽的新啟蒙運動，在國內幾已完全遭到扼殺，就統治的意識形態而言，歷史又再倒退與重演，重新回到六〇年代大搞社會主義教育運動的時代。一九七九年以後，一次又一次的學運與民運，本來就是改革開放政策的成果，中共統治者，竟然不能體會出這個道理，使中國再一次喪失邁向民主的機會。

自一九四九年中共建立政權以來，在無休無止的運動中，一直把思想政治工作放在第一位，希望藉思想改造運動，爲人民洗腦。進行的程序，由黨而全國，由都市到農村。因農民性情樸實，頭腦單純，容易鼓動熱情，接受權威崇拜，因此號召幹部、知識分子下鄉向他們做勞動學習，以爲這樣不但可解決社會主義與資本主義之間的矛盾，還可以端正無產階級的立場。

中國文化的大傳統裏，無論是儒家、道家或法家，本來就有程度不同的反智傾向，毛澤東不但反智，而且極端不信任知識分子，五〇年代初卽藉對知識分子做歷史淸查，結果以「反革命罪行」淸算了一部分。然後藉鳴放掀起反右運動，使百萬以上的知識分子遭到批鬪和整肅。文革更使知識分子遭到全面迫害，連幾百萬的知識青年也被下放揷隊。

毛澤東打擊知識分子，最主要的一個目的，是搞個人崇拜，他要把自己變成萬民膜拜的「神」，享有無上的權威。他製造雷鋒精神，要人民以他爲典範向他學習，雷鋒精神最大的特色就是反個體主義、表現絕對服從。黨內對他有反對意見的，就被掛上「右傾機會主義者」的罪名，於是在黨內不斷展開尖銳的「路線鬪爭」。卽使最親密的戰友如彭德懷、劉少奇、林彪，一旦反對他，也絕沒有好的下場。

我所以要提起大家都相當熟悉的史例，主要在說明一九七九年前三十年中的中國大陸，在毛澤東主義的領導下，所搞的社會主義教育和政治思想工作，不但使中國固有的權威性格發揚到巓峯，而且這種權威性格的內涵，是絕對的旣反現代又反民主的。在這新傳統下成長的中國人，性格上的轉化，可能要比從原先舊傳統中走出來，還要多一重困難。

不過從近幾年來，大陸知識分子在思想上改變速度之快，也許使性格上的轉化，並不那麼悲觀。十二月中旬，臺北報紙刊載一位西方記者，對兩位「六四」後逃到國外的學運領袖的訪問，其中一位北大的學生告訴他，當一九八六年底爆發大規模學潮時期，北大校園內曾出現以百計的「沙龍」，學生們在沙龍活動中互相學習、辯論民主、知識交流。這位學生說：「中國人慣常性的要求每一個人和每一個組織，都有一致的路線，沙龍的戰略就是打破這個框框，製造多元化。中國從來就對個人主義和容忍欠缺認知，我們現在必須要解決這個問題」。由此可知，大陸知識青年，不但已自覺到中國要邁向民主，在自身改造上問題的所在，且已付諸實踐。

當然，知識分子畢竟是少數，眞正有覺醒的可能更少。對多數人民，我相信當年毛澤東一心想把大陸上絕大多數人民改造爲共黨統治下無產階級的「新人」，還是起了一定的效果。去年五月我到天安門，看到毛紀念堂前排著長龍，等着進去瞻仰，據說每天都是如此。臺灣在五、六十年代，也搞個人崇拜，除了特定的日子，發動學生和民眾去排隊瞻仰之外，平時很少有這種現象。我在大陸和人談起毛澤東，從知識分子到農村的一般百姓，最流行的看法卽所謂「三七開」，卽三分「過」、七分「功」；在我看來，這不能算是對這號人物的正確評估，不要說因他的所作所爲搞得數千萬人生靈塗炭，單就搞個人崇拜搞得使萬民如芻狗，卽已罪無可逭。

說「中國人從來就對個人主義和容忍欠缺認知」，就培養中國的民主性格而言，這是一點重要的覺悟。下面我想進一步指出，中國人不只是這方面的認知不足，而認知心態本身的發展也有所不足。歷來討論民主政治何以產生於西方，多把重點放在工業化、都市化、中產階級、法治等因素上，誠然，這些因素的確重要，但在我們從事哲學思想研究的人看來，除了上述因素之外，還有更深層的原因，那便是西方從希臘開始，他們表現認知心態的傳統，要比中國、印度和伊斯蘭等傳統，有更健全的發展。

認知心態的表現，主要訴諸邏輯理性與經驗印證，後來在西方知識論上發展出理性主義與經驗主義的兩大傳統。這兩方面在中國傳統哲學中都很弱。馬克斯在《關於費爾巴哈的提綱》的第十一命題中說：「哲學在以往所做的不過是對世界做了各種不同的解釋，但哲學最重要的任務是去『改變』世界」。馬克斯的說法，恰好道出代表中國正統儒家哲學的基本精神，這種哲學主要成就的不是知識，而是實踐——包括個人道德的實踐和社會道德的實踐。

認知心態與民主心態在心智結構上有內在的關連，也就是說，民主心態可以由認知心態的活動中直接誘發，因講求並堅守客觀認知的人，必然反對獨斷、反對訴諸權威的論式，這一點早在希臘蘇格拉底式的對話和辯論中，卽已表露無遺。我們閱讀柏拉圖的對話錄的經驗，和閱讀《論語》、《孟子》中對話的經驗，大不相同，柏拉圖著作中一席冗長的對話和辯論，給人的感受簡直就是一場理智的搏鬬，任何一方如論證上顯露破綻、邏輯上犯了錯誤，一經對方指出，就得承認，彼此完全平等，誰也不是權威。對話和辯論着重的是過程的表演，對問題可懸而不決，不輕易遽下結論。就在這種容許懷疑、批判、挑戰，容忍不同觀點的矛盾與衝突的表現中，自然養成寬容的習性，以及對理性信任的態度，而這兩點正是民主性格的基本特色。

從事民主運動的知識分子，如果自身缺乏民主性格，有時候其效果可能適得其反。一個想走向民主的國家，如不能著力於培養國民的民主性格，即使有了民主制度，也可能只是一個空架子。中國大陸的民主運動，肯定在不久會再起，因爲在過去的十三年中，國人以鮮血灌溉的民主種子，必然會發芽滋長，這是誰也擋不住的潮流。大陸和海外熱愛自由民主的知識分子，此時此刻，最該做也是絕對能做的，就是提昇認知心的水平，把自己鍛鍊成「民主人」，這將是中國未來民主運動和民主運作中最重要的資源。

一九八九年十二月

天安門事件與臺灣

一九八九年六月四日清晨，北京天安門鎮壓民運慘案發生的幾小時前，《中國論壇》曾就「大陸變局與臺灣前途」，舉行兩場討論會，一場討論「學運的背景與影響」，一場討論「臺灣的反應與對策」。在前一場的會中，雖有人對這次大陸的民運，做了極爲悲觀的預估，但多數與會者大體上仍偏向於樂觀的期待，認爲大陸上如能因此而加快民主化的步伐，而民主又是臺海兩岸人民共同的願望，那末今後不但會拉近彼此的距離，也會對兩岸關係的穩定或良性互動有利。出席的二十多位學者，絕沒有人料想到，轟轟烈烈且僅以和平方式訴求的民運，竟然會遭到如此的下場！

震驚全球的天安門事件，不但使中國人的殘暴，在國際間留下抹不去的污點，在兩岸關係上也投下新的變數，未來是否會因此而改變雙方之間的歷史，雖難以預測，但事件前後在臺灣所引起的反應，以及產生的影響，是值得檢討的，這些反應和影響可從政府、民間、統派、獨派四方面來看。

政府反應：遲緩矛盾

政府方面，當四月十八日，北京數千大學生在人民大會堂前靜坐示威，並發表要求民主改革的聲明後，執政黨二十四位少壯派立委，便曾聯署促請行政院公開聲援大陸學生民主運動，提案未獲通過，顯然沒有得到行政院的支持。嗣後一個月中，大陸民運發展得如火如荼，高潮迭起，但政府始終沒有反應。直到五月二十日北京宣佈戒嚴，行政院發言人才於次日發表了一份聲明，主要在譴責中共政權的「暴虐與野蠻」、「倒行逆施」，多屬反共八股。

五月二十三日，北京百萬以上的學生與民眾，不顧戒嚴令，把矛頭直接指向總理李鵬，要他下臺。二十四日李登輝總統以國民黨主席的身份，在中常會講話，他告訴大陸同胞，今日「他們所爭取的目標，與我們所努力的方向，是完全一致的。」同時指出，此刻中共當局的專擅獨行，決不是少數人一時的錯誤，而是在一種不合理的制度下，所必然產生的結果。李主席的講話與政府發言人聲明，最大的不同處，是肯定這次大陸上的民主運動，爲學生所領導，並對大陸的青年學生們，不惜以誓死絕食的方式，爭取自由與民主的行動，寄予高度的同情。但李主席要求各有關單位，儘速採取有效措施，後來除了募集了一筆送不出去的捐款之外，並無其他可「作爲他們的後盾」的有效行動。

六．四慘案爆發後，李登輝總統立即發表聲明，呼籲全世界所有愛好自由的人士，對中共給予最嚴厲的譴責；也呼籲海內外所有中國人，發揮同胞愛，給予一切可能的支援。不過當民眾聽到、看到聲明中說「我們認爲，任何政權的存在，都應當是建立在民意的基礎上」時，頗有另一種滋味。聲明最後，他「提醒復興基地的全體軍民同胞，對中共暴力黷武的傾向，提高警覺，以防止中共在崩潰前夕，所可能採取的冒險行動」。接著政府首長也不斷宣稱：「推翻共匪暴政」、「反攻大陸」，一時之間，反共的情緒，又瀰漫起來，好像重回到五、六十年代的光景。

政府的反應，被批評爲「非常遲緩和流於形式」，其中的原因，一方面是怕激起臺灣本身的學生運動，另一方面是因不願過分刺激中共，以免惹禍上身。香港基於「北京的今天就是香港的明天」，因此感受特別強烈，曾有一百多萬民眾湧上街頭，抗議北京政權。對比之下，臺灣的反應——尤其是政府，就不祇是遲緩，而且顯得冷漠。香港《九十年代》總編輯李怡先生，七月一日在臺北以〈北京的槍聲改變了中國與世界〉爲題，做公開演講，曾針對臺灣這種現象，提出嚴厲批評，他說：「從整個世界局勢來看，臺灣不管作爲獨立政治實體也好，作中國的一部分也好，都不能對大屠殺閉上眼睛，不能對這樣的事不在意。如果這樣，你們不是世界文明國家的一員，也不是中華民族的一員。」

當然也有人替政府辯護，例如沈君山先生就認爲，「臺灣官方反應謹愼是爲避免給中共栽贓，而被誣指是策動學潮背後的黑手，這種說法也有相當理由」。其實，臺灣當局無論怎樣表態，不論怎樣去做，都會遭到批評，像「送愛心到天安門」這類的活動，因發動大批學生，同時又製造了反共愛國的情緒，遂被視爲「國民黨將它變成了支持現存體制的一種政治資源」。

民間反應：激情短暫

民間方面，臺灣的五月，因有亞銀代表團事件、遠東化纖的勞資衝突、更換行政院長和內閣改組、股市狂飆、分散了社會大眾的注意力，一直到政府發言人發表聲明的次日(五月二十二)，民間才紛紛以簽名、遊行等方式，展開支援大陸的民運。

六·四前後，民間的主要活動，有五月二十七日藝文及音樂界合力製作了「歷史的傷口」一曲，獻給北京的學生；二十八日臺北與高雄兩地，各有上萬人響應全球華人同步大遊行；三十一日約百萬學生從基隆到高雄，連線進行「手牽手，心連心」活動；六月三日晚上，由唐山樂集策劃的「血脈相連、兩岸對歌」活動，卻在深夜的槍聲中中斷。慘案發生後，立卽發起捐款、捐血、一人一信等支援行動；六月五日，北、中、南三區，各有數萬學生和民眾，舉行「國殤」紀念，以遙祭爲民主自由而獻身的英魂；六月十日，「全國大專院校聲援大陸學生抗暴，聲討中共罪行大會」，在中正紀念堂舉行，並豎起趕工而成的民主女神像。

民進黨中常委林正杰先生，認爲六·四前後臺灣民間的反應，已「使臺灣人與大陸人民的民族向心力加強，但另一方面，則是政治離心力拉大了」。「民族向心力加強」的看法，似乎經不起時間的考驗，因爲當臺北的民眾，在中正紀念堂前舉行天安門慘案百日祭活動，儘管仍有傳播媒體的大力宣揚，結果只有稀稀落落不到五百人參加。香港李怡先生的看法，或許比較正確：「民族向心力是一時情緒上的表現，而政治離心力才是冷靜下來的理智的考慮。」

在此期間，臺灣的傳播媒體，特別是三家電視臺，夜以繼日長時段的播報，曾被一些富批判意識的知識分子，譏諷爲是以連續劇的煽情手法，在製作天安門事件，他們特製了一支「歷史如何成爲傷口」的錄影帶，針對電視處理「六四事件」的方式進行批判，並公開舉行發表座談會。據參加發表會的海馬回先生（應是筆名），對影帶評論部分的了解，它所要表達的幾個重點，其中包括：⑴是要解析臺灣電視媒體炒作整個「六・四事件」的手法。⑵就是藉對比中共中央電視臺對「六・四」報導，以及臺灣三家電視臺對去年「五二〇」事件的報導，對照出兩者依附官方成爲執政黨宣傳工具的同質性格。

統派反應：樂觀高估

統派方面，假如今年五月大陸的民主風潮，能像最近東歐、東德由改革派擡頭，那末在十二月二日大選後，歡欣鼓舞的，極可能是「中國統一聯盟」的成員，而不是「新國家聯線」。中共政權中死硬派導演的反人民、反文明的暴行，不但使它喪失共黨世界改革開放的領導地位，也使所有希望中國早日和平統一的華人，感到刻骨銘心的傷痛。

天安門大慘案後，「中國統盟」於六月五日發表〈關於「六・四」天安門不幸事件的聲明〉，十一日再度發表〈爲六四天安門大慘案敬告大陸同胞與中共黨員書〉，在這兩份文件中，他們一方面肯定「這一次學生之愛國示威，不僅表示我民族之元氣活躍，生氣勃勃，也是對十一億同胞之教育與鼓舞」；同時也「對於中共當局終於走向殺傷大陸學生和公民的事態，表示嚴厲的譴責」。

當然，統派不會因此放棄他們一向努力的民族和平、民主統一的目標，他們希望在大陸秩序恢復後，仍積極進行兩岸交流，分批進行國是會談或和平、民主、統一問題的討論，以達成正式的兩岸人民代表的會議。

不過，統派看六·四事件對臺灣的影響，評估不免過於樂觀，他們認爲，「就臺灣而言，在此次天安門大屠殺後，雖有少數人鑒於中共之殘暴，對大陸悲觀，主張臺獨或遠走高飛；但有更多的人則由這一次大陸學生運動而增加心心相連之感，認同大陸；而且也增強中國民主前途信心，主張統一」。如以這次選舉中所獲選票，作爲檢驗的根據，說明事實恰好是相反的。

獨派反應：隔岸觀火

獨派對大陸民運的反應，與上述三方面都不同，他們有一個口號是：「旗幟鮮明地聲援鄰邦學運」，學運他們有興趣，但視中國大陸爲「鄰邦」，就有隔岸觀火的心理。

現在臺灣旗幟鮮明的獨派，就是在這次大選中主張新憲法、新國家、新政府的「新國家聯線」。

有人認爲「六・四」屠殺使他們在選舉中成爲大贏家，國外也有一些媒體持這種看法。天安門事件加強了政治的離心力，因而造成獨派宣揚理念更有利的形勢，這一點是毋庸置疑的。可是百萬以上的選民把選票投給獨派，原因是相當複雜的，最主要的恐怕是對執政黨施政的不滿與失望；其次是歷屆選舉，部分選民對那些有勇氣與體制對抗的候選人，一向都格外欣賞，這次也不例外。所以投票給獨派的選民，未必都是支持臺獨的主張，臺獨問題即使一般知識分子也搞不清楚，何況民眾。不發生天安門事件，獨派也肯定會在選舉中，打出他們的主張。近年來，由於政府以打壓方式處理臺獨問題之不當，已爲他們造勢在先，獨派趁著這次「法律假期」，又充分運用了對他們有利的形勢，可謂造勢成功。

總的看起來，不幸的天安門事件，獨派是唯一受惠者；統派最感痛心；民間大眾因受刺激以及被製造出來的熱情，早已像一陣風飄逝而去；對執政黨也不利，除了失去部分選票，還更加凸顯出它「統」既無力，「獨」亦有所不能的困境。

《中國論壇》三四二期

兩大課題，考驗中國

——「六四」一周年獻辭

「六四」天安門事件後的一年來，大陸以外的中國知識分子，討論最多的話題，除了檢討以經濟爲主的十年改革開放的成敗得失之外，就要推民主與統一。

一年前發生在大陸的大規模民主運動，經濟改革產生嚴重問題，顯然是很重要的因素，這一點中共當局相當淸楚，因此，當「六四」後最嚴峻的時刻，仍向世人宣示，旣定改革開放的政策不會改變。雖然在實際的措施上已顯著倒退。經過大約半年內部的爭議與調適，到了今年春季，不但已逐漸恢復「六四」前的開放路線，今後將加快改革的步伐，當可預期。這說明今日中國大陸，確已走上改革開放的不歸之路，也就是說，毛澤東時代的中國，終將不再復返，雖然並未過去。

天安門悲劇對中共當局最大的歷史教訓之一是：在繼續執行經濟改革開放的同時，要不要進行政治革新？如果把政治革新僅了解爲減少特權、改善官倒、懲治貪污，事實上已在進行，成效如何，短期間尙難評斷，不過以中共體制的僵化，和官僚主義中一向欺上瞞下、陽奉陰違的作風來看，這方面的改革，恐怕也難樂觀。

如果把政治革新了解爲朝民主化的方向走，祇要共產體制不變，社會主義意識形態不放棄，這是很困難的。我常想在今日中國大陸開展民主，比清末民初還要加倍艱難，因爲在那個時代中國人對民主能正確理解的雖不多，相對地誤解的也很少，絕大多數是不解或不關心。大陸在共黨統治下四十年，情況已大不相同，除共黨極權體制與民主體制完全相悖之外，在民主觀念上也已做了系統性的曲解：他們把我們一般所理解的民主，稱之爲虛僞的、狹隘的資產階級民主，他們標榜的是所謂社會主義民主，又叫做無產階級民主，要實行的是民主集中化，認爲民主和集中、民主和專政是一種相輔相成的辯證統一關係。這種民主與我們一般所理解的民主，完全處於敵對的地位，爲此，中共四十年來，一直針對資產階級自由化、民主化思想不斷進行鬪爭。中共所標榜的民主，一句話說穿了，不過是維繫共黨極權統治的煙幕。

認識這一點是很重要的，因爲中共繼續經濟改革開放的政策，甚至還要進行社會主義經濟文化的建設，依照中共設定的目標，這方面的工作，是爲了提供社會主義民主發展的物質條件和精神條件，不是要走向我們所要求的民主化方向。

到今天爲止，中國大陸應走向民主，雖已是許多人的願望，但沒有人敢肯定地說，他知道中國大陸將如何走向民主。當去年五月下旬，大陸民運達到最高潮時，海外許多知識分子都覺得，在如此巨大人民力量衝撞之下，中共政權已無不倒之理。可是縱然經歷了「六四」慘劇，在全世界輿論一致譴責之下，不到一年功夫，這個政權又好像已穩住陣腳。去年下半年的改革風潮席捲東歐，給關心大陸民主前途的人，又帶來極大的衝擊。東歐經驗，無論是暴力推翻，或是和平轉移政權，對中國而言，至少在目前恐怕都不可能。在一個缺乏民主傳統的國家，即使有力量推倒現有政權，要想在混亂中建立民主秩序，希望十分渺茫；至於說和平轉移政權，不但中國歷史的規律中從無此經驗，對一個極權主義的體制，那是不可想像的。

中國大陸的民主，恐怕沒有捷徑可走。以「六四」前幾年的經驗，中共當局雖視自由化爲精神污染，但顯然可以容忍到一個相當的程度。祇要經濟改革這扇窗繼續敞開，自由化的趨向是擋不住的，知識分子民主啟蒙的工作就有活動的空間。爲了教育民眾，知識分子應有勇氣投身地方選舉。假如個體和民間企業能繼續朝私有制成長，就可以累積民間力量，導致中產階級興起，提高民眾教育水平，到那時候才有民主落實的希望。假如中共當權派內部能出現一位像戈巴契夫那樣雖專制但比較開明的人物，使極權主義減弱爲威權主義，那希望就更大。

這一年來，有關統一的問題、聯邦與邦聯的構想，在海外知識分子間，已引起較多的關注。香港基於一九九七大限的原因，在整個八十年代裏，這方面的構想，一直有持續性的討論，可惜並未引起臺灣知識界的興趣。近年由於統獨問題爭論激烈，才有人比較認眞地在思考這些問題。

統一問題和民主問題一樣，對所有中國知識分子的智慧與開創力，都是極大的考驗，歷史交給我們如此沉重、嚴肅、重大的課題，我們必須對歷史做出交代。

在現有的條件下，我們當然知道，不論是聯邦或是邦聯，都不可能。但知識分子思考問題，並不能因爲目前不可能便不去思考、不去努力。兩千多年前的思想家便提出在人類歷史上幾乎永不可能實現的大同理想，至今仍不能不承認這種構想的合理性；卽使淸末維新志士們預知百年後的中國，仍無法實行民主，我相信他們仍會爲理想而獻身。知其不可爲而爲之，本來就是人類一種最高貴的品質，也是人類進步之所依賴。

聯邦或邦聯之爲理想，在性質上並不像大同那樣渺茫，如今世界上幾個大國，如美國、蘇聯、加拿大都是聯邦制，只有中國是例外，美國早期且曾先邦聯而後聯邦。任何一種制度都是爲了解決實際問題，由人的智慧逐漸發展出來的，歐洲共同體包括許多不同語言、文化、信仰的國家，爲什麼中國就不能嘗試走這個方向？假如中國的知識分子有智慧和開創力，假如兩岸的掌權者眞想爲國家爲人民解決問題，由和平相處進而加強合作，爲什麼不能考慮採取比較合乎全民利益的方式走向統一之路？

如果沒有臺灣，聯邦也好，邦聯也好，這種討論都難有實際的意義。以一邊陲小島，在許多方面的實力，都已超出中原，這樣的事實呈現在眼前，如果還不能爲這一代中國人提供新的契機和啟示，努力爲統一問題打開新的局面，將無法向歷史交代。

李登輝總統最近已宣示，如果中共當局能推行民主政治及自由經濟制度，放棄在臺灣海峽使用武力等等，那末在一個中國前提下，我們願意以對等地位，建立雙方溝通管道，全面開放學術、文化、經貿與科技的交流，以奠定彼此間互相尊重、和平共榮的基礎。李總統的宣示，很接近邦聯的構想，相對於過去「三民主義統一中國」的口號，是一大進步。中共當局宜以務實精神仔細研究，不要一味拒絕，更不必再重彈老調，那是不能解決問題的。統一問題絕不是我們這一代所能解決，我們祇要能開出一條合乎全民福祉之路，使下一代能接力走下，我們就算對得起歷史，對得起後世子孫。

《中國論壇》三五三期

哲學的黃昏？

今年（一九九〇）五月初，我開完晏陽初思想的國際會議，又在北大住了一星期，一位剛獲得哲學碩士學位的青年，從外地老遠跑來看我，除要我在大陸出版的一本書上簽名，還送我一册學位論文，論文的題目竟然與哲學毫無關係。一個從事哲學研究的人，在拿到學位之後，他要走什麼方向，要研究什麼題目，完全可以自己決定。但在學習過程中，他並沒有這樣大的自由，學位論文最低限度總要表現一門學科基礎訓練的程度，才能過關，否則，你研究的目的何在？

這位青年，對我的問題不加可否。回到臺北後，不久便收到他寄來一篇影印的中譯文章，題目是〈哲學的黃昏〉，是波蘭物理學家英費爾德的訪問記，原文刊於一九六一年波蘭《政治周刊》第二十二期。這篇文章我在嚴家其先生的一本書中看過，據嚴氏說，他當年報考哲學研究所時，考題中便要求考生對〈哲學的黃昏〉發表評論。

這位年輕朋友，對寄這篇文章的用意，未加任何說明，但可以想見，此文在大陸學術界大概流傳甚廣，問題是它的流傳究反映著什麼意義呢？

在訪問中，記者那絲土蘭卡問：「我覺得很久以來就有一些科學不能回答的問題，只要有這些問題存在，便有哲學存在」。這問題提得很好，英費爾德的回答卻是：「早先哲學提出來的問題今天成爲物理學了，哲學在那個還沒有科學的朦朧的時代是有意義的，它有過勝利和繁榮時期，今天它絕對是一個不體面的概念。」英氏根本答非所問。當然，希臘哲學所討論的時間、空間、物質、原子等問題，今天已經都是被物理學佔據了的地盤，這雖是事實，但哲學除了這些問題之外，還有更重要的人的價値和人的意義等問題，這都不是任何科學所能回答的問題。

這位物理學家在訪問中，對哲學充滿偏見和無知，他既認爲哲學史「毫無用處」，又覺得今天還要人去談論黑格爾、叔本華和康德，「這簡直是閒坐著瞎想」。

這樣一篇訪問記，爲何會在大陸學術界流傳，且受到相當的重視？這有兩種可能：一是藉〈哲學的黃昏〉這個符號，投射了他們對教條主義哲學的不滿，至少也可以藉它的理由來避開。一個哲學研究所的學生，學位論文卻不談哲學，豈不正是表達了這種現象。一是在教條主義哲學長期宰制下，根本沒有眞正的哲學活動可言，久而久之，連帶著哲學本身也被否定，〈哲學的黃昏〉之所以流傳，或許正反映著這股情緒。嚴家其在讀過這篇訪問後，使他「成了專門製造似是而非、模稜兩可那種思辯哲學的堅決反對者」，似乎就代表著這種反映。

「似是而非，模稜兩可」，如是指語義表達的範圍，反對是有道理的。「似是而非」如是指對曖昧的容忍，「模稜兩可」如是指對懸宕難決的問題，便不遽下判斷，那末，這正是哲學活動中常見的心理狀態和探索問題的經驗。

二十世紀是科技主宰的世紀，哲學在普遍衰微之中，但任何國家，如沒有哲學，就如同沒有詩和音樂一樣，那將是思想貧窮和文化荒漠最明顯的標記。

《中國論壇》三六〇期

建立知識分子新傳統

〔二〕最近看到由中國大陸留德學人辦的雜誌《萊茵通訊》，一九九〇年八月出版的一期中，有文章對流亡海外的嚴家其、劉賓雁，以及仍在大陸的王若水、李澤厚等人，都有相當嚴苛的批判，甚至對方勵之也有微詞。

該文作者以東歐的與大陸的知識分子來對比，他認爲東歐知識分子有三大特點：㈠他們具有獨立精神，毫無媚骨，從沒有想沿著共產黨的階梯往上爬。㈡他們學術造詣很深，治學嚴謹。㈢他們有著崇高的道德操守，身上幾乎都閃爍著灼灼逼人的理想的光芒和獻身精神；而大陸上一些著名的知識分子，過去在不同時期，都曾是共黨的筆桿子，容易妥協，思想也缺乏深度。

在同一時間，我又看到美聯社一份特稿，報導東歐各國，自共產政權一一崩潰之後，知識分子形形色色的轉變：有的搖身一變，成爲新的統治階層；有的因角色改變，無法適應；有的由理想主義者，成爲政治人物，正學習改變自己；有的在共黨高壓下，頗有鬪志，一旦壓力消失，反而感到茫然；有的仍戀念在舊制度下所享有的種種特權；有的一心追求物質享受，再也沒有讀書的閒情逸致。

對關心近代知識分子發展史的人，東歐知識分子的情況，提供了絕佳的樣本，值得做追踪研究。比較引起我注意的是，報導中說，東歐有數萬名知識分子，因不願聽命於共黨，在公有制下，僅以微薄的薪資過活，卻利用充裕的時間閱讀，並討論存在主義的問題，終於綻放出令生活富裕的西方人，大為讚嘆的學術成就。這大概就是《萊茵通訊》上那位作者，標舉東歐知識分子三大特點的根據。

為真理而真理

為什麼同在共黨高壓統治下，東歐與中國知識分子的表現如此不同？為何東歐知識分子在惡劣處境下，思想上、甚至藝術上，仍有傑出表現？而在中國，知識分子大都意志薄弱，甚至出賣自己，即連最近去世「國寶級」的馮友蘭也不例外。

假如我們承認在現代中國，必須重建知識分子的新傳統，那麼上述的問題，就值得鄭重的探索，嚴肅的思考。對中國知識分子因無法承受政治權威的巨大壓力，所表現的種種缺點，僅加以無情的苛責，不但有欠恕道，對這種現象的改變也無濟於事。

我認為中國與東歐之間的差別，不只是知識分子本身的問題，應把問題提升到文化傳統的層次上去考量。

東歐各國雖被共黨統治四十年，它們仍屬於西方文化傳統。西方文化中，不僅有爲眞理而眞理、爲知識而知識的傳統，且有力量龐大的教會組織，這兩大傳統，在歷史上，任何獨裁政權都無法完全消除其威力。在共黨統治下，教會組織式微，已不能對知識分子提供有效庇護，但極富超越精神的宗教傳統，仍是東歐知識分子主要的精神支柱；西方堅實而充實光芒的知識傳統，對眞理的追求者，一直具有強大的吸引力，豐富的知識資源，使東歐知識分子在惡劣的環境下，依然能完成令人鼓舞的思想成果。

與西方相比，中國這兩大傳統都相當薄弱，中國知識分子性格上普遍軟弱的根源在此。假如這一代的知識分子，在知識方面做不出令世人讚賞的成就，並樹立少數傑出的典範，中國知識分子的新傳統，是建立不起來的，知識分子屈辱的命運恐怕也難改變。

《遠見》一九九一年一月

「創造轉化」與「自我實現」

——論晏陽初的思想與人格

一九八一年，我讀完吳相湘教授的《晏陽初傳》，曾寫過一篇〈農村改造的實踐者：晏陽初〉，主要在宣揚這一史無前例的改造運動，以及它所表現的精神。一九八三年，晏先生九十華誕，我爲《中國論壇》策劃了一期慶祝專號，在專號裏，我又寫了篇：〈晏陽初農村改造的思想〉❶，這篇文章主要指出晏先生的思想，是由儒家的民本思想、基督教的《聖經》、科學方法、民主思想等四部分所組成，並就這四部分分別說明：⑴民本思想爲鄉村改造運動提供了最高的原則；⑵《聖經》所啟示的基督精神，爲這個運動主要的動力來源；⑶科學方法是解決農村問題的有效手段；⑷民主則代表這個運動在現代中國所要達成的間接目標。從指涉的架構可以看出，這是一篇顧及整體，但在性質上是屬於概論性的文章。

本文是希望在上述二文的基礎上，再深一層寫篇專論，主要觀點是放在「創造性」上，處理的方式，想試用思想史家提出的「轉造轉化」，和人格心理學的「自我實現」，將晏先生的思想

❶ 以上二文均已收入拙作《儒家與現代中國》，一九八四年，臺北東大圖書公司。

和人格這兩方面的創造性予以凸顯。

一、創造轉化

晏先生的一生，在世界上所獲得的榮譽與讚美，不計其數，其中最突出的，是稱他爲「人類偉大思想家」、「眞正哲學家」、「傑出的發明者」、以及「現代具革命性貢獻的世界偉人」等，更恰當地說，他應是人類有史以來最傑出的「鄉村改造理論的創建者」，這些頭銜都具有創造性的涵義，問題是這些涵義究竟指的是什麼？這將是本文所要加以分析並彰顯的重點。

我之所以採用「創造轉化」這個觀念，是因主觀上覺得它對上述「創造性的涵義」，可以做有效的詮釋，當然，並不表示這是唯一的可能，晏先生不論是思想和人格，其內涵都相當豐富，如用其他的觀念切入，也必可有新的了解和新的發現。

「創造轉化」是友人林毓生教授根據 Robert Bellah 對 Creative reformism 的分析，一九七九年紀念他老師殷海光先生的文章中提出的❷，以後這個觀念便在臺灣、香港以及海外逐漸流行，近年來中國大陸也有人使用。究竟什麼是「創造轉化」呢？據林教授的解釋，「那是把一些中國文化傳統中的符號與價值系統加以改造，使經過改造的符號與價值系統變成有利於變遷的種

---

❷ 林毓生：《思想與人物》，頁四一八，一九八三年，臺北聯經出版公司。該書有關「創造轉化」的討論，還有頁二七七、三三二。

子，同時在變遷的過程中繼續保持文化的認同」❸。可見這個觀念主要針對的問題是：如何使文化傳統做有效而又具有創造性地發展。其中包涵三個要點：⑴改造或重組文化思想的傳統；⑵改造後的傳統，必須成爲有利於變革的資源；⑶變革後仍能與傳統保持精神上的聯繫。下文便以此爲參考，對晏先生鄉村改造的思想進行考察。

「民爲邦本，本固邦寧」，是鄉改運動所服膺的最高原則，也是所有成員最基本的信條。此語最早出現於《尚書．五子之歌》，經由先秦儒家（特別是孟子）的弘揚與發展，不僅使「民本」成爲文化傳統中一個重要的思想符號，也成爲儒家所嚮往的一種崇高的價值。現在依據民主的理論，才能了解到，「民爲邦本」的理念，在政治上，只有在民主的實施中才能落實。在傳統道德理想主義的儒家，所謂民本，只不過是對人民表達了一種道德的關愛；在專制王權主宰的現實歷史中，也至多能做到「得民則威立」❹，在這裏，獲得民心的歸向，成爲一種工具性的價值，樹立君王的威權才是目的。

傳統的民本觀念，在晏先生的思想中，一開始就是從問題意識出發的，早在一九一八年，他

---

❸ 同前，頁三三二。林毓生於去年聯經出版的《政治秩序與多元社會》一書中，有〈什麼是創造性轉化？〉一文，對這個觀念有較詳細的解釋，可參考。

❹ 《管子．形勢解》：「人主，天下之有威者也，得民則威立，失民則威廢。蛟龍待得水而後立其神，人主待得民而後成其威」。

在法國爲華工服務時，便已發現中國的各種動亂、專制虐政、貪官污吏橫行，主要原因卽人民大多是文盲，愚昧無知，任人宰割，「本」旣如此脆弱，「邦」國又何得安「寧」強盛❺！這一發現，終於使他認識：「救國必先救鄉，救鄉必先救民」。民要如何救？從最平凡的「除文盲」開始，也就是將文盲鄉民從識字教育著手。這就是後來發展成全球鄉村改造運動的起點，傳統的民本也就在這裏開始落實。

在識字教育的平教運動中，晏又進一步發現文盲鄉民們的偉大潛力，他們學習認眞，進展也很快，使平教工作的同人信心大增，於是決心經由教育，訓練他們、組織他們，讓他們發揮出應有的力量，並引導這股力量去改造農村、改善生活。晏的「培養民力」、「改造農村」便是由傳統的「民本」轉化而來。同時他認爲，如果不從此下手，所謂民族自救、民族改造，恐怕都是緣木求魚。可見他深信業經改造過的觀念，將成爲有利於中國變革的重要資源。經由變革或改造後的民族，因改造的方法，不是抄襲外國人的，而是一點一滴由實地的工作體驗中創造出來❻，自不致發生文化認同的問題。

一九二五年十月，在江蘇無錫教育學院召開鄉村工作討論會第三次大會，晏先生以〈鄉村運動與民族自救〉爲題，發表演講，他說：「鄉村運動是民本的，建設是包括科學的技術和內容。

❺ 以上見吳相湘：《晏陽初傳》，頁八四六，一九八一年，臺北時報文化出版公司。

❻ 《晏陽初傳》，頁三一八。

把科學研究的結果帶到鄉間去，與農民發生關係，養成農民運用科學的習慣，使農民生活科學化，實屬迫切之圖。其次，現在需要一套鄉村改造的辦法，裝入制度裏，大規模的推廣出去，這就要從親民政治的地方自治入手」⑦。鄉村運動雖是民本的，但改造卻不是沿襲傳統的老辦法，而是要把科學的泉源引入農村，以養成農民運用科學的習慣，使他們在切己的問題上，就能憑藉科學方法和技術去加以解決，這樣才能眞正「培養民力」。由此可知，傳統的民本思想，是經由科學技術，把「民」本身也要加以改造，也就是「使農民生活科學化」，才能進一步落實在鄉村運動之中。其次，在河北定縣（現改爲定州市）實驗期間，負責公民教育的部門，就已著手研究，怎樣才能使傳統親民政治的地方自治，進步成現代化的中國民主，希望由自下而上的方式，爲中國的民主政治建立起堅實的基礎⑧。這是如何運用優良傳統，促進中國現代化變革，一個很好的例子。

鄉村改造的直接目標，雖然不是民主政治，但晏認爲平民們既已學會自己辦理學校、現代農場、合作社、衛生治療所，他們自然就有資格和能力來辦理自己的縣政、自己選舉縣長，以實驗「爲民所治」的民主。由「民治」遂聯想到美國林肯總統的「民有、民治、民享」，在這裏，他很自然而巧妙地引用林肯的名言，擴大了傳統民本思想的內涵，賦予現代的涵義，使民本變成有

⑦ 同前，頁三一九。
⑧ 同前，頁二〇二。

利於變革的新資源，這樣不但不喪失原有的精神，反而使它更加充實❾。

前文說過，民本是鄉改運動服膺的最高原則，這個原則在運動中不再是抽象的，而是要盡可能貫徹到所有具體的工作之中。被史家稱爲「空前偉大壯舉」的定縣實驗開始時，第一步就是做當地社會情況的調查。一般學術工作者所做的社會調查，或是爲了印證一種社會理論，或是爲了建立一種新的學說，而鄉改運動中所做的調查，是爲了推動鄉改工作，所以必須着眼於社會實際的改造，要根據改造的需要，調查事實。因此從事調查的人，除了具備現代社會調查的知識以及方法與技術之外，還必須要顧到中國民間的生活狀況，而規劃出適合中國情況的方法及技術，如擬一表格，就得特別注意能與農民心理、風俗、習慣相應合，這樣才能做到使設計的問卷：你所問的，也是他們所能回答的；他們所能回答的，也是我們所需要的❿。從這樣的調查設計中，不難發現，他們的工作的確是以民本思想中的「愛民」、「利民」作爲工作的指導原則。因爲從「利民」出發，自然容易激發農民的熱情；因爲工作者懷著「愛民」的情懷，自然可獲得農民的合作。

像這樣一個史無前例的運動，推行起來最困難的恐怕是人才難求，當年定縣實驗時，晏竟能號召一羣在大學任教的高級知識分子參與工作，到今天仍令人很難想像那是一股什麼樣的力量，

---

❾ 同前，頁二〇三—四。

❿ 同前，頁一八四。

使他們放棄已有的地位，犧牲安樂的生活，投身於運動之中。現代的知識分子，在過去叫做「士」，傳統的士雖出身於農村，經過十年寒窗，一旦進入仕途，要想飛黃騰達，很少不「曲學阿世」，拋棄自己的理想和價值觀的。做了官以後，縱然不魚肉鄉里，愚蠢粗魯的鄉民，在他們的心目中很少不被鄙視的。近代受過新式教育的知識分子，對鄉民的心態，基本上沒有多大改變。具有傳統士大夫習氣的知識分子，要想在鄉改運動中成爲一個好幹部，他這個角色本身也必須經由「創造轉化」成爲一個「新人」，晏稱這種改變爲「自我革命」，也就是要徹底清除知識分子自滿自大的虛驕心理與傲慢態度，並虛心誠意深入民間，向農民學習，接受「再教育」，先做農民的學生，然後才能與農民融洽相處，獲得信賴，有效地向他們灌輸新知識、新技術⓫。

鄉改運動，對悠久而又定型的農村社會而言，無疑的，帶給它的將是一場革命性的變遷。早在一九三三年，美國新聞記者史諾（Edgar Snow），在訪問定縣的報導中，就說晏很像一「革命的十字軍人」⓬，一九四三年，他也曾被膺選爲「現代具革命性貢獻的世界偉人」⓭，「革命」用在晏身上，與近代中國革命家們所說的「革命」，其意義大不相同，他的革命性貢獻，主要是對幾千年來固有的社會制度、習俗和觀念，在和平改造過程中，所做的創造性的變革。

⓫ 同前，頁一七〇。
⓬ 同前，頁三二三。
⓭ 同前，頁四二八。

創造性在晏，一方面是觀念上的，他說：「人貴獨立創造，不要做他人觀念的奴隸」⓮。鄉改運動既無前例可援，因此所遭遇的大半是新的問題，解決新問題就需要新觀念，新觀念是要靠獨立創造的，當然，能選擇舊觀念加以重組或改造，也是一種創造。觀念之外，晏也特別重視鄉村工作人才的創造能力，因爲解決鄉改問題的所有方法，都是一點一滴自「幹」中找出來的，缺乏創造力是難以勝任的⓯。

近代中國，在思想觀念上強調創造的知識分子很多，晏與這一代許多知識分子相當不同的一點，是在強調創造的同時，還特別重視文化傳統的認同。他自幼就是基督徒，成年後又在美國受大學教育，以他的背景仍如此重視認同，是格外值得我們三思的。他的認同並非基於單純的民族感情，而是因長期接觸平民，以及在工作中不斷發現不斷反思的智慧中產生。

晏對文化傳統的認同，可分三個層次來了解：(1)個體：一九一八年晏在法國教華工識字，晚間上課時，常有工人做了十幾小時的苦工，恐怕吃過晚飯再來，趕不上讀書⓰。這是晏最早在中國平民的身上發現其優良的品性，因而深受感動。後來在抗戰期間，決定成立「平民大學」時，遂將「信任平民的卓越品質與一切可能性」作爲全體師生的基本哲學（信條）⓱。中國平民的卓越

⓮ 同前，頁七九〇。
⓯ 同前，頁三一八。
⓰ 同前，頁八〇一。
⓱ 同前，頁四五七。

品質，是由傳統文化的優良部分鑄造而成，所以這是透過個體而認同文化傳統。⑵社會：農村社會的改造，絕不是先入爲主地要去破壞原有的社會秩序，相反地，凡事都要照顧到民間生活的狀況，並尊重他們的心理和風俗。中國農民雖不識字，但始終尊重讀書人，尤其敬仰「教書先生」，平教運動就是運用農民尊師重道的社會心理，去鼓勵農民讀書識字⑱，這樣既有利於運動的推行，又不致破壞對文化傳統的認同。⑶國家：國家認同，自西風東漸以來，一直是很嚴重的問題。作爲上一代知識分子的領袖，晏在這個問題上，表現了他的健康性：他一方面全心全力去應用歐美的先進科技，駕馭自然的本領，一掃傳統那種靠天吃飯、信賴命運的行爲，因爲這是農村邁向現代化必經之路；另一方面他又不斷強調，我們要做一個現代人，但千萬不可忘本，不要忘記我們是中國人⑲。

以上整個的分析，主要在說明「創造轉化」的確是晏陽初鄉村改造思想中一個基本的特色。同時也說明文化傳統的「創造轉化」，「變革」是不可避免的，「創造」則是引導「變革」的主要動力，但如果缺乏「認同」，則變革恐怕很難成功。這一點思想上的啟示，可提供我們評估中國現代化成敗，一條很重要的線索。

---

⑱ 同前，頁一九五。

⑲ 同前，頁三七六。

二、人的改造

以上一節，主要偏重在思想層次的分析，就這一層次而言，說晏爲「偉大思想家」，他可以當之無愧。「偉大」的意義，並非如學術工作者，建立了一套理論謹嚴的思想體系，而是相對於近代中國的傳統主義、西化主義、社會主義等思潮，他無論是對傳統的固有文化，或是對外來的新文化，都能謹愼地、批判地、合理地加以吸收，他的確能做到融會中西、推陳出新[20]。因此，他的思想完全自外於上述的三種思潮，也從不參與他們之間的思想爭論。

但是，僅就思想層面，還不足以證明他是一位「傑出的發明者」，以及「革命性的貢獻」這一面。要證明這些，就必須進一步深入到從「人的新發現」到「人的改造」這個處處都表現創意的運動中去。當然，「創造轉化」已無法說明這個運動的全部意義，不過由下文將可以看出，這個觀念在運動推展的過程中，仍扮演相當重要的角色。

在「人的發現」這個問題上，以往的歷史書，多半把焦點放在「人的偉大性質」的探討和表揚，也就是集中在少數能塑造歷史並導航人類命運的帝王、軍事家和宗教領袖的身上。比較起

[20] 有關中國近代面對西方文化的衝擊，不同態度的反應，拙作《中國思想傳統的現代反思》一書的第四章：〈巨變與傳統〉，有詳細的分析，可參考，該書於一九九〇年，由臺北桂冠圖書公司出版。

來，歷史家們對廣大的平民（農民、苦力）階層，其重視的程度，實微不足道。可是他們對國家的貢獻，正如晏氏所指陳：「中國的農民負擔向來最重，生活卻最苦：流汗生產是農民，流血抗戰是農民，繳租納糧的還是農民，有什麼『徵』，有什麼『派』也都加諸農民，一切的一切都由農民負擔」㉑！這便是平民階層亙古以來所無法抗阻的命運，一般人道主義者，面對這種不公不義的情況，也不過只能表示同情，為他們說幾句公道話而已。

晏陽初則不然，他年輕時在法國，初與苦力朝夕相處，便由他那極富創力的頭腦，從華工之「苦」發現華工之「力」，從自古以來就被知識階層鄙視的「苦力」概念中，發現了人類的新天地，其中蘊藏著無窮的潛力，這種潛力如能有恰當的教育把它發揚出來，他們就能靠自己的力量改變命運。這一新的發現，也就是使他回到國內，創辦平民教育時，所以要用「除文盲，作新民」為目標的原故。

「作新民」出自《尚書・湯誥》，是一非常古老的觀念，晏以「解除苦力的苦，發揚苦力的力」，將此一古老觀念加以嶄新的改造，並將「民」定位於「平民」，使得幾千年來一向以帝王、將、相、知識分子為核心的歷史，整個顛倒過來，使廣大的平民成為歷史的主軸、國家的根本，這正是哥白尼式的革命，所謂「革命性的貢獻」，就當從這裏了解。

㉑ 《晏陽初傳》，頁五三三—四。

在近代中國，新民之說，首先由梁啟超提出（一九〇二），他根據新思潮批判舊傳統，列舉中國人做一個國民所缺乏的條件。梁氏〈新民說〉與晏氏「作新民」之間的差別，恰如吳相湘教授所說，「梁氏只提出『什麼』（What）是應興應革的，卻沒有詳說「怎樣」（How）去做這些興革的工作」㉒。這是思想（坐而言）與行動（起而行）之間的差別，晏氏的「作新民」根本就是從行動中悟出來的。「新民」觀念經由嶄新的改造，已不僅可變爲有利於變革的資源，而是使得佔絕大多數比例的農民、苦力成爲新社會、新國家的主體。因此，知識分子爲平民服務，不再是佈恩、施惠，只不過是一個救贖的僕人角色。在這裏，我們才能了解晏氏銘言：「不是救濟，讓他發揚」的眞義㉓。

值得我們注意的是：當晏闡揚「作新民」之義時，除了提示如何創新、如何變革之外。立即注意到在從事「人的改造」時，認同問題的重要，他說：「所謂新不是那些不同於我國與我民族舊有的，或由東西各國新介紹新抄襲來的便是新。我們所謂的新是我國民族自身在原有的生命裏創造出來的新生命的新。當我們進行創造時，既不盲從地抄襲外人的東西、固執地保守我國的古董，又不偏激輕視其他各民族的文化貢獻、或偏激拋棄我中國民族固有的一切文化成績」㉔。對

㉒ 同前，頁八〇五。
㉓ 同前，頁八四四。
㉔ 同前，頁八〇五—六。

自己的文化傳統缺乏認同，就不容易培養人民自動自發的精神，雖然重視創造，卻無法凝聚全民的力量。相反地，因認同的斷裂，使各色各樣的主義或意識形態，在互相鬪爭中，僅有的一點力量也被抵消了。這是我國百年來活生生的歷史教訓，也讓我們不能不佩服晏陽初的先見和遠見。

「解除苦力的苦，發揚苦力的力」，畢竟是一條開天闢地的新路，這條路要怎樣走下去才能走得通呢？教平民識字的平教運動只是開端，到定縣進行農村改造的實驗時，才於「學人與苦力結合」、「農民與科學結合」的萬難中，摸索出「四育」連環的具體方案。四育是指：(1)文字教育：由文字教育灌輸知識——『知識』就是力量；(2)生計教育：由生計教育增加生產——『生產』就是力量；(3)衛生教育：由衛生教育保衛健康——『健康』就是力量；(4)公民教育：由公民教育促進組織——『組織』就是力量㉕。所謂連環，是因四種教育的功能是相互依存的，任何一個單項都不能收到預期的效果，必須連環進行，相輔相成，才能對鄉村改造獲致整體發展的功效㉖。一般知識分子都知道農民患有貧、弱、愚、私四種病，但沒有人或任何機構像平教總會，完全能對症下藥，發明一套完整而有效的改造方案：由四大教育，開發四種力量，同時去治理四種病患。定縣經驗，後來推行到其他第三世界國家，都證明其有效，因此這個方案，不但具有推廣的價值，且提供了評估各國社會改造工作，缺一不可的四個指標。

㉕ 同前，頁五三四。

㉖ 同前，頁二一五。

由於晏氏的鄉村改造運動，是人類從未走過的一條新路，所以步步都是新挑戰，隨處都是新經驗，因而也創造了一些新觀念，例如「腦礦」㉗，「開發苦力的力」，就是要開發世界最大最富的腦力資源，因爲平民人數最多、潛力無窮；又如「免於愚昧無知的自由」㉘，晏認爲這比美國羅斯福總統的「言論」、「信仰」、「免於匱乏」、「免於恐懼」等四大自由更重要，因爲世界上佔多數的平民，如不能通過教育發揮他們自身的力量，參與他們自己的建設工作，他們是無從享有四大自由的。創造這些新觀念，都是爲了平民，使他們能夠自信自尊地站起來，能經由農村改造而達到「人的改造」的目的，使農民佔絕大多數的中華民族，發揮新的光彩，並進而貢獻於世界。

「創造轉化」表現了思想的創新，從「人的新發現」到「人的改造」表現了運動的創新；思想的創新加上運動的創新，一個充滿創造力的人格，已躍動在我們的眼前。

三、自我實現

一般而言，所謂「創造人格」，是以生命發展爲創作的對象，使自己的生命日日新、又日

㉗ 同前，頁八八。
㉘ 同前，頁四三一。

新，不斷地向身心進步的方向轉變㉙。更簡單的定義，如英文《韋氏字典》所說，是賦予自己以不平凡的存在㉚。如何才能使自己的身心不斷地向進步方向轉變？如何才能使自己不平凡？最主要是表現在發現問題和解決問題的能力上。千百年來無數知識分子爲何對平民、苦力之苦，皆視若無睹？爲何千百年來少數知識分子對平民、苦力之苦，雖有同情，卻沒有發現苦力之力？現在看起來，晏的發現，就像牛頓看蘋果落地一樣稀鬆平常，可是他們卻能從日常平淡的事象中，產生偉大的觀念，這就是發現問題的能力。

發現問題只是創造過程的開端。要怎樣才能「解除苦力的苦，發揚苦力的力」？其中有多種可能性的做法，開創平民教育大運動，顯然是一種基本而有效的途徑。在同一個時期，國內開辦平民教育的教育家，不止晏陽初一人，爲何其他的平教工作者，未能更向前推進，發展出鄉村改造運動？當時從事鄉村改造的團體，也不止平教總會一家，爲何只有晏領導的團體，能研究發展出四育連環進行的有效方案？在這過程中，他必須面對無止境的挑戰，克服重重的難題，因此每一步驟，都表現他對問題解決的創造力。

據我所知，到目前爲止，無論是人格心理學、或是創造心理學，所研究的創造人格，其對象多半是屬於學術上有傑出成就，和技術上有重要發明者，很少研究到在思想和行動兩方面都兼具

㉙ 郭有遹：《創造心理學》，頁六，一九八三年，臺北正中書局。

㉚ 同前，頁七。

創造力者，蓋因一涉及行動層面，所產生的效果與影響力，究竟是屬於創造性的還是破壞性的，很不容易評估。不過，研究的對象既然是創造人格，各種類型的創造人格，必有其相似與相同之處，因此，借用它們對創造人格特徵的一些描述，與晏氏相印證，必可相當程度地增進我們對他性格的認識。

在人格心理學中，討論創造人格較著名的心理學家，有奧爾堡的「成熟人格」說，有羅傑斯的「充分發揮功能的個體」說，有馬斯洛「自我實現的人」的學說㉛，下面採用馬斯洛的，是因他對創造人格的內涵的描述，比其他兩家更為詳備。

所謂「自我實現者」，是指超越任何特定文化的限制，並能使人性和心智充分發展的人㉜。據馬斯洛的了解，這一類型的人格具備下列十四點特徵㉝：

(1)對現實和環境的認知能力較佳，而且能與之安然相處　晏是一位在人類最艱困的現實和環境中開創事業的人，所以這一點在他只能算是最起碼的條件。在運動中他必須與各色人等相處。在世界各國，從平民到總統，他都能發展良好的關係。

㉛ 見狄卡波奧原著、莊耀嘉編譯：《健康的性格》，第七、八、九三章，一九八一年，臺北桂冠圖書公司。

㉜ 同前，頁一八〇。

㉝ 十四點特徵的文字，根據前註㉛之書，頁一八〇—一八五；前註㉙之書，頁一四三—四。

(2)能接納自己、他人及自然　美國洛克斐勒基金會副總裁 Mr. Gunn 讚揚晏眞是一不平凡的人，因爲他結合了理想主義和最大智慧的判斷與技巧安頓自己的位置，很實際地以與農民相處。他與人晤談時，偶有人批評他的計畫太理想，但從沒有人懷疑他的誠摯[34]，正說明了這一特徵。

(3)內心自然流露，行爲比較率眞　晏早年與澳洲傳教士史梯瓦特在成都合辦輔仁學社，就能與青年羣眞誠地打成一片[35]。後來大半生在世界各地爲苦力工作，都能與他們相處融洽，就是因爲他性格上具備這些特徵。爲此，曾有人稱讚他有「佈道家的熱忱」[36]。

(4)遇事以問題爲中心，而非以自我爲中心；生活有目標，能全心投入自己的工作，甚至達到忘我的地步　晏從到法國爲華工服務開始，以後六、七十年間，都在發現問題、解決問題的過程中度過。從國內平教運動、鄉改運動，以及後來在第三世界各國的推廣工作，無不全心投入，始終表現鍥而不捨、不屈不撓、忘我奉獻的精神。

(5)喜歡獨處　晏自早年回國後，由於開展運動，生活十分忙碌，因此格外注重自修；爲了強身，每晚十一時以前就寢，一切有節制；爲了強心，每晨做禱告，隨時利用餘暇多思、多計畫、

㉞《晏陽初傳》，頁三二六。

㉟晏陽初口述，李又寧撰寫：〈九十自述：早期經驗與影響〉，見臺北《中國論壇》，一九四期，頁十七，一九八三年十月二十五日。

㊱《晏陽初傳》，頁三二七。

多讀書、做系統的研究㊲。

⑹獨立自主，不受環境的影響，卽使面臨許多挫折與打擊，也能保持比較快樂且寧靜的心境 晏一生從事鄉村改造工作，很少依附任何特定的政治勢力或機構，就是為了保持運動本身獨立自主的精神。在悠長的歲月中，為工作灑心血、受攻訐、被誣辱，但他志向堅定，從不動搖，「雖千萬人吾往矣」㊳。

⑺能接受並欣賞新奇的事物或經驗 他所以選擇以平民、苦力為對象的事業，就是因為他能從平凡中看出不平凡處㊴，他不但發現苦力的力，且體認到苦力的優良品性，所以晏不只是能「接受」、「欣賞」而已，他還能創造新奇的經驗。

⑻較常經歷神秘或高峯經驗（the oceanic feeling）；深信某種重要而有價值的事情已經發生，並超然地感到有一種強大的力量 晏一生中曾多次因經費短缺，感到工作難以為繼，常常就在這時刻，有意外的捐款匯到。當他決心為苦力獻身，當他率領同志下鄉到定縣展開鄉建實驗，當國際鄉村改造學院的夢想實現，當他的工作在第三世界各國都受到熱烈回響，都是他經歷「高峯經驗」的時刻。

㊲ 同前，頁八二八。
㊳ 同前，頁七三四、七九〇。
㊴ 同前，頁八二八。

⑼能建立久遠的人際關係，對其中的少數人並有深厚的感情　晏一生創辦過許多事業，沒有久遠的人際關係，是建立不起來的。其中有的同志，跟隨他工作數十年。

⑽具有民主性格，對人不論其貧富、貴賤、人種，都能一視同仁　這正是晏所以能把他的鄉改運動，推廣到第三世界各國的原因。他不但個人性格上具備這些特徵，在國內外創辦學校，也一律以民主的方式治校，因他深信民主須植根於教育。

⑾對於方法和目的區分得很清楚，方法總是以目的爲依歸　對晏而言，平教和鄉村改造都只是方法，「人的改造」——把苦力、平民改造成「完全的人」才是他的目的㊵。

⑿具有大慈、大悲、濟世救人的情懷　他被稱爲「眞正的人道主義者」、「爲世界永久和平努力的人」、「科學佈道人」、「平民之師」、「爲農民生活改進的理想與精神，舉世無雙」，在這些來自世界各國的表揚中，都凸顯了這一特徵。

⒀富有創造性　前文第一節：「創造轉化」，第二節：「人的改造」，已足以充分說明這一點。

⒁能超越各種對立性而達到統整的狀態　在思想方面，中與西、新與舊、傳統與現代、儒教與耶教，在許多知識分子心目中是對立的，在晏卻完全統合在他的目標之中。在行動方面，一般

㊵ 同前，頁四三一。

從事平教者不關生計，從事衛生教育者不關公民訓練，晏卻能將四者連環進行，使分開的四大教育達成統整的狀態。

以上十四點，並非馬斯洛實證研究的結果（事實上這方面的研究，技術上仍有困難），它只是一個有經驗有智慧的心理學家，對這一類型人物的綜合印象。雖然如此，作爲一種學理上的依據，通過這些描述，的確可以使我們對晏陽初的人格，增加許多了解，而不再是一些模糊的印象。不過，馬斯洛也特別提醒讀者，自我實現的人物，雖具有以上十四項特色，但他們並不是十全十美的「完人」或「神」，他們也常有傻笨與毫無意義的舉動，他們也有罪惡感、焦慮感、悲哀、自譴，以及內在的衝突㊶。在主觀的好惡上，我雖對晏氏極爲崇敬，但並無意把他塑造成完人或神，我之所以未能涉及人性的弱點一面（我深信任何人都不可避免），是因缺乏資料，尤其是我缺乏親身接觸的經驗。這次出席會議的人士當中，有不少與他有過共事的經驗，我盼望能爲我做些補充，甚至糾正我的錯誤。

四、結語

以上三節的討論，主要是以「創造轉化」與「自我實現」這兩個觀念，作爲學理上的依據，

㊶同前註㉙之書，頁一四四。

探討晏氏思想和人格的特色。長久以來，晏氏所獲得的讚美和榮譽，不計其數，其中有一共同點，即都認爲他是一個極富創造力的人物，可是對多數人而言，恐怕仍只是知其然，而不知其所以然，經由本文的分析、討論，我相信對這方面已提供了較明確的答案。

因爲我文章的主旨和結論，都相當明顯，已沒有必要再去重複。最後我想簡單地解答一個大家都會感興趣的問題來結束全文。當然，這個問題不但與前文相關，而且是每一位讀了前文的人，都可能自然產生這問題：像晏這樣傑出的人物，是怎樣造就出來的？主要的條件是什麼？要充分解答這樣的問題，是很複雜的，下面只嘗試性的提出三點：

第一，文化資產。晏常說，「三C」影響了他的一生，那就是：孔子（Confucius）、基督（Christ）、苦力（Coolies）[42]。他把孔子的民本思想經由「創造轉化」，使一古老的觀念成爲充滿生機的新傳統。他信仰基督，主要還不是依賴聖經的文字，而是少年時代，就從兩位傳教士身上看到基督的榜樣，使他的生命產生長遠的熱能和光亮。這兩大傳統是他能開創新事業最重要也是最基本的資源。對晏光輝的一生，從孔子那裏得到正確的理念，基督信仰成爲他生命動力的泉源，苦力則是他一生誓志服務的對象。

第二，教育。培養人才，教育的環境與教學方法，有相當大的影響。晏自小就接受西學堂的

---

42 同35。

教育，受基督教的薰陶，成年後又在美國著名的耶魯大學讀書。根據教育心理學家拓倫斯(Torrance)的研究，美國教育對學生所獎勵的品性，主要的有：獨立思考、好奇、幽默、體諒、勤勉、虛心領教、堅決、自動、誠懇、徹底㊸。除了獨立思考、好奇兩項之外，其餘的品性大抵也為中國一向所重視，比較不重視的兩項，卻是培養解決問題的能力所不可缺。晏在這方面高人一等的能力，與在美國受大學教育，必有其相關性。此外，耶魯大學有清教徒的傳統，晏在生活上的自我節制和吃苦耐勞的精神，或與此有關。

第三，天賦。根據《大不列顛百科全書》的說法：「天才應具有由傑出實際成就反映出來的高度創造性，他們的成就應該有長久的價值，而且不應是出身造成的。」又說：「天才應有獨創性、創造性，能在完全生疏的環境中從事思想和工作，能夠獨立地為世界做出前所未有的貢獻」。㊹照這樣說，晏也相當能符合這個標準。據人類學家葛雷(Gray)的研究，天才的主要標準有四：⑴該人的產品或事業是否在後代繼續受到重視？⑵他的工作是否在人文上具有普遍的價值？⑶他是否不受該時代的許多情況所限制而超越時代之上？⑷他對於當代與後代的同行專家具有多少影響力㊺？衡諸晏的一生，其中⑵⑶兩點，今日已可肯定；⑴與⑷之中所言「後代」，要由時間去考驗；⑷中所言「當代的影響力」，早已有具體的事實為證。

㊸同前註㉙之書，頁二二八。
㊹見該書第十四冊，頁三四三。
㊺同前註㉙之書，頁二四〇。

人道之光重回故土

——晏陽初思想國際學術討論會觀感

一、晏陽初與海峽兩岸

在國際間曾享有盛譽，爲中國及第三世界從事平民教育及鄉村改造工作，達六十餘年之久的晏陽初先生，到現在，不要說海峽兩岸的平民百姓，即連學術界、知識界，知道他的人，恐怕也已經很少。

在中國大陸，二十年代即由晏陽初主持的「中華平民教育促進會」，於一九五〇年十二月，被中共當局宣佈爲「反動組織」，罪名是「美帝的走狗」；由美國人捐款支助的「平教會」，被認爲是「美帝在文化侵略方面的陰謀」。一九八五年九月，晏應全國人大副委員長周谷城的邀請，從美國回到大陸參觀訪問，會見了鄧穎超和萬里，一般都相信，晏當年莫須有的罪名，至此算是「平反」了。不過，從最近召開的「晏陽初平民教育與鄉村改造思想國際學術討論會」，會前的波折，和會議期間的有意淡化等情形來看，晏氏在今日大陸，恐怕仍是一位有相當爭議性的人物。

晏氏於一九四九年十一月，因農復會委員會在臺北舉行，曾來過臺灣，僅停留一周即取道香港飛美。農復會是一九四八年由美國援華法案特列的「晏陽初條款」而設置，在大陸僅工作了一年多，即遷移臺灣，這個機構對臺灣戰後農村的復興，有很大貢獻。這個機構的美援，本是由晏向美國朝野爭取來的，爲何後來晏未能留在臺灣，繼續主持這方面的工作？在這次國際會議期間，有好幾位大陸學者私下問起我，我無言以對。一九八三年蕭新煌兄在紐約訪問晏氏，問到這個問題，晏的回答是：「很簡單，臺灣什麼成功的條件都有了，有錢財(美援經費的十分之一)，有人才(全中華民國的人才都集中在這個島上)，安定，地方也不大，再不成功就該打屁股了」。這我想不是全部的眞相。四十年來，除了在晏氏九十華誕和今春逝世後，有少數報刊撰文紀念之外，似乎沒有其他更有意義的方式紀念過他。

晏陽初先生在大陸曾被醜化，在臺灣則是早被遺忘。

二、會議點滴

今年五月二十七至三十一日在河北石家莊召開的晏陽初國際會議，原定於去年九、十月舉行，因受「六四」影響而延期，這一延終於使晏氏無法親臨大會，接受各國仰慕者對他的祝賀。因他已於今年元月在紐約去世。

出席大會者，國外部分由國際鄉村改造學院紐約辦事處負責聯絡邀請，北京中央教育科學研究所負責國內邀請與會內工作，河北省教育委員會負責接待。來自國外者包括菲律賓、美國、加拿大、印度、日本、英國，我與蕭新煌兄是應紐約辦事處顏彬生女士的邀請前往，顏女士乃我國老外交家顏惠慶先生之女，協助晏氏工作四十多年，曾任國際鄉村改造學院副院長，現任該院理事。

大會成員國內外共五十九人。有晏氏親屬、當年在定縣工作過的老同志、晏氏研究者，大陸應邀出席的學者，多半來自大學和教育研究機構中，從事教育思想的研究人員，其中有好幾位是晏所辦學校的學生，菲律賓國際鄉村改造學院的院長、副院長、主任一齊來，在會上特別引人注目。從臺灣去的，我分配在大會發言（宣讀論文），題目是：〈「創造轉化」與「自我實現」——論晏陽初的思想與人格〉，三十分鐘發言完畢，美國猶他大學和西北大學的兩位教授起身向我握手道賀。新煌兄在第二分組的討論會中擔任召集人，主持了兩天的討論會，他的中英語雙聲帶，頗獲好評。

在會中能看到近九十的陳志潛老先生，使我多少有點感到意外。六十多年前在定縣實驗期間，他擔任過平教總會衛生教育部主任，原畢業於北京協和醫學院，曾赴美於哈佛大學醫學院研究公共衛生學，因與晏一席談，並帶往定縣參觀，終於辭去南京的工作，北上獻身於平教運動。這次由女兒陳芙君醫師陪同，遠道從成都來會，受到與會者熱烈歡迎。分組討論時我們分在同一小組，他的記憶很好，表達清晰，兩次主動發言，有關定縣時期的回憶，令我印象深刻的有三點：⑴晏陽初這個人個性極強，很多人他都瞧不起，不免有文人相輕之病。⑵定縣工作很重視科學方法（社會調查），平教運動中所試驗的方法，完全是獨創的。⑶當時晏自己有矛盾：主張發揮農民力量，但一旦把農民組織起來，遭到種種壓力與排斥時，於是不敢再向前走，否則就可能遭到陶行知的命運（陶氏為著名鄉村師範教育家，後被殺害，目前在大陸的知名度，猶在晏之上）。

另一位值得一提的人物，是來自美國的羅伯特B．斯特恩先生，他是亨廸房地產公司董事長，據說對晏的事業一向支持，這次大會他也支助了部分經費，開會期間他一言不發，但從未缺席，隨身携帶一套攝影器材，大會發言有好的表現，以及在會場特別辛勞的工作人員，他會在現場拍攝，奉上一張照片。

我在寫論文時，因手頭資料不足，對晏氏本人又缺乏親身體驗，因此在討論他的人格時，不免有美化之嫌。為了對這方面多些了解，在分組討論會上，我要求與晏氏有數十年交情的秦賓雄先生，談談他對晏的印象，他回答的要點有：⑴他從不承認錯誤，主觀性很強。⑵他常說錢不成問題，唯人才難得，但眞人才不容易與他合作。⑶他主張中國於戰後應實行民主。⑷中共統治大陸後，他敦促三個兒子回國服務。⑸他一生的重要性在實行。日本與會者涉谷忠勇先生提到日本有人寫論文，認為定縣實驗是失敗的，第一位為晏氏寫博士論文的美國西北大學副教授查爾斯W．海福德，回想會見晏氏，詢及鄉村改造實驗的成敗問題時，晏的答覆是：「失則有之，敗則未也」。秦寶雄補充說：這個問題，要看是否已達成「解除苦力的苦」，發揮苦力的力」，如未達成，便是失敗。

開會地點在河北省會石家莊市中心的國際大厦，這家旅館夠國際水準，因此生活舒適，招待也很週到。這次會議如視爲紀念性的，算開得很成功。如視爲「學術討論會」，大陸與會者所提論文，與晏有關的，多半是報導性的，缺乏分析，有些文章則是在宣揚當前農村改革的成效。我到大陸出席國際會議，已有三次經驗，照他們的慣例，部分被安排在大會發言者，無異單向性的演講，分組討論則流於漫談，大部分的論文都無法在會中發表，這不但不能達到學術交流的目的，也不能鼓勵學者們在會前下功夫寫他們的論文，這種現象如不改進，今後大陸上召開學術會議，眞正重視學術的學者，恐怕很難接受邀請。

三、定縣之行

開會期間，有兩個下午到農村參觀。

五月二十九日下午，由中央和省、市教育部門主管陪同下鄉，第一站訪問了河北省獲鹿縣一所綜合職業技術學校，全體師生在校園分列兩旁鼓掌相迎，大門外還有樂隊演奏。學校爲二年制，相當於臺灣的高職，分教學、畜養、種植、工業四區，男女生兼收，主要宗旨在培養農村青年，習得一技之長，繼續留在農村發展。

第二站到了同縣的棧道村，這裏距石家莊約一小時車程，位處山區，我們參觀了村子裏的福利瑪鋼廠和學校，學校從學前教育（幼稚園）到初二，晚上還有成人班。我們到的時候，全校正在上課，只有樂隊在門口歡迎。樓上一間初二的教室裏，因沒有老師上課，我走進去向他們打招呼，學生們滿面笑容，很活潑，我走上講臺說：「我來上課」，他們哄堂大笑。我問了前排四位學生（二男二女）：「你知道臺灣在那裏嗎？」三人回答「不知道」，只有一人說「在南方」。這樣一個國際性的會議在石家莊舉行，照理應算是當地一件大事，但《石家莊日報》並未報導（據說地方電視臺有報導，中央電視臺則沒有）。可是全體與會者到棧道的參觀活動，日報在第一版卻有報導，可以想見，這大概是一所較著名的樣版學校。報導中還標榜了「治貧先治愚，治愚辦教育」的宗旨，這也正是晏陽初鄉村改造教育的宗旨之一。

五月三十日下午參觀正定，因主要參觀項目爲拍攝西遊記、紅樓夢電視劇後，保留下來的劇情場地，我與蕭新煌兄沒有參加，抽空在石家莊市看了一場〈西門家族〉電影，完全以性與暴力爲主的劇情，使我們大感意外，這個家族中幾乎沒有一個女人不偷漢子，沒有一個男人不是算計別人的壞蛋，經過一場父子、妻妾、兄弟、主僕之間的激烈內鬥，結果整個家族被炸燬，一門數十口，沒有一個逃脫慘死的命運。劇情扣人心弦，拍攝技巧也不差，其寓意大概是表現一個封建世家的悲劇吧！

參觀活動的高潮，是六月一日上午在回北京的途中，順道訪問了定縣（現改爲定州市）。這是晏陽初於一九二六年開始進行鄉改運動的實驗地，從這裏開創的實驗模式，後來向第三世界許多國家推廣，都有一定的成效，因此定縣在這些國家鄉改工作人員的心目中，早已是運動發源的「聖地」。

全體與會者的到訪，轟動了整個縣城，我們的車隊，前有警車開道，夾道歡迎的學生和看熱鬧的民眾，綿延達數里。我們先下車在定州市賓館稍事休息，便徒步到東大街一一五號晏陽初故居參觀。晏氏於一九八五年首次回到大陸，在此之前，定縣博物館已設立了平教會展覽室，陳列平教會散失在民間的文物，如《定縣社會概況調查》、《農民千字課》，以及晏氏當年騎驢下鄉，和一九四三年與科學家愛因斯坦、哲學家杜威同時膺選「現代具革命性貢獻的世界偉人」的照片。晏氏舊居自一九八四年成爲定縣重點文物保護單位後，所有文物已集中置放於此。舊居爲一小型四合院，進大門左轉，通過小院，便是正北大廳，爲文物展室，室中三面爲玻璃櫥窗，一面有晏氏巨幅畫像，畫像兩旁有對聯，左首對聯是「自謂心無不平事，惟憂世有可憐人」；右首爲：「福如東海闊壽比南山高，志爲平民壯情因鄉建豪」。另有一幅一九三一年晏氏夫婦在定縣的畫像，笑容可掬，儀態瀟洒。

開會期間，一天早餐時，定州市女性副市長就坐在我身旁，我問她經過五、六十年，當年晏在定縣的工作，至今仍留下什麼影響？她列舉了小白楊樹、倭錦蘋果和波支豬，都是定縣實驗時所引進，至今小白楊處處可見，蘋果樹已由當年的十二畝發展爲五萬畝，波支豬因瘦肉多，早已成爲華北一帶著名的定縣豬。二、三十年代定縣是個窮地方，現在已是河北省的模範縣。

中午，定州市長以盛宴款待全體來賓，席上品嚐到東坡酒，蘇東坡於貶惠州前，曾任定州知府，此酒因爲東坡所好，故名，今天已是定州名產之一。

四、文獻的整理與出版

在這次會議之前的兩年，大陸上的教育與文化工作者，對有關晏氏一生奮鬥的文獻的搜集與出版，做出貢獻，特別是在近年大陸出版業不景氣的情況下，在出版過程中所遭遇的困難，是不難想見的。有的書是日夜趕工，趁著會議期間，分送到與會者之前。摸著一本本設計精緻的書册，不禁想起在幕後要有多少人孜孜不倦地工作，才有如此豐碩的收穫。

這些文獻，在會議現場，由個人散發的單篇之外，業已出版的，有下列幾種：

㈠《晏陽初教育思想研究》第一集，一六八頁，一九八八年湖南教育出版社出版，爲湖南武岡師範學校（它的前身卽晏氏所辦衡山鄉村師範學校）「晏陽初教育思想研究會」所編。內容包括：⑴晏氏原著。⑵研究論文。⑶訪問紀錄。今年五月出版了第二集，二七五頁，絕大部分都是研究論文。

㈡《晏陽初全集》第一册，五七一頁，宋恩榮主編，一九八九年湖南教育出版社出版，全部文獻，按年分編排，第一册從一九一九年到一九三七年。全集共四册，將陸續出版。

㈢《晏陽初文集》，四二一頁，宋恩榮編，一九八九年北京教育科學出版社出版，內容分兩部分：⑴晏氏原著選，其中有《九十自述》（最早曾在《中國論壇》一九四期發表）。⑵附錄，除編者所編年譜之外，還包括：晏氏膺選現代世界偉人的文件，和賽珍珠的《告語人民》（已刪節），均由英文譯出。其中有的資料，是吳相湘先生《晏陽初傳》沒有提到的。

㈣《晏陽初文集》，四五二頁，成都「晏陽初研究會」會長詹一之編，一九九〇年四川教育出版社出版。內容也分兩部分，前一部分文選與上述文集有部分重複，但按年代編排。後一部分為附錄，選了幾篇當年與晏氏共事，如瞿菊農、孫伏園等人的文章，也選了我的一篇〈晏陽初農村改造的思想〉，書末有〈晏陽初活動記略〉。其中由陳志潛老先生口述的〈衛生工作在定縣〉，復活了當年這批高級知識分子在定縣工作的實況。

㈤《晏陽初與定縣平民教育》，五二五頁，李濟東主編，一九九〇年河北教育出版社出版，是由收集到的一六〇篇中精選了六十八篇，內容分三部分：⑴平民教育。⑵定縣平民教育。⑶回憶、紀念性文章。書末有兩篇附錄：〈晏陽初博士致力平民教育七十年簡略〉、〈中華平民教育促進會大事記〉。此書編選的特色是在：大部分文章都是參與定縣工作者的工作報告及問題檢討，另一部分文章是當時各界人士對定縣實驗的評論，晏氏本人的文章只有三篇。

此外，宋恩榮和張海英兩位先生合編了多達十三頁的〈近四十年來晏陽初研究資料索引〉，加上前面的六本書（共二四一二頁），已為今後研究工作的進行，提供很大的方便，這是我們必須感激的。

五、感慨與感動

開完討論會歸來，最使我感慨的是，爲什麼像晏這樣有理想、有方法，又有傑出才幹的人物，一九四九年以後，再也沒有機會留在自己的國土上，爲自己的人民服務？四十年來，類似的例子，一直有增無減，今日大陸，尤其嚴重，海峽兩岸——特別是政府，應該虛心檢討這個問題。

此外，最使我感動的，是經過四十年世事滄桑的巨變之後，老中青三代知識分子重又齊聚一堂，宣揚著晏陽初的人道理想，和向平民苦力學習的教育精神，我想晏老如地下有知，一定很高興看到這種景象。一九四八年美國東西方協會主席賽珍珠（一九三八年諾貝爾文學獎得主）和董事會代表道格拉斯（大法官），在頒獎給晏的講辭中說：「你在世界之黑暗處點燃了一盞明燈，現在，該由我們去增加其亮度了。」我希望這項在大陸召開的會議，是「增加其亮度」的新起點。

《中國論壇》三五五期

與中國文化相「隔」的馮友蘭

口述／韋政通
整理／伍至學

我初次遇見馮友蘭，是在一九八二年夏威夷舉行的國際朱子會議上，這是海峽兩岸首次的學術接觸，馮友蘭也參加了這次會議，但是在與會的兩星期中，兩岸的學者幾乎都不太理會他。而我除了在首度會面時，由劉述先介紹握手之外，私下也沒有與他交談。那時候，我內心非常瞧不起馮友蘭，覺得他在大陸的表現顚顚倒倒，完全喪失了中國知識分子應有的骨氣，對他極不諒解。

在開會期間，成中英邀請各地的中國學者在夏威夷大學哲學系舉行座談，主題是「中國哲學的前途與研究方法」。由於馮友蘭是長輩，會中便請他先發言，結果與會二十多人的時間被他佔用了一半，而講的內容也很膚淺，所以當吃晚飯時，余英時便說馮友蘭簡直像在給小學生上課。這些就是我初見馮友蘭的表面印象。我想，那個時候大概大家對馮友蘭都有些意見。後來因爲對文革有所瞭解，設身處地，漸漸地大家能以較多的同情去理解那一代知識分子的遭遇。

一九八八年我應中國文化書院的邀請，初次回到大陸，那時馮友蘭是中國文化書院的榮譽院長，但我仍沒有就近探訪他的意願，只去探望了當時重病在身的梁漱溟先生。

馮友蘭的一生，有許多證據都顯示他這個人「曲學阿世」，攀附權勢。中國近代人物，被兩岸政權特別吹捧的人，大抵上人格都有問題。而兩岸政權都討厭的人，反而可能是一些有骨氣的獨立之士，像陳獨秀晚年就是這種情況。馮友蘭最大的問題就是太熱中，他在抗戰時就做過青年團的什麼長，這就表示他作爲一個知識分子的「格」有問題。而且與權勢人物靠的太近，勢必委屈自己，才能博取政治人物的歡心。因此，馮友蘭可說與中國儒家傳統中所強調的道德勇氣與人格根本違背，爲什麼具備如此學問名望的知識分子會落得這樣的地步呢？這就必須從學術上來反省探究了。

一

我們可以說馮友蘭的學問與眞正的中國文化精神始終不相應不貼切，全部有「隔」。他始終未將中國文化內在化到自己的生命中，因此也沒有內在的精神力量抗拒權勢的誘惑，而馮友蘭讀了一輩子的中國書，在這點上卻沒有得到中國文化的資源。

他的《中國哲學史》，將複雜的中國哲學發展擺出一個基本架構，在當時的背景下，實屬難得的創例。但此書之所以能領風騷數十年，卻是後來的人進步太慢，現在再讀這本書，其實誤導性極大，根本無法瞭解中國哲學的特色。主要原因即在於他是以西方哲學實在論的立場來解釋中國哲學，而實在論與中國哲學之精神恰不相契。但是《新理學》就比較不須考慮這個問題，因爲那是他作爲一哲學家講自己的系統。從中國哲學的角度來看，他把理學中的「理」解釋爲「共相」(universal)，則根本上是不相應的。中國哲學中的「理」很難以西方哲學的類似觀念來理解，這個「理」不僅是普遍的，亦是具體的，即「具體的普遍」。中國哲學並不把這種「理」視之爲矛盾，而主要是從實踐與工夫的層面來講的。《新理學》談的是純粹哲學的問題固然可以不論，但是講中國哲學史則須對傳統負責，以西方哲學的概念來講中國哲學，終究是浮面的，與整個中國哲學精神不相應的，例如他講儒家，將「正名」的問題放在「仁」之上來談，這是儒家不能接受的。此外馮友蘭的這部《中國哲學史》也許由於那個時代可引證的研究成果很少，因此內容上許多都是原始資料的直接引用，而且未經消化思考，可以說是輯錄史料而成的哲學史。

其次，馮友蘭把中國哲學史區分爲子學與經學兩個階段，這根本是從西方哲學史的觀點來看的，以爲中國哲學之發展只到中古時期而開不出近代，錯誤地將漢代之後的演變視爲中古，即經學時代。他完全忽略了中國哲學史的內在變化，其實中國哲學發展到十七世紀明末清初的幾位思想家，內容就很複雜精彩，相當地恢復到先秦諸子時代的精神，而馮書於宋以後的比例卻佔得極少。中國哲學史他一直寫到康有爲，但傳統哲學的發展事實上只能到戴東原、章實齋爲止，因爲此後完全又是另一個新時代的開始，所以我的《中國思想史》就只寫到戴東原爲止，十九世紀則須以新思潮的觀點著眼，這是一個既受西方思想衝擊，自己思想傳統也不斷有變化的時期。顯然馮友蘭的書於先秦部分處理得比較詳細，後來的部分就草草抄些史料了事。

後來他又出了《中國哲學史新編》，我看到的是一、二册到兩漢爲止，功夫是下得比較深，資料引用也更圓熟，但論點卻比以前更荒唐。他用唯心主義與唯物主義這兩個基本範疇來解釋所有中國哲學史的發展，其實這兩個範疇在中國哲學史上根本用不上，這完全是在現實政治的意識型態壓力之下寫的。這兩部哲學史是馮友蘭一生重要的學術工作，但與中國哲學都很「隔」。前一部書的「隔」在於用西方哲學實在論的觀點來寫，後一部的「隔」則是因爲「馬列主義」這套觀念所造成的。我們可以說第一次是知識造成的「隔」，第二次則是意識型態導致的「隔」。他完全沒有自己內在的東西，所以一再向共黨低頭認錯，寫《新編》時，他就明白標出此書是在毛澤東思想指導之下所寫的。爲什麼他已到了思想早應成熟的年齡，卻仍然輕易成爲意識型態的俘虜？根本的原因就在於他沒有獲得中國哲學的優良資源。總而言之，這個人始終熱中、攀附權貴，想要名利雙收，便唯有曲學阿世，一再認錯了。

二

在《貞元六書》的《新原人》中，馮友蘭竟然也稱自己的這套東西可以「爲天地立心，爲生民立命，爲往聖繼絕學，爲萬世開太平」，全然不解這是儒家聖賢人格的最高理想，基本上是要從道德人格的修養上講，外在知識是掌握不到的。

現在大陸也逐漸放棄以唯心、唯物範疇來解釋中國哲學的作法，因爲用這概念根本無法觸及中國哲學的兩大基本課題，一爲「天人合一」思想，一爲心性之學。天人合一是中國文化的基本模式，心性之學所要講的主要並非知識問題，而是實踐工夫的過程。近代中國人講中國哲學最大的問題就是道德體驗不够，未眞正身體力行到這一層，就很難深入心性之學的奧蘊。心性之學最精微的部分，就在於道德的抉擇與掙扎，由挫折奮發中得到的智慧。如果一個人對自己根本沒有呈現強烈的道德要求，又怎能體會心性之學的精微之處呢？每個大理學家都在道德實踐上下過苦工夫，與人的私欲作戰，自我奮鬪。中國人的信念是主宰了自己才能掌握世界，而主宰自己的過程便是無止境的道德踐履過程，這卻是馮友蘭的西方知識背景所不能體悟的「境界」。宋明理學中的羅近溪與王龍溪所達到的，正是這種境界，他們能完全的掌握自己，這些生死智慧的境界語言，如能相應，實在令人嘆爲觀止。又如一向被大家忽視的李二曲，他一輩子雖然過著極困苦的生活，但卻人格挺拔，完全憑藉中國文化的內在資糧支持自己的生命，當時清朝徵選爲「博學鴻詞」，但他卻堅辭，在窮鄉中度過一輩子的艱苦生活，所靠的就是一股從中國文化產生的志氣。唯有眞正瞭解這些人的眞精神，才能把握住儒家的內在精神，馮友蘭對這些人根本就不能瞭解。而梁漱溟就比較懂這種精神，因此一度能與毛澤東相抗衡。當一個人什麼都能放棄，還能够頂天立地的存在時，他所憑藉的完全是文化的精神資源，近代幾乎已徹底喪失了這種可貴的精神。人要眞正挺立於世，唯有將文化的眞精神內化爲心靈的動力，這樣活得才有尊嚴。

三

有人說，馮友蘭是在特殊的境遇下不得已而如此的。但是在一九四九年的時候，中共剛取得政權，正積極拉攏知識分子，馮友蘭率學術訪問團赴印度，發表有關中國哲學的講題，爲討好中共政權，便稱唯物論是中國哲學的最高眞理，事實上當時他並未受到中共的壓力。爲什麼近代中國知識分子一般都缺乏風骨，這是兩岸知識分子都需要認眞反省的。

中國哲學與文化最重要的，就是要以「人」作眞實的見證，否則就喪失了它的文化生命。印度傳統就是以甘地作見證，但是中國近代卻找不到這樣的人格典範。東方文化智慧，必須在人一言一行中表現，杜維明說他曾在歐洲聽雅斯培（K. Jasper）講演，從其風範中立刻感受到歐洲哲學精神，這就是一種「見證」。哲學最終必定要落實在人的生命活動裏，這才是文化最成熟透徹的表現。東方思想文化特別需要如此的見證，唯有見證，才有力量，就如同佛家所言之活菩薩，有活菩薩才能感人，才能產生心靈的共鳴與悸動。但是，我們這個時代卻特別缺乏這種智慧。

馮友蘭一生學問與中國文化相「隔」，爲人曲學阿世，根本沒有中國知識分子的骨氣，所謂「無欲則剛」，欲求太多，又怎樣「剛」的得起來呢？

《中國論壇》三六四期

附錄

兩岸學者談中國文化

——一九八八年五月十七日於北京中國文化書院

主席／
湯一介（中國文化書院院長、北京大學哲學系教授）
出席／（依發言序、未發言者不列）
韋政通（《中國論壇》編委召集人）
梁從誠（中國文化書院編譯館館長）
包遵信（中國社會科學院歷史研究所副研究員）
孫長江（北京《科技日報》副總編輯）
林毓生（美國威斯康辛大學歷史系教授）
張岱年（北京大學哲學系教授）
季羨林（北京大學南亞、東南亞研究所所長）
方立天（北京人民大學哲學系教授）

張立文（北京人民大學哲學系教授）

湯一介：首先我代表中國文化書院歡迎臺灣來的韋政通先生。大家都知道，韋先生是一個非常博學的學者，他的著作很多，我們在印發的簡介上列了其中的一部分，不及完備。

韋先生這次來，非常希望爲海峽兩岸學者做一些溝通的工作。上午我們跟韋先生討論了一些學術文化合作的項目，比方出版書和合作寫書。我們希望韋先生做中國文化書院的導師，現在我代表文化書院把聘書送給韋先生（大家熱烈鼓掌）。過去也有其他地區或國家的學者參加我們的文化書院擔任導師，但臺灣學者的參加，這是第一次。韋先生的參加對我們文化書院今後的學術交流等工作，都會帶來很大的支持和鼓舞，我再次感謝。

韋先生今天的演講將介紹四十年來在臺灣的中國文化研究。現在我們就歡迎韋先生。

七種中國文化研究取向

韋政通：湯院長、各位先生，這次是我離開大陸四十後第一次回到故鄉來，眞是應了一句古詩「少小離家老大回」。

我和湯先生有不少共同的朋友，常聽他們談起文化書院，我也一直希望來看看這邊的情況。

半年以前，我還在做這個夢；現在終於來了，夢已成眞。

在我報告臺灣過去對中國文化的研究情況之後，我也希望了解這邊的研究情況。然後我們彼此可以交換一些經驗和意見，看看雙方的研究差別在那裏？這種研究經驗的交流，對於將來中國文化研究的進一步發展，相信會有很大的幫助。林毓生教授也在座，他對臺灣的情況不但熟悉，而且觀察得很深刻，等一下可以請他做些補充。

下面我簡單報告一下臺灣的中國文化研究和比較特殊的文化現象。

前一部分是關於研究方法。這裏所謂方法，不是指嚴格意義下的方法，而是一種處理中國文化的方式或取向。僅就我所知，當然不會很完整，大概有以下幾種研究取向。

第一種是泛論性的。我們剛到臺灣時，大約有十多年間，許多老一輩的先生們講中國文化，幾乎諸子百家、經史子集、文史哲等等全包括在內。這種研究方式對文化的範疇、意義和發展，恐怕很缺乏嚴格的認識。

第二種是比較嚴肅的，可能目前大家也很關心的，就是香港跟臺灣間的新儒家。他們在談論中國文化時，是偏重在高層次的文化原理，也就是致力於探討文化的精神動力和道德意識。其中最典型而有系統的著作是唐君毅先生的《道德理性與文化意識》，這是從道德意識出發，去探討宗教、政治、社會等廣泛的文化問題。它雖然是一本很有系統的著作，但我總有一個偏見，我覺得這種文化哲學系統恐怕仍是中國儒家傳統的泛道德主義的現代版。泛道德主義使得過去在文學、政治、經濟……等層面喪失它的獨立性。新儒家是從一種道德理想主義來發揚中國文化精神，這種道德理想主義不是嚴格知識性的，而是一種信仰優先的；也就是說，假如你不先信仰儒家，他沒辦法把儒家僅當作一個知識問題來跟你討論。實際上，新儒家原本就有一種想法，要發展成一種新儒教。我認爲，假如中國文化要進一步發展，泛道德主義必須改變。

第三種是從知識分類的觀點來探討文化，就是說，把中國文化當作一個知識系統來了解。二十年前我寫的《中國文化概論》，原來是用作專科學校的教本，是從哲學、宗教、政治、經濟、文學、藝術、社會等很多領域來分別探討中國文化，採用知識分類的方式來討論。從知識分類的方式去了解中國文化，比較容易跟現代教育相配合。當然，這樣談也有其他的缺點。

第四種研究方法很明顯受到西方文化人類學的影響。文化人類學有個流行的觀念是「大傳統與小傳統」，大傳統比如哲學，小傳統比如民間宗教或民俗等等。在臺灣有一些學者從小傳統去研究中國文化，也就是用人類學的方法去研究中國文化在民間社會裏的現象。中央研究院的民族學研究所做了許多這類的工作，比如研究一地區的家族狀況、宗教信仰、社區變遷、人際關係或是少數民族（像臺灣的原住民）。這方面的研究成果相當豐富，最著名的就是李亦園先生和文崇一先生，他們在這方面做了一些開拓性的工作。

第五種是採用「科際整合」的方法。二十年前在李亦園、楊國樞二位先生主持下，嘗試過一次，將心理學、社會學、人類學、醫學、哲學、歷史……等不同學科的學者集合在一起共同研究一個題目。我們經過多次的討論，最後各自提出論文，再經過逐篇彼此的評論，然後由中央研究院民族學研究所出版一本書，叫做《中國人的性格》。在那本書裏面，我提了一篇很長的論文，有二、三萬字，探討中國傳統裏的理想人格。這種以科際整合的方式來研究中國文化，在方法上算是一個開創。後來用這種方式去研究其他題目就漸漸多了。

最近五年來，《中國論壇》每年都開一次研討會。第一次討論的題目是「臺灣地區社會變遷與文化發展」。第二次是「中國未來的十年」。第三次是「知識分子與臺灣發展」。第四次是「女性知識分子與臺灣發展」。第五次也就是去年，我們討論了「中國結與臺灣結」，都是由不同學科的學者提出論文，在會議中討論。

第六種研究方式是引用社會科學的理論，如人類學、心理學或社會學等等來探討中國文化在近代的變遷。這也是一個新的研究方向，是由在座林毓生教授的老師殷海光先生所嘗試，他寫了一本《中國文化的展望》，聽說不久要由北京的「中國文化書院」出大陸版。

第七種研究方式是探討中國文化的現代意義和價值，這也是相當熱門的。我在十四年前出過一本書《中國文化與現代生活》。當時臺灣的中國文化大學新開這門課，我負責設計教材並教這門課，它是把中國文化擺在現代生活的座標裏來探討，看他還有什麼意義。

在這方面的探討，我要特別提到在座的林毓生教授。他在二十幾年前用英文跟殷海光先生通信時提到「創造的轉化」，殷先生非常震動，直說這觀念太好了。臺灣六十年代初，有主張「全盤西化」而引起一場中西文化論戰，當時有許多知識青年「擁護」（非出於知識性的反省）這種主張。七十年代，「現代化」的口號取代「全盤西化」，成爲新的流行。相形之下，「現代化」是比較中性的詞語。而後，「現代化」理論暴露出來的問題愈來愈多，最近十年，開始對「現代化」重新反省，民間也有許多批評。漸漸的，在思想探討上，由林毓生教授所引進的「創造的轉化」有取代「現代化」觀念的趨勢。假如我們嘗試寫篇論文，循著「全盤西化」到「現代化」到「創造的轉化」這條線索，將可看出臺灣一部分人在西方文化影響下，自我反省以及處理中國文化態度轉變的歷程。

「創造轉化」的歷史意義

「創造的轉化」不只在臺灣流行，同時也在香港，甚至在現在的大陸也有人提起。我想，林毓生教授提出的「創造的轉化」作爲中國文化的工作指標，一定很有貢獻（林毓生插話：「希望不只是個口號」）。的確，「創造的轉化」不只是個口號、觀念，還需要我們把工作做出來。換言之，中國文化當今所面臨的問題是，如何把傳統一步步地轉化。「創造的轉化」是在傳統的基礎上所做的創造，它不是去弄老古董，是我們這一代研究中國文化的人智慧與創造力的考驗。

以上我總共列舉七種研究取向，當然還有其他的。我想，比較重要的方式就是這些。

在臺灣雖然有一些人運用前面我所講的那些方法在研究中國文化，但我常很擔心，在經濟掛帥、許多人「向『錢』看」的臺灣（有人插話：目前大陸也一樣），中國文化的前途是不太樂觀的。底下我想談一下中國文化在臺灣經濟掛帥下，所受到的幾個不利的影響。

第一，在這種商業性社會裏，大家都在追求財富，而且要賺得很快，那麼研究中國文化有什麼好處呢？他研究個一、二十年卻不能提高生活水平，在社會上也沒有人重視，在大學裏眞正能教「中國文化」、「中國哲學」的人將來會變成「稀有品種」，這讓人很擔心，下一代還有誰肯下工夫來研究中國文化？這問題很嚴重。就這點來看，中國大陸能有一個「中國文化書院」，提供一個研究、培養人才的場所，實在是難能可貴。基於這個想法，我接受這份聘書。研究中國文化需要具備奉獻犧牲的精神，我希望在這大多數人爲名爲利的社會裏，總得有個場所讓少數有志於研究中國文化的青年有地方去；因此，「中國文化書院」應當多吸收那些有理想的青年人。

我一直認爲，書院是中國傳統文化裏一個非常好的教育傳統。它的教導方式和精神，除了知識傳授之外，還關心學生身心的成長和心靈的交流與激發，對學生有責任感——你拜了我爲師，我對你的學問與生活就有責任。但是在現代的大學裏，傳統書院的精神不見了，師生關係多只限於販賣知識這層。有的教師教一學期，學生名字也不知道。教書變成只是一種職業性交易性的行爲。在一個社會裏，如果連學院都瀰漫著商業氣氛的話，問題就很嚴重。學院必須跟現實社會有某種隔離；裏邊的人在物質享受上可能比別人差，可是有理想，有自尊有自信，比別人擔負更大的文化重擔，要有這種自豪。而且學院也應當有種氣氛讓師生安於其中，使人甘願在這裏奉獻他的一生。在歐洲，有些學府還能保留一些書院的精神和氣氛；但在臺灣，大學已越來越庸俗化、職業化。

其次，由於臺灣跟美國和日本的接觸很頻繁，因此深受美日文化的影響。目前已經有人在研究，想要深入了解爲什麼這些外來文化能夠吸引許多的臺灣年輕人。像「麥當勞」這種美式文化，它在臺灣就大受歡迎。另外，很多年輕人喜歡穿日本T恤，以前崇洋是崇西洋，現在又崇東洋。還有，青少年喜歡看日本的漫畫，有所謂的「圖片族」。很多學生不讀書了，就看漫畫。在臺灣，看漫畫的不只是小學生，成人也很多。看漫畫給人的感覺是馬上刺激一下就過去了，而「圖片族」的影響是使人不喜歡文字，尤其是思考性的書，閱讀的愈來愈少。看漫畫會使人變得膚淺，因爲不必用大腦。沉迷於看電視節目也是如此。在這種社會教育下，人變得愈來愈不能思考，凡事只是直覺反應罷了。我認爲，臺灣的社會已經出現這種文化危機。更何況，臺灣的漫畫市場多半是日本進口的，只不過把文字部分由日文翻成中文，其餘的內容都是日本的。這是一種日本式的教育，將日本的想法和觀念灌輸給臺灣的兒童，再說其中還有色情的成分。商人盜印日本漫畫又方便又賺錢，過去很少人肯出版本國內容的漫畫或卡通給兒童看，現在已有改變。

第三，中國文化如果要振興，至少在大學的課程裏要佔一個重要的位子。可是現在理、工、醫甚至包括商學院在內等學院的學生，除了大一國文和少數普通科目以外，所唸的教科書幾乎都是英文的，專業知識部分根本不需要中文。法學院學生唸的書也大部分是西洋的東西，只有文學院是中國文化唯一寄身之所。如果在社會上評價高以及享受最佳待遇的人，他在高等教育中都不需要中國文字，結果會培養出什麼樣的中國人？你叫他去愛好中國文化，要怎樣愛好？在最重要的大學教育裏，大多數學生連接觸中國文字的機會都很少，試問傳統文化要怎樣落實。

美國在二十多年前已加重人文教育，因而規定，不管你是那個系的學生，一定要至少修若干學分的人文課程。臺灣近年來，也在重新規劃「通才教育」。中國文化在大學裏要生根發展，就必須在每個學問領域內佔有一個位子，任何知識在中國土地上發展，都會與中國文化發生關聯。如果不儘快生根，那麼十百年後，中國文化也許會跟今天埃及文化一樣，它和當今的埃及居民沒有什麼關係了。身爲中國人，我們不希望會有這種悲哀的結果。畢竟，中國文化是目前世界上少數緜延不斷的文化。但眼前中國文化卻遭受到空前嚴厲的挑戰，這個挑戰絕對不是以往佛教的挑戰所可比擬，因爲佛教的精神跟中國文化中的道家和一部分儒家在基本上相當接近，所以中國人接受佛教是在自然而然的情況下，佛教像水銀瀉地般地進入中國人的社會，以致沒有人可以斷定佛教究竟是在什麼時候傳入中國的。可以說，中國人接受佛教沒什麼困難。但中國人接受西方文化則不同。直到今天，我們的基本思考方式一直很難改變。學西方科學而有成就的中國人固然有，但仍然是少數；學西洋哲學的也是如此。所以，中國文化面對西方文化的挑戰，是不是可以超克？是否還能像當年的宋明理學一樣，把佛學消化後再展開一個新的局面？這些問題現在還無法解答。杜維明先生常談「第三期儒家」之發展問題，我個人是不相信有所謂第三期儒家的，因爲儒家縱然再發展起來，它對社會的主宰性絕無法再像傳統那樣。以目前的臺灣爲例，政治、經濟、社會的發展，中國文化負面的作用很大，正面的作用很少。

儘管在臺灣的社會中中國文化有許多不利的影響，但底下我要講的是，中國文化在臺灣的發展裏也有一些値得我們注意的新動向。

幾個創新傳統的小例子

前幾天我在這裏的電視上看到有人用一種很新的樂器演奏山東小調，這種融合現代而創新傳統的嘗試，臺灣在藝術表演上已經有多年的嘗試，並且已有相當的成就。我隨便舉二個例子。

一個是雲門舞集。到目前爲止，大家覺得它是結合傳統與現代創造的一個成功的例子。它出色之處在那裏？在於知識分子可以欣賞，鄉下老百姓也能欣賞，外國人同樣可以欣賞。換言之，它有普遍的感染力，使各種不同的社會、不同水準的人都能欣賞這種舞蹈，這很有意思。這個舞團的發展史很感人，因爲它一直在表演經費上艱苦支撐，是由一羣熱愛藝術的年輕人苦幹出來的。我想，如果發揚中國文化有那樣的精神，應該是讓人很有信心的。通過表演藝術來發揚中國文化，雲門舞集是相當成功的。

另外一個例子是郭小莊的改良平劇。郭小姐現在四十歲左右，還沒結婚，她把全部精力都奉獻在平劇上，改良又改良。現在她的平劇表演已經出版了錄像帶（我們那邊叫錄影帶）。郭小姐的表演方式比較新，她向許多現代化的舞蹈家吸收舞姿，加強平劇的表演效果，使平劇更加吸引人。她也比較注重佈景。平劇的佈景在過去完全是象徵性的，比如要過房門的時候腳一跳就算過門了；現在郭小姐則作了一些改良，現場感覺比較豐富多采，這也是一種創新。

在國畫和國樂方面，臺灣也有一批年輕人在從事創新的努力。當然，像我們從事思想工作的，也在從事「創造轉化」。我想，每一個文化工作者，在他的工作崗位上都可以從事各種不同的「創造轉化」。文化盛衰，人畢竟是重要的因素。

梁從誠：您剛剛提到的那兩個藝術表演團體是不是都來自於民間，也就是說，他們不屬於政府機構？

韋政通：對！他們代表民間的文化活力，我準備在星期五的北大演講時談一談這方面情形，在臺灣是文化方面一種新興的現象。

林毓生兄曾經提醒我，要我介紹一下臺灣近幾年來的民間學者，他們跟官方沒有關係，也不在大學教書，但在社會上具有一些影響力，這是知識份子在臺灣社會裏的一股新生力量，我自己現在也是一個民間學者。這樣的人比較沒有束縛、較自由，但必須具備很強的工作力，而臺灣社會已可以提供這些人靠頭腦、靠筆桿生活。這是臺灣社會經濟發展帶來的積極一面。

林毓生兄很欣賞其中的一位年輕人叫陳忠信，筆名叫杭之。杭之是數學系出身的，後來搞思想，潛心研究社會哲學，注意現代問題。兩年來，中國時報有他的專欄。最近杭之主編一本雜誌叫《臺灣社會研究季刊》，結果出刊後很快卽再版，創下學術刊物一項新紀錄，這表示這本刊物很受歡迎。這是一個非常難得的現象。我想，這股力量興起之後，其中有一些學者可以向學院挑戰，對學術發展會有好處。等這季刊出了二、三期之後，我打算請這批年輕學者和學院裏研究臺灣社會的學者到《中國論壇》來對談。因爲基本上這批年輕人是批評年長一代的，而有些老一代的人會認爲「你們不了解我」，因此不以爲然，但有些人還是願意溝通。溝通很重要，如果學院的研究跟民間的研究互動起來以後，知識的動力會增強。目前臺灣的確有一些民間學者，廣受各報章雜誌的歡迎，王杏慶筆名南方朔，便是其中著名的一位；如果這樣的人才多起來以後，就顯示這個社會具有知識活力，這是一個非常好的現象。

這種發自民間的聲音，臺灣也有其傳統，有一些學者雖然在公立大學教書或在研究機構當研究員，但一直爲民間講話。《中國論壇》就是站在民間立場，採用批評態度，討論文化、社會、政治、經濟等各種問題的雜誌。

不過，要做一個民間學者，他必須經歷一段比別人更艱苦的奮鬪。他沒有博士學位，甚至也沒有大學教授的頭銜；因此，想要在社會上出人頭地，必須有才幹，工作要特別勤奮。目前臺灣在雄厚經濟力的基礎上已經可以提供機會使這樣的人出人頭地。他們的收入沒有多大問題，就是辛苦一點。畢竟，要當一個獨立的民間學者，就必須付出更高的代價。

我的報告暫到此爲止，希望聽聽大家的意見。

湯一介：謝謝韋政通教授。現在請包遵信先生介紹大陸這邊最近幾年的文化研究狀況。

另一種風貌的大陸文化研究

包遵信：大陸的文化研究跟剛剛韋先生所講的臺灣的文化研究，情況不太一樣。其間很大的差異是，從解放以後到八〇年代，將近三十年之間，文化研究在大體上是停頓的。文化大革命以前所出版的有關中國文化史的書，只有二本。這期間除了北京大學有「中國文化史講座」以外，其他高等學府裏都沒有「中國文化史」的課。

大陸「文化熱」的興起，基本上是從八二年開始的。爲什麼隔了這麼久的時間，忽然在全國流行起文化熱？我個人的看法是，最主要的原因不全然基於學術發展的需要，而是當前政府在搞「改革」、搞「現代化」遭遇到推行不下去的困境。於是，八一年間就有人在探討「經濟改革當中的非經濟因素」，也因此促成大家去思考文化問題。也就是說，許多人都在思索，在幾千年的中國傳統文化的背景下，要如何來搞改革？

討論的角度很多，但我認爲，基本上都環繞著「傳統與現代化」這個問題。換言之，大家對傳統文化感興趣，主要是爲了改革的實際需要。探討這問題的，主要有三種觀點：

第一種觀點我稱之爲「傳統保衛論」，強調現代化必須從傳統文化出發。這派人認爲，我們幾千年的傳統文化包含很多優秀的東西，這些東西在現代化的過程中仍然有它的價值和生命力。

這種觀點還可以細分爲幾種，其中影響力較大的一種是「啟蒙說」。解放後的史學界講到思想史，受侯外廬的影響比較大。侯先生出過一本書叫《中國早期啟蒙思想史》，據我了解，現在寫文學史、經濟史或其他專業史的，有很多人都認爲，中國在明代萬曆年間是資本主義的萌芽期，因爲那時的啟蒙思想擡頭。如何斷定那時出現了啟蒙思想呢？一個根據是，當時強調自然人性論和工商資本，對於傳統的農本思想有所批判；另一個根據是，當時興起反理學的風潮，對於程朱等人的理學展開批判。

另外有一派對於現代新儒家的說法表示贊同。

還有一派是「哲學還原論」，想要透過《易經》挖掘中國哲學發展的源頭。

以上三派對於傳統文化多予肯定，比如說肯定中國傳統文化的基本特點是「人本主義」，肯定中華民族的性格是「自強不息」，像這些都被「傳統派」認爲是現代化所不應拋棄的東西。有人說：「主張這種觀點的，基本上是老一輩的學者。如果從學科分類來講，這派主要是搞歷史的，尤其是中國古代史的。」其實這種說法不完全對。

第二種觀點是批判傳統，主張把傳統文化的結構打破以後再重建。我和金觀濤都持這種觀點，而現代的青年人好像大多數也贊成這種主張。

第三種觀點是李澤厚所主張的「西體中用」。

隨著文化熱的流行，大家熱中於開討論會，也熱中於搞叢書，尤其是年輕人。目前搞文化研究有個特點是，大部分的研究者原來並不是搞文化的，而是搞哲學、搞歷史或搞文學的。眞正一開始就把「文化」當作一門學科來研究的，這種人還沒有。

在官方編制的研究機構裏，比如上海成立「比較文化研究中心」，復旦大學成立「文化史研究室」，還有上海剛成立的「文化研究所」，這個研究所有三十個人員編制，每年的經費是三十萬塊錢，很有氣派，錢花不完。

至於民間，最有名的就是「中國文化書院」。另外還有模仿「文化書院」而設立的「中外文化書院」、「嶽麓書院」，最近南京也成立了「江南書院」，民辦的書院可以說漸漸多起來了。

有人說目前的文化熱已經冷卻下來了，是否如此我不能確定。但我知道，目前確實碰到很多問題。

第一，大家的理論準備都不是很夠，許多關於文化理論的基本問題老是被提出來。所幸甘陽出了很多這方面的書，可以彌補這方面的缺陷。

第二，文化研究不光是拿書本來解釋而已，必須做一些實地調查。比如碰到人家問，「馬克思主義在中國文化佔什麼地位？」你怎麼回答？這很難回答，你也不能籠統回答。關於這方面的研究，現在是有人在做，比如有些北京學生在研究「中國共產黨的文化」裏農工佔多少成分，我覺得這工作很有意義。但做完以後能否發表，還是個問題。文化研究必然會觸及廣泛的問題，而目前有些面向呈膠著狀態，因此在短期內要有突破性的研究成果，恐怕比較困難。

第三，文化研究所需借助的社會調查，既花錢，且非一人之力所能完成。關於這方面的工作，目前並沒有什麼進展。

孫長江：誠如包遵信先生所說的，我們的「文化熱」有相當的成分是因政治和經濟問題所引起。由於搞對外開放以及經濟改革等等，很多新的問題產生了，而新的現象和新的觀念也必須去認識。長久以來，我們受政治思想僵化的影響，有些人對這些新的東西感到很奇怪，不能接受，或是很憤慨。比如，以往我們信守馬克思所講的，所謂社會主義的經濟是有計畫的經濟，是要消滅商品經濟；可是現在我們又要搞商品經濟，有些人說這就不行了。於是有人提出所謂「有計畫的商品經濟」，還是有人反對，認爲應該是「有商品的計畫經濟」。所以說，觀念上很不容易變更過來。從文化的角度來看，這表層的經濟改革問題，很可能深入到深層的民族文化裏；換言之，有種心理因素。比如講「按勞計酬」，贊成的人認爲經濟要改革，就要講求經濟效益，因此最好是按勞計酬，多勞多得，而且允許個人保留一部分的所得作爲私有財產；但反對這項改革的人指責這一切都違反大公無私的共產主義原則與精神。換言之，這項社會主義的經濟政策，引發了倫理問題。到了八二年，改革所遇到的阻力可以說已經到達文化、觀念的深度了。

但文化熱並非一直持續著，而是時冷時熱。比如八二年熱了一陣，八三年說「精神汙染」又冷了下來，當時人道主義和異化論等等又不能談了。到了八五年，文化熱又起來。八六年在上海所召開的「文化戰略檢討會」上，宣傳部部長、上海市長、上海第一書記等人都參加了，我們北京這邊的人也出席了，當時反對自由化的浪潮又起，有人就講上海的文化會議是一種資產階級自由化氾濫的表徵，爲什麼呢？因爲有一批北京的文化人南下。因此，「文化熱」之後接著是「文化冷」。可以說，文化熱並不是一貫的，不是說一開始有一點，漸漸醞釀，然後就發達了。

我覺得目前在文化研究上，必須解決三個問題。

第一，要把概念搞清楚。現在的情況是你講你的，我講我的，每個人各自擁有一套概念。由於概念沒搞清楚，欠缺基本的共同概念，所以在討論時很難溝通，沒辦法交換研究心得。我就開玩笑說，如果照這樣各講各的，那麼像毛澤東所講的「馬克思主義的理論和中國革命實踐相結合」是不是也算完全西化呢？因爲馬克思主義是西方的，中國傳統沒有這一套。但毛澤東不是這意思，他還是主張跟中國的傳統相融通，像剛才韋先生提到的「創造的轉化」，或是我們這裏所講的「創造與發展」。所以我認爲，目前我們要解決的一個大問題是，大家坐下來，把一些最基本的概念先搞清楚，使彼此間的想法更接近一點。

第二，要創造研究環境。探討文化需要有一個研究環境，像我們的「中國文化書院」，我覺得非常好，它是第一家民辦的文化研究機構，爲學者創造了一個研究環境是它的大功勞之一。此外，它不只聚集了大陸學者，也延攬了臺灣和海外的學者。過去我們的研究是封閉的，現在則是開放的。但目前做的顯然還不够。

第三，要團結年輕人。如果能結合老一輩和年輕一輩的學者，相信研究的成果會更好。我覺得年輕人像甘陽、金觀濤等人很活躍、很活潑，這是可喜的；但我曾跟金觀濤講：「你的文章我看不懂。」我說：「如果你寫的文章讓人看不懂，那學問再大，能傳達給別人的也很有限。」

包遵信：我挿一句，這幾年讀者對金觀濤的文章有二種反應：一種是讚美的，多半是年輕人，說他的文章多好多好；另外一種是說，金觀濤的文章好是好，可是讓人看不懂，深奧的名詞太多。

表達思想時的責任意識

林毓生；我補充一點孫先生剛剛提到的語言問題。

假如我們要發展現有文化，不可避免地要跟西方文化接觸。我們自然希望首先對西方文化有了認識，然後才決定吸收與消化的取捨。實際上，我們跟西方文化接觸的時候，就必須引進很多西方的觀念和名詞。我們每天不是用了它，就是被它用。但從「五四」以來，研究西洋人文與社會學科的人很少去特別注意語言的問題，事實上我們不時都在遭遇語言問題。很奇怪，我們很少公開討論這方面的問題。

我受過西洋社會思想嚴格訓練，但我是個很傳統的人。我在北京長大，有十七年的感情；換句話說，我的經驗基本上是中國的。但我發表的文章多半是學術性的；所謂「學術性」雖然並不見得就沒有個人的感懷，可是也應該有一定的格調。舉個例子，假如我要寫一些書關於民主的理論、思想、歷史以及它跟社會的關係，如果要我用中文寫，要怎樣把它寫清楚呢？非常非常困難！困難到什麼地步？同樣一篇文章，如果我用中文寫，就比用英文寫要慢一倍。爲什麼會這樣呢？因爲我們中國傳統裏根本沒有民主，「民主」二字是日本人翻譯的，它底下有很多個觀念。因此，基本上我擔心用中文發表文章，讀者會看不懂，那算什麼？開玩笑嘛！現在你想把西方的思想觀念介紹到中國來，但讀者看不懂，那你寫的文章有什麼意義呢？沒意義嘛！那要怎麼寫呢？

我的中文表達相當洋化，但我覺得，我的洋化不是那種不通的洋化。有人告訴我，我的文字有時比較生硬；但如果仔細看的話，是可以看懂的。我想，如果用中文去表達西洋的思想觀念，假如文字不生硬的話，那大概就是誤解了西洋的思想觀念。因爲西洋的思想，尤其是精微的思想，都是非常辯證且複雜的。就我看來，如果你把思想搞清楚以後，接著就面臨文字的表達問題，這時你的表達已經不是個人的行爲。你在寫文章的時候，不是你得意的時刻，應該是煎熬的時刻，因爲你要盡量讓讀者看懂你的文章，又要不失學術原則。也就是說，當你一想到讀者的閱讀反應，你在寫文章的時候就要有責任感。如果你表達得不清楚，那你還寫幹嘛？如果沒有責任感，你做學者幹什麼？基於這個原則，如果我發現自己寫出來的文章自己都不太容易懂，那麼只好慢慢寫、慢慢改。與其一年發表六篇讓讀者看不太懂的文章，我寧願一年只發表三篇，而盡量讓讀者看懂。

張岱年：久仰韋政通和林毓生兩位先生的大名，今天能夠聽到兩位先生的談話，我非常高興。本來大陸和臺灣是一家，都是中華民族，可是後來分裂了，讓人有很深的感觸。臺灣與西方文化接觸沒有中斷，大陸卻中斷了很長時間。

我覺得現在年輕人的思想一方面比較活潑，另一方面也比較混亂，各種思想都有。大陸現在還沒有一個獨立的學派，條件還沒形成，思想也尚未成熟。將來在發展的方向上，是否能夠成立幾個學派，像先秦的儒家、墨家、道家、法家那樣自成一套？政治上也應該允許各學派的成立。

剛才我聽到「創造的轉化」這個名詞，我非常贊成，這非常好。我覺得中國文化是需要改造與轉化，是要有創造性的。我總覺得中華民族不會滅亡，這點我還有信心。只要中華民族不滅亡，一定會有一個新的中華民族的文化產生，文化是有特色的，不可能完全西化。中國傳統文化裏有很多好的東西很不容易保持，但壞的東西卻很難去掉。因此我們必須對傳統徹底去認識，到底那些中國傳統文化還能適用於現在？那些傳統沒有的而必須向西方學的（比如民主）？但無論如何，不能只和革命實踐結合，也得跟中國傳統文化相結合。如何結合西方與中國傳統是個大問題，還要靠大家努力。

季羨林：剛剛聽韋先生提到臺灣的民間學者，我很贊成提倡設置民間的研究機構，像當年清華大學國學研究院導師，有幾位大學者並沒有博士學位，也沒有在大學任教。書院制度在中國有千年的傳統，其實在西方，蘇格拉底、柏拉圖和亞里士多德一脈相傳，也是書院的性質：學生拜老師，老師對學生負責。而現在的大學好像只是在做生意，只是讓學生進來拿文憑而已。許多學生上課上了一年，連老師姓名都不知道。因此我覺得，像「中國文化書院」這樣的形式和制度應當發展。大陸現在的年輕人很少願意考博士的，我想學位制度恐怕是有問題，才會搞不下去。

講到培養人才，我也贊同中國應當發展書院。談到大學的學分制，我有一個解釋：學分不是衡量學生成績的水平，而是計算學費的標準——一個學分要拿多少錢。不能否認，美國那種學分制也可以出人才，可是我們也可以發揚書院制。不過我認為學生入學可以不拜老師，不必向老師磕頭。

至於青年人跟老年人的觀點不同，其實學術上不應求同，我曾經打算發表一篇文章叫「贊代溝」。我認為，「代溝」是自古以來的自然現象，你怎能要求年輕人的想法跟我們老年人的一樣？不行的。一個時代一個時代的看法不一樣，這是自然的、應該的，這樣才能進步。我贊成有代溝。

還有一個小問題是名詞問題。現在許多中青年寫的文章，我們老一輩的看不懂。剛開始我想，這是我學習不够，那就加強學習吧！後來我發現，別人也都看不懂啊！你也不賴，可是你也看不懂。

我認為新名詞的出現，也是一種進步的表徵，因為那代表問題變得複雜，不像原始那樣，所以應該要有新的名詞出現來探討問題。可是，現在的年輕人用新名詞是不是自己懂了，我有些懷疑。我贊成林先生剛才說的，自己不懂的就不要寫，自己不懂的又寫出來，這是欺騙人的。

文化熱源於兩種文化矛盾

張岱年：講到新名詞，還有段故事，張之洞有次跟人說：「我最恨人家用新名詞。」對方說：「你用的『新名詞』就是新名詞。」

方立夫：我認為八〇年代中國大陸文化熱潮的興起，主要是由於兩種矛盾而導致：一種是現代化與傳統文化間的矛盾，另一種是外國文化與中國文化間的矛盾。這關係到改革問題以及中國文化要如何消化外來文化的問題，這些都需要「創造的轉化」。

我們現在面臨一個很大的問題是，青年對教育和學習沒什麼興趣，上圖書館的人少了，報名參加文化活動的人也少了。我們現在要搞個什麼班，都要考慮有沒有人上門。大學博士班、碩士班都招不滿，對直接從事文化工作的人來說，這些深層問題實在令人擔憂，因為教育的危機也是文化的危機。

包遵信：總理李鵬不是講，知識分子只要自我奮鬥，就能找到第二職業？我認為這種事情不能一概而論。如果叫老師去謀第二職業，你說能謀什麼職業？所以很多人反對這種說法，認為那是很短見的。

湯一介：有人說北大、清華等校的大學生打麻將成風，剛開始時是玩玩，現在則有錢就打，因爲他覺得功課可以過關，畢了業拿到文憑在社會上並不能受到特別的承認，收入比一個賣冰棍的還要低。

談到自謀第二職業，如果大學教授像李鵬總理講的去自謀第二職業，大部分的時間賺錢去，上課應付應付就完，這樣的教學怎能好呢？身爲一個教授，像我已經教了三十五年書，一個月的收入也才二百塊錢，而賣冰棍的一個月可以賺七、八百塊錢。儘管如此，我的責任心還是很強。我的工作其實很辛苦，每個月都要主持一次博士班研究生的考試，另外還有其他的教學事務，並不是那麼閒。我們認爲，不能教大家只顧賺錢，那怎麼行？

張立文：八二年我在美國參加海峽兩岸學術界第一次的會議，和韋先生就相識，那時內心很激動，但臉上表情可能還有些不自然。後來我跟傅偉勳、金恆煒等人座談，愈談愈起勁。儘管當時曾發生一些問題，但彼此間大致上很友好。當時也曾想過，能不能有一天在臺灣或大陸見面？但以那時候的條件來說，實在不敢想像會有今天。今天我們能在「文化書院」見面，眞是非常高興。

我同意，海峽兩岸的文化交流確實能夠促進中國文化的發展。過去我們互相不了解，實在是個缺憾。

剛才韋先生提到，臺灣思想界的發展的情形是剛開始曾有全盤西化，後來是現代化，而後又有「創造的轉化」。我們大陸現在還是講現代化啦！在八五年的「中國哲學史研究討論會」上，我提出「綜合的創造」和「分期的揚棄」。過去我們的體驗是，講「批判的繼承」都是批判，也就是過去我們所說的「先破後立」。從學術的體驗來看，我覺得這樣不太好，所以我提出「分期的揚棄」，相對應的是「綜合的創造」。

目前在討論中國文化時，常會發現無法深入下去，我認爲有二個原因：一個是思考的深度還不够，另外一個是思想還不够開放。有些問題我們還不敢直接去探討，比如說，如果把馬克思主義和毛澤東思想也當作一個傳統的東西來對待的話，那麼我們就可以對它持分析與批判的立場，從而探討它們跟中國傳統文化的關係，相信這樣的研究成果會更加深入且豐富。像今天這樣強調賺錢，不但師道低落，整個教育水準也會下降。

包遵信：假如這些都可以討論，那就好辦了，我好多話就都能講。像以前在批判方勵之所喊的口號「全盤西化是資產階級的口號」，我說，什麼叫做「全盤西化」？要界定一下。誰主張全盤西化？「四個堅持」是否也是「全盤西化」？馬列主義不也是外國進來的嗎？

張立文：我想，如果把馬克思主義和毛澤東主義都看成只是個傳統，在思想討論上可能會好一點，因爲這樣我們就可以採取一個分析的態度。

關於教育，過去我們總是教導孩子要聽老師的話，把老師看成是聖人。如果現在的老師竟然去賣冰棍，老師的地位就大大降低與失落，這在孩子們幼小心靈所造成的影響很大，不容低估。現在我們當教師的都非常擔心，許多教師經常得考慮賺錢等經濟問題，弄得沒有時間，也沒有精力備課，這會導致整個教育的落後，國民素質的降低，再過十年，這不良的後果就會顯露出來，大批的技術工人沒有了，大批有知識的人也沒有了。最近我看到好幾個北大學生在擺地攤，不讀書了，不然就是忙著談戀愛，眞是教人擔憂。教育是文化的一環，教育水準的降低會影響到整個文化的水平。

包遵信：現在中國大陸還有兩三億的文盲。

張立文：我認爲，如果教育水準不能提昇，那麼要講現代化恐怕很難，更不用說成立學派了。

張岱年：關於學派，我認爲這跟勇氣也有關：現在我們敢不敢創立學派？敢不敢創立體系？我們也許想提出一套體系，但還是心有餘悸，不敢提出來。

湯一介：我反對成立文化上的統一學派，我主張文化的多元化。當前在中國要允許各式各樣的思想自由發展，文化不應太僵化。我想，要繼承「五四」精神，就要讓各種學問平等發展。如果不是這樣，學術就不能眞正地自由和繁榮。我覺得目前中國文化需要多元化。

談到學問的研究態度，有人認爲他提出一套理論就一定絕對正確，我覺得這種態度不太好。應該是說，別人的學說中也有某些合理的東西。

張岱年：現在有人是天上地下，唯我獨尊。

湯一介：今天的討論很熱鬧，但只能到此結束。希望將來大家還有機會再齊聚一堂共同研討文化問題，最後感謝大家的參加。

《中國論壇》三一二期

大陸行散記

我回到濶別了四十年的故鄉

在一年前，這還是一個夢想，今年（一九八八）五月，竟然能使夢成眞！四十年來，我很少有懷鄉愁，由於個人的生活，經歷太多的痛苦與掙扎，因此，世事之變，很少能引起感情的波動。但二月間，當我輾轉由同鄉友人處，接到大哥的一封來信，仍使我激動得痛哭。大哥說，父母已亡故，他也年高七十，希望此生仍能見我一面，早日回鄉與家人團聚。

我已無其他選擇，當天下午就去旅行社託辦探親一切手續。辦理手續並不順利，經過將近三個月的折騰，五月七日起程前一天下午三點，才把來回機票敲定，當我安排好行程，收拾完行李，已是次日清晨，起程前後一連四十多小時，興奮得難以入眠。

我是一九四九年四月二十一日，由上海出發來到臺灣，假如旅行社和我約定的日期能順利起程，當我抵達上海時，正好是四十周年，這個願望未能實現，也頗使家人失望。

五月七日上午八時我由臺北家中出發，黃昏時人已在上海虹橋機場，沒有想到此生仍能回到少年時代住過幾年的上海。我的行李除送給家人的禮品之外，都是我自己寫的書，機場檢查員只問我錄音帶裏是什麼，他看到是流行歌曲便放行。在同一機場離境時，三件行李均未打開檢查。

同行的二十多個歸客中，也有幾位老上海，在駛離機場的途中，大家都搜索著兒時的記憶，歡笑滿車，靠近虹橋機場的那一段馬路，在路燈下看來很像臺北寬濶漂亮的仁愛路。當車駛入梧桐樹蔭遮天的馬路，我立刻就辨認出這是位於當年法租界頗具法國風味的霞飛路，法國公園今已更名復興公園，兆豐公園仍沿用戰後改稱的中山公園，外灘公園改名黃浦公園，大眾娛樂場所大世界和大光明電影院依舊，南京路（現爲南京東路）上的四大公司，歷經四十年的風霜，外貌未變，只是南京路感覺很狹窄。

臺北的旅行社原先爲我們預訂的是上海賓館，到上海後因客滿，又將我們一行換到外灘南京東路口的和平飯店，是英國人留下來已八十年的古典建築，電梯、地板雖已老舊，其他設施可達四星觀光飯店水平。和平飯店這一帶，正是我少年時住過的地區，外灘公園幾乎每天必到，夏季的上海，氣溫偏高，常常在公園玩到深夜才回家。這一天剛下過小雨，氣候涼爽，在餐廳吃完豐富的晚餐，就迫不急待走向外灘，站在四十年前乘船去臺灣的黃浦江邊，感慨有之，並無哀傷。江邊比從前多了一道水泥矮牆，沿牆而行，正是著名的情人道。今日上海並無夜市，也缺乏青年人的休閒場所。閒逛中遇一由揚州流落在上海的青年，糾纏不淸，最後送一包 Kent 煙才離去，據說像這樣的青年上海不少。

回到飯店，發現餐廳的一半變成舞池，歌聲嘹亮，節拍緩慢，僅見兩對情侶舞於其中，每晚營業到十一時，每對人民幣九元八角，沒有飲料。在大廳裏有男服務生向我推銷一〇一（一種治禿頭的藥劑），索價一百六十元一瓶，據云此藥已被一香港商人包售，市面上買不到，不知眞假如何。

在香港啟德機場，已和我的姪兒春生通了電話，告訴他我到上海的時間，原以爲家人總要一二天才能趕到，誰知當晚我的大哥、妹妹、妹夫、姪兒春生，深夜便已從鎭江坐特快火車到了上海，連夜趕到賓館，卻找不到我，我雖留了紙條，賓館服務員可能因換班並未轉達。好事多磨，第二天上午，我尋家人，家人找我，經過兩個多小時的追蹤，接近晌午時分，才在上海大姐家見面。大哥見了我，痛哭失聲，性格爽朗的妹妹含著淚：今天是大喜日子，我們都不要再哭。

大哥本是老上海，自發生文革，已十七年沒有來過，所以決定多逗留一天，我招待家人宿和平飯店，當大哥知道一個雙人套房，每天需人民幣一百十元（飯店限付外匯劵），連說太貴，因大哥退休時的工資，每月僅三十五元。大哥年輕時，精明能幹，是我們三兄弟中，最有資格繼承父親事業的，假如沒有一九四九年的大變局，他必定能在商業上大展鴻圖。一九四九年後，因我們家背負著三大罪名：⑴非法商人；⑵地主；⑶反革命家庭（因有人在臺灣）；因此所受的苦與折磨，遠比一般家庭爲嚴重。大哥怕我難過，不願多提悲慘的往事，只說：四十年能活過來，已是萬幸。

五月九日上午，我與家人一同擠入南京東路的人潮之中，這一帶仍然是繁華商業區，車多人多，有點像臺北的忠孝東路四段，解放前這條路上的有軌電車早已拆除，改駛無軌電車，小汽車雖不少，然速度很慢，因開快車、闖紅燈，會遭重罰，以馬路狹窄，人車（汽車、腳踏車）爭道的現象，隨處可見。這一帶的建築，全是四十年前留下的，馬路經過多次修補，今日上海仍是全國人口最多的城市（約一千二百萬），但商業的繁盛據說已落後廣州，都市的建設與北京更是相差甚遠。上海於近代中國，本是引入西方資本主義最早的城市之一，也是帝國主義經濟侵略的主要根據地，了解這個歷史背景，就不難明白在長期反帝、反資的運動中，上海就必然成爲受害最大的地方。

顧慮周全的妹妹，在人頭鑽動的百貨商店選購禮品，準備讓我回程時帶往臺灣，送給我的家人。一件童裝要二、三十元，女式絲料上衣四十多元，折算臺幣當然便宜，如依當地工資，已太昂貴，如付外匯劵打七折。中午就在鬧區找了一家餐館用餐，四菜一湯，兩罐啤酒，三十七元。早晨因大哥嫌飯店早餐太貴，就到附近弄堂裏找個體戶小食店，桌椅簡陋，衛生條件極差，牛肉麵端上來，我與妹妹都未下筷，還是折回飯店解決。那天我們找到的幾家飯館，不論規模大小，都擠滿顧客。到過大陸的遊客，都有共同的經驗，他們各行各業因屬公營，服務態度極差。但也有例外，我坐過的民航機上（北京到南京、上海到香港），女空服員的態度，倒是親切和善，在北京琉璃廠的古董店，也曾受到老一輩店員彬彬有禮的招呼。

這兩天在大姐家吃了三餐，我與趕到上海迎接我的家人，預定九日坐夜快車回鎭江，剛完工啟用不久的上海新站，就在共和路大姐家附近，他們全家送我們上車，到鎭江已近午夜，大哥、妹妹兩家的兒孫十多人，早已在車站等候多時。目前我們家有三代人共三十六口住在鎭江市，他們把我安頓在大哥小女兒家，因他家的房子最大最新，也有衛生設備，厨房有桶裝煤氣。小女兒在附近一家公營的百貨銷售市場上班，是接替大哥退休後的位置，每月工資加上因物價上漲貼補的十元有七十五元，上下班制，中午休息兩小時，下午六時休業。

十日這一天，住在鎭江市的全體家人，陸續到來，熱鬧非凡，從此一連四天，中、晚兩餐都是大擺宴席，家人輪流陪我，我的姪兒、姪女、外甥、外甥女，從事的行業有工人、店員、銀行行員、教員、醫師、會計、生產事業小主管等。第二代中，大姪女、二姪女、大姪兒，他們童年時代我還抱過，其餘都是第一次相見，對我的熱情卻相同。家人對我的款待，眞是做到無微不至，到北京，友人問起我在家鄉情形，我告訴他們；我簡直是做了幾天的「皇帝」。社會主義中國，反封建數十年，依舊能保持如此濃烈的親情。

我與家人已四十年不見，斷絕音訊也已三十八年，他們對我這漫長歲月的種種，不但關心，而且好奇，爲了省力並避免重複敍說，我把臺灣廣播電臺「成功之路」節目，對我所做的八十分鐘訪問錄音帶回去，也帶了一本《我的探索》給兒孫輩，書中有我一篇早年奮鬪的自傳。我父親是個成功的商人，自小就決心把我們三兄弟訓練成爲他的繼承人，這樣的一個家庭，卻出了一位好讀書的兒子，眞是異數。爲了這點天生的志趣，少年時常與父親鬧彆扭。小我三歲的妹妹也因我的影響，鬧著要讀書，我親自把她送到縣城去讀初中，後來也和我一樣，變成家庭的叛徒。事實證明我的選擇是對的。

十日這一天，因天氣和暖，又抽空重遊故鄉名勝金、焦二山，景物依舊，寺院多呈破舊相。金山寺的正殿，一九四九年前曾遭回祿，現已重建，即將完工，寺中佛像文革時被破壞，亦已重塑。金山風景區有湖、有柳堤、有小河、有拱橋、涼亭、環境幽美，景色秀麗，湖邊的「天下第一泉」爲吸引觀光客，也在整建中。

舊日江蘇省會在鎭江，現已遷往南京。少年時我在南京讀過一年中學，十一日坐著大姪兒廠裏的汽車去南京，同行者除大哥、大姪、大姪女、堂姐、妹夫，還有一位年幼時的同窗好友韋靜泉。他復旦大學畢業後，一直從事教育，目前擔任一家專科學校的教務主任。濶別四十年，交談之間居然毫無隔閡，夜間我們同榻而眠，促膝暢談，在他想像中，我大概會走文學的路，沒有想到我會搞哲學思想。妹妹未能同行，是因她健康不佳，多日來爲我還鄉的生活張羅，加上連日旅途勞頓，需要休息。我和她自小一起長大，感情最好，這一次我們也談得最多。她本與做工程師的夫婿長住西北，爲了想吃白米飯（西北只有麵食）並照顧家人，二人提前退休回到江南，退休後二人仍可領工資約三百元，生活還不錯。

鎭江到南京，車程約二小時，一路有小雨，先參觀長江大橋，橋長七公里多。橋上車雙行，往來車輛不少，兩旁有行人道，供步行遊覽，京（北京）滬火車通過橋下，大橋橫跨於寬濶的江面之上，氣勢宏偉。我們坐在小汽車上，慢行一個來回，然後直駛新街口下車，這一帶仍舊是南京市的鬧區，行人擁擠，一如上海的南京東路，要找一家飯館用餐，眞不容易，因家家客滿。馬路上汽車秩序較佳，但喇叭聲不斷，行人過馬路不見斑馬線，隨處可穿越，險象環生。新街口附近，有一家三十幾層的金陵飯店，爲華僑投資，公家提供建地，投資者享有五十年經營權，期滿需無條件送給公家。

中山陵一帶乃南京市郊主要風景線，氣勢開濶的中山陵，依然舊貌，兩旁傘狀的樹林比前壯大蒼翠，遊客衆多，衣著仍多藍色（上海、北京少見），有少數外賓，我與大姪女携手拾級而上，在正門處，聽到錄音廣播孫總理的生平與功績，民國十八年所立「中國國民黨葬總理孫先生於此」的金字巨碑，仍矗立於門內。大陸有一種傳說，說孫總理的遺體已運到臺灣，不知何以有此傳聞？

我的童年是在鎭江東門外與丹陽交界的一個農村中度過，現屬鎭江市丹徒縣，十二日下午決定回童年故居，最重要的是到父母墳前祭拜。我的雙親都活到八十幾歲才去世，晚年因多次抄家，生活困頓，依賴妹妹接濟，才勉強過活。據春生姪告訴我，母親晚年最思念的就是我這個從小就不聽話的幼子，常一人坐在大門外，呆望著大路，希望有一天能看到我突然走到她的身邊，最後還是失望而死。

鎮江的家人，除上學的孩子，多數都陪伴我下鄉，分乘幾輛汽車，浩浩蕩蕩，先在附近的新豐鎮停下，這是父親事業的發迹地。小鎮本是沿著運河兩岸而建，原先的石頭拱橋已拆除，在另一處建了一座可以行車的水泥橋，記憶中的形貌完全不見，只有鎮東孤立在農田中的觀音庵，使我想起兒時曾在那裏逃學。

我們終於到達我的出生地，我曾在此度過日本統治下的童年。下車步行，先到父母墓前磕頭，跪下去感到四肢無力，頭腦發暈，幾乎爬不起來。大路上一波波的人潮向我走攏來，四十年，對故鄉人來說，無異天外來客，自然驚動了全村。我含笑向他們打招呼，大半已不相識，有幾位還認得我的老婦，大聲叫著我的小名，親我、抱我，有的激動得哭出聲來。

大哥仍住在這裏，文革後在老屋旁建了一棟小型新宅，七十二歲的大嫂見了我，緊緊抱著我痛哭，她的鄉音我聽起來感到吃力，但由衷覺得親切，那本來就是我的母語啊！老屋是五間兩廂的樓房，建於抗戰初期，抗戰前建的十間四廂兩大庭院的樓房，在當時村子裏是最出色的，民國二十六年冬南京大屠殺前數日，被日本兵一把火全燒了，現在的老屋是由父親一手重建，年久失修，除二嫂外，房間多半空著。二哥年輕時就健康不佳，文革初期，家遭鉅變，便已病死，留下四個孩子，都在農村勞動。

我還記得的鄉人，年紀大都在六七十以上，四十年，每個人雖都有他自己的滄桑史，大抵有一個規律；原來窮的，多半翻了身，或做了生產大隊（每一個村子便是一個生產大隊）的幹部；原來生活好的、教育水準高的，後來過的日子普遍較差。文革後如在都市有工作，有都市戶口（農民不能隨便遷入都市），基本生活就比較有保障，生活改善的機會也較大。我的故里雖屬江南，但生活水平遠不及常州、無錫、蘇州一帶，一九四九年前便是如此。

我在童年故居停留了兩個多小時，在落日前回到鎮江市，一路上大嫂緊握著我的手，敍說著我的童年趣事，引起家人一陣陣的歡笑。

今日北大

五月十三日午夜，我由鎮江坐長程火車的軟臥北上，十四日晚上八時到達北京，比預定時間遲了一個多小時，中國文化書院副秘書長田志遠、院長助理徐蘭婷到月臺來接，站前汽車擁擠不堪，花了二十多分鐘才擠出車叢。晚飯後我被招待住入北大勺園（外賓招待所）五號樓四〇六室，室內除雙人套房之外，還有一間寬敞的書房兼會客，有書櫥、書桌、彩視、冷氣，每天收費九十元，比觀光飯店便宜許多。

一下火車便知道林毓生今日中午剛由美國來，他是到北大哲學系做短程講學，也住在勺園，十時我到達勺園，立即見面，不期而遇，特別高興。是時北大教授、中國文化書院院長湯一介——他是接待我的主人，和他的夫人樂黛雲（也是北大教授）已在林室，我與湯先生雖是第一次見面，但早已相知，樂女士也曾經由李澤厚的邀約，爲《中國論壇》寫過文章，因此大家一見如故。他們送我書院出版的《中國文化演講錄》及《北大校長與中國文化》二書，同時給我二隻梨子，他說：北京氣候乾燥，要吃點水菓。

由於事前聯繫不便，書院方面不知道我究竟能停留幾天，所以初步爲我安排的日程，除遊覽北京近郊名勝，只在北大做一場演講，中國文化書院一次座談，以及與書院的領導羣，座談今後在中國文化方面有什麼可以合作的事宜，此外就是去拜訪病中的梁漱溟先生。

十五日是星期天，天氣晴朗炎熱，上午由湯一介和他的助理陪同遊八達嶺一段長城，當年看美國前總統尼克遜登長城的圖片，心想此生不知尚有機緣一遊否？從北大出發，小汽車約一小時到達，長城內外，車擠人多，所有停車場爆滿，眞是水洩不通。湯一介與司機在城下小街等候，我和徐蘭婷同登城樓。長城遠看眞像一條巨龍，盤臥於京城北面羣山之中，乃燕京八景之一，爲遊北京者必到之地，這一天男女老少的外賓眞不少，我們休息了好幾回，才爬到最高點，從深谷算起，這一段長城高達五百多米，城牆巍峨挺拔，地勢險要，令人嘆爲觀止。

長城下來，已過午時，我們必須趕到長陵午餐，宮殿式可容數百人的飯廳裏，吵雜像鬧市，排隊買票搶座位，四人吃一餐花去近百元（教授工資在一五〇——二〇〇元之間），以當地工資計算實在太貴了。在北京期間，學界朋友要請我吃飯，我一律婉拒，因北大的專家食堂，兩菜一湯，一瓶啤酒，不超過十元（合臺幣八十元），早餐牛奶、花捲、稀飯、醬菜，再加一個煎蛋，只要二塊多，何必出去浪費。

下午遊明十三陵，是明代十三個皇帝的陵墓，位處北京昌平縣境內的天壽山下，距京城約五十公里，南面有龍山、虎山分列左右，形成天然門戶，據說這一帶陵園的建築，頗具唐代特色，各陵之間並有神路相通。我們只參觀了建築宏偉的長陵，和業已挖空的地下宮殿定陵，很難想像歷史上的帝王，死了還要那樣奢侈、豪華，弔詭的是，這些帝王除了遺留下這些碩大無朋的墓穴，還有什麼值得後人憑弔、懷念的?!

四時許回到北大，晚飯一人在食堂獨享，因座位不够，與二位日本女留學生同桌，一學中文，一學歷史，問及學費，她們說加宿費一學期約三千元，以日本的國民所得，當然太便宜。北大有一萬二千學生，外籍學生約五百多，有專用食堂，供西式餐點，他人不得購買。

大陸改用夏令時間，晚飯後的時間很長，每天我都在校園散步，走遍了每一角落。今日北大乃燕大舊址，有多座宮殿式建築，隨處是茂密的樹林，長廊、荷塘、蔡元培的銅像、景色極美的未名湖，都在勺園附近，湖畔有博雅塔，塔影倒映入湖中，傍晚時分曾見二車日本觀光客，在湖邊停留攝影。

五月十六日上午，由中國文化書院學術委員會副主席、北大哲學系東方哲學教研室講師魏常海陪同參觀北大圖書館，我們先到哲學系圖書室，藏書不多，新書更少，臺、港出版的哲學著作約四、五十種，置於櫃中。新建的總圖書館規模很大，由左右兩座八層和中間十層的樓房組成，總共藏書約四百萬册，大小閱覽室都坐滿學生，部分圖書開架，設有資料諮詢服務中心，服務對象包括外地和國外的學者，借書服務櫃臺前可訂閱美國出版的 Time 等雜誌。圖書太多，時間有限，我主要只看了中文當代著作的書庫，特別是哲學和歷史兩部門，臺、港二地唐君毅、牟宗三、徐復觀、羅光諸先生的重要著作都有，我的《中國思想史》與《中國哲學辭典》書庫備有二份。大陸進口海外學術性書沒有困難，只因書價太貴，非個人經濟能力所能負擔。

下午書院提供車輛，由包遵信陪伴到琉璃廠逛書店。包先生是社會科學院歷史研究所副研究員，曾主編過《中國哲學》和《走向未來叢書》，近年寫過幾篇批判儒家的文章，其中〈儒家倫理與亞洲四龍——儒學復興駁議〉曾刊於《中國論壇》。他本來要去上海開會，聽說我到北京，臨時把車票退掉。琉璃廠的幾家書店，與臺北的比起來，規模不算大，但近年出版的新書很多，尤其是工具書，近代人物如曾國藩、李鴻章、章太炎等人都出了標點本新版全集，這些書部頭太大，無法攜帶，我只買《倫理學辭典》、《吳虞集》、《明治維新史》和《存在與時間》的中譯本。

晚上與包遵信、林毓生在湯一介家晚餐，樂黛雲親切招待，菜的色樣多達十種以上，超出實際需要甚多。他們住的是北大公寓式宿舍，有總機轉接的電話和現代盥洗設備，面積約三〇坪左右，因屋主夫婦倆都是教授，兩間書房和小餐廳的壁頭都排放著書，就更顯得狹小。

每天清晨七時，便與林毓生相約共進早餐，然後在湖畔散步，十七日在俄文館前看到李大釗的銅像，所在位置遠比蔡元培的顯著而有氣派，李於「五四」時代爲北大圖書館主任，宣揚馬克思主義，一九二七年爲張作霖所殺，只活了三十八歲。以北大的歷史而言，蔡的地位當然在李之上，可是在中國，一個人的歷史地位，卻是由政治權威來評定，與歷史上應有的位置並不一定相稱。

十七日下午，中國文化書院爲我安排了一場學術座談會，由我報告臺灣近四十年中國文化研究的概況，出席者除湯一介、包遵信、田志遠、徐蘭婷之外，有朱曉康（美中學術交流委員會駐北京辦公室主任）、張立文（人民大學哲學系教授）、方立天（同前）、孫長江（中國科技日報社副總編）、張岱年（北大哲學系教授）、季羡林（北大南亞、東南亞研究所所長）、林毓生（美國威斯康辛大學歷史系教授）、張文定（北大比較文學研究所秘書長）、梁從誡（中國文化書院編譯館長）等，我的報告側重在中國文化各種不同的研究取向，在一般泛論之外，有⑴以儒家爲主體的中國文化研究；⑵由知識分類的觀點探討中國文化；⑶中國文化的小傳統研究（民間宗教、民俗、社區、少數民族）；⑷用科際整合的方法研究；⑸引用社會科學理論、觀點探討中國文化在近代的變遷；⑹探討中國文化的現代意義。我報告一個多小時，然後由包遵信略述大陸這方面的情況，接著與會者一一發言，歷三小時才結束。

這場座談由湯院長主持，院方事前印了一份我的簡介分發與會者，包括生平、現職和著作目錄，其中有一節：「特別是由韋政通先生著的《中國哲學辭典》和由他主編的《中國哲學辭典大全》，在國際上享有盛譽，從而更加確立了韋政通先生在學術界的地位」。這一段文字，使我頗感意外，因在我的主觀評價中，這兩部書只佔次要又次要的地位。

老友陳鼓應由美國趕回北京，九年不見，比以前清瘦，依然健談。他在北大哲學系已三年，老、莊和尼采仍然是他的註册商標。他帶林毓生和我去研究生宿舍參觀，四人一間房，上下舖。與五位研究生聊天，話題突然轉到「五四」前夕北大校園毛像被拆除這件事，請他們就此事分別發表意見，各人的看法相差不大，大抵認爲毛是歷史上的偉人，毛像乃歷史遺跡，不必一定要拆掉。他們的看法與我在天安門看到民眾排長龍進毛紀念堂的情景聯想起來，的確出乎我的料想之外，我想中共當局既要開放，又承認文革十年是一場浩刼，毛的權威與崇毛的現象，應該普遍低落才對，依我有限接觸的印象，事實似非如此，在上海有一位五十開外的知識分子，甚至爲毛辯護，很使我不解。

北大爲何要在此時拆除兩座毛像？這個問題我沒有找到答案，我特別提出問方勵之，他也不知。這件事經外國通訊社報導，已傳遍世界，但我在上海向人提起，他們竟然毫不知情，因爲大陸的報紙、電視根本沒有報導。既然公然拆除，又封鎖消息，這究竟是怎麼回事？在上海還聽人說，他們的電視也有「歷史上的今天」，但「五四」那天，並沒報導「五四」。在北京，不論是大街上或是書店，根本買不到報紙，今日大陸，基本沒有所謂輿論，知道外面世界的資訊管道很少，仍是一個相當閉鎖的社會。

十八日，天晴，炎熱，這一天由北大哲學系中國哲學史講師、中國文化書院院務委員會副主席王守常陪同遊故宮一帶的名勝，在天安門下車，本想看歷史博物館，這天卻不開放。天安門本是舊皇城的正門，始建於明代永樂十五年，門外挺立著漢白玉石獅，門前金水河上橫跨七座白玉橋。今日天安門廣場，據說南北長八百八十米，東西寬五百米，總面積達四十四萬平方米，大陸是够大，除了大之外，還有那些能驕傲於世的？我有一種強烈的感覺，他們上下都沉浸在一種形而上的滿足中，這座廣場似乎就象徵著這種滿足。文革時，毛號召幾十萬紅衛兵在此集合，他妄想藉青少年的熱情和單純，開創歷史的新頁，結果導致中國近代歷史的大倒退，它的成因、影響與後遺症，必將成爲今後研究中國現代史者，一個極具挑戰性的新課題。

故宮乃明、清兩代的皇宮，佔地七二萬平方米，建築面積約十六萬平方米，周邊宮牆三千四百米，主要以太和、中和、保和三大殿爲中心，兩翼又有文華、武英二殿，建築保存完整，它們曾是傳統中國皇權的象徵，議事廳上，決定了代代興亡的命運。

穿過故宮，最後一座建築就是故宮博物院，爬上對面的景山（明崇禎皇帝自縊之地），北海公園的湖光山色一覽無遺。北海本是帝王宮苑，開始修建於遼、金，元朝忽必烈以此爲中心建爲大都，作爲北海主要標記的白塔，建於清順治八年，這裏的亭、榭、樓、臺、壇寺堂齋，美不勝收，其造園藝術具獨特風格。

北海有一御膳房，門前掛著「謝絕遊客」的牌子，非預先訂座不得入內，我們與侍者再三情商，勉強入座，十二道菜外加甜點，每盤皆工精而味美，據說乃慈禧太后所喜之物，我們二人只花了六十元，是在北京最值得回味的一餐。

晚上偕包遵信、徐蘭婷到王府井吉祥戲院聽了一場京戲（平劇），主要戲碼有王蓉蓉演「春秋配」。雖是老戲院，顯然重新裝璜過，是晚滿座，有不少外籍人士，每句唱詞，臺旁映出大字幕，觀賞者大都是中老年人，場內有冷氣，禁止吸烟，卻有人在「禁止攝影」的牌子前拍照，並無人干涉。據同行者告知，北京共有三家京劇院，常年演出，這是典型的「封建文化」啊！我猜想在過去四十年中，必曾中斷了許多年。

北大在西郊，因計程車少，要到市區很不方便，一天晚上與友人到香格里拉飯店喝咖啡，車夫硬要加一倍的車資才肯拉客。由於交通不便，因此黃昏、淸晨，多半在北大校園散步。北大夠大，每次都有新發現，距勺園不遠處，有名「靜園」者，園中長滿蘋果樹，很幽靜，連在北大三年的陳鼓應都感到驚訝。穿過哲學系的院落，有一家外型簡陋的小書店，專賣知識性書籍，有不少是新版。校園南門，乃新建校舍區，這裏有一家規模較大的新華書店，各種書籍分類陳列。《走向未來叢書》有專櫃，這套叢書，很像二十多年前臺灣的《文星叢刊》，頗爲年輕學生所喜愛。在哲學部門，馬、恩和列寧的全集，被稱爲經典著作。目前大學裏，這方面的課程，仍爲各系所必修，在上海一位教馬、列課的教師說，現在受到重視的程度，已不如過去。

爲了了解青年人的心態，散步時常找機會與學生談談，他們對外面的世界，興趣很高，談到留學，認爲要繳兩萬元美金的保證金，絕不是一般家庭所能辦到。大學畢業生到報社去工作，每月只有六十元工資，醫學院和拿到博士學位的，也只有九十至一一〇元工資，我的大姪女已做了二十年的內科醫生，每月工資是一四〇元，五五歲可退休，工資照領，今後退休醫師已可自己開診所。

從表面上看，北大學生的衣著髮型，與臺灣沒有甚麼差別，還看到一位西皮型的學生。北京當地的男女生，一般比較開朗、大方，也較親切有禮貌，學生生活管理屬於總務部門，各級學校的學生，上課都不穿制服，髮型也無限制。我所接觸過的學生，大都知道臺灣經濟搞得好，對近年來許多變化，則所知很少。聽完我的演講，有二位政治系三年級學生夜晚來敲門，其中一位說中國要搞民主，必須採由下而上的方式，因此他在研究民國史上的地方自治，他問我這方面的材料臺灣多不多。我告訴他我不清楚。他知道梁漱溟的鄉村改造，但沒有聽說過晏陽初的名字，我的《儒家與現代中國》裏有兩篇有關晏陽初的文章，他很感興趣，我要求他影印後把書還我，因我隨身携帶的書數量少，不够分配。他讀完我的書，又約了一位同學來看我，那晚正是我準備離開北京的前夕，有瑣事料理，未能多談。

北大哲學系與中國文化書院爲我聯合主辦的演講會，五月二十日下午二時於北大三教大樓舉行，仍由湯一介主持，他們要求講：「臺灣四十年來的學術界」，如此廣泛的題目，我只選擇性地介紹了我知道的部分：(1)當代新儒家，說明了它的貢獻和限制。(2)邏輯經驗論和自由主義的發展。(3)現代化派與「社會科學中國化」的觀念。最後講到八〇年代的最新情況，我以從西化到現代化到創造性的轉化爲線索，說明我們這一代如何克服西化與傳統的對立，使這方面的工作已進入一新階段。也介紹近年的民主運動，四十年來倡導自由民主的言論思想，業已開花。在演講結束前，我特別提到民間學者的崛起，是發自臺灣本土一股新生的學術力量，如能繼長增高，有可能促使臺灣學術界一個新的轉變。

我講了約一百分鐘，然後與同學們討論四十分鐘。討論中，我說對「臺獨問題」，在這裏似乎沒有人關心，有同學馬上聲言，他們很關心。同學問我對「中國統一問題」的看法，我告訴他們，我反對中國傳統爲統一而統一的想法，統一是有條件的，除了要在民主制的基礎上求統一之外，我贊同聯邦制，因爲中國太大了。

在遞條的問題中，我保存了兩張，一個問：您以爲當今中國大陸政治生活中，儒家的政治化、法制化傳統的影響最突出的有哪些？一個問：您剛才提出傳統文化的「創造性的轉化」，這個「創造性轉化」，究竟應從哪些方面入手？從這些問題多少可看出知識青年的一點關懷。

是晚，湯一介請我與林毓生吃烤鴨，有書院的幾位導師做陪，七個人竟花了五百多元，將近三位教授的工資，如此高消費，在號稱社會主義的社會，實在驚人。

金觀濤夫婦帶給我意外的驚喜

五月二十日晚上八時，金觀濤、劉青峰夫婦到北大勺園來看我。觀濤剛由上海回來。在臺北未動身前，我與傅偉勳在長途電話中相約，希望五月中能在上海見面。因偉勳將於四月底第三度到大陸講學，也約好金觀濤同時到上海，觀濤是浙江杭州人，他準備招待我們一起去西湖。可惜偉勳從武漢大學發給我的電報晚了一天，湯一介的電報先到，我已回電月中到北京，也因此使我此行未能實現一遊西湖的願望。回臺的行程中，雖然在上海又停留了三天，但華東師範大學已爲我安排了一場演講、一場座談，再也抽不出時間。

觀濤、青峯二人都很爽朗，青峯更是心直口快，一見面就問這問那，她說，他們二人的工作，都只是隨著自己的意思在搞，不管別人怎樣看、怎樣批評。這一點和我一向的作風相同。因此我們很投緣，很談得來。

前二年他們在美國賓夕法尼亞大學訪問一年，經由傅偉勳，我們早已神交，偉勳把我送給他的書，全部轉送給觀濤夫婦，在八七年二人的來信說：「你的著作給我們留下很深的印象，尤其是在讀了你寫的〈理想的火焰〉的自傳後，我們內心深處與你共鳴了。你說：『爲了眞理的健全，它需要完全的、不斷地、無畏地被討論，假如可能的話，反對的意見應該由一個曾經眞正相信它的人說出來』（這是你引用的話），而你正是這樣無畏的孤獨而熱情的思想探索者。你對新儒家的批評，你對進步理想的追求，以及思想責任感均溢於言詞，有新鮮的思想，更有優美、清新、生動的文字，我們擬寫文章向大陸學者，尤其是青年學界介紹你和你的著作」。以後他們的工作怎樣進行，我不知道，這一次一見面，便交給我十本大陸版《倫理思想的突破》，的確給我一個意外的驚喜。

他們送我二本書：《問題與方法集》、《人的哲學》，前一本是他們二人和友人的論文集，主要討論「中國封建社會長期延續的原因是什麼」？以及「近代科學爲什麼沒有在中國發生」？十五篇論文涉及到歷史、科學技術史、哲學等領域，他們用控制論、信息論、系統論的方法，希望用新的方法能對這些問題獲得新的解答，不論讀者同不同意，他們的工作的確富有探索和力求創新的精神，如〈數學模型和中國封建王朝壽命研究〉，據我所知，這樣的題目，過去很少人做過研究。

《人的哲學》是金觀濤剛出版的新著，除序言「哲學家的內心獨白」和結束語「展望人的哲學」，共分四章：⑴理性在困境中；⑵建構主義的嘗試；⑶客觀性和公共性；⑷近乎上帝的觀察者。此書重點在以知識論或方法論，爲「人的哲學」提供基礎，針對的問題籠罩著人類近半個世紀的相對主義，是他企圖重建理性哲學的初步成果。

二十世紀中國，並沒有產生幾個眞正的哲學家，金觀濤以研究科學而闖入歷史與哲學的領域，在中國似乎很少有人經歷過如此探索的歷程，但願他自強不息，不斷從事思想的冒險，將來在世界上爲中國哲學爭一席之地。

二十二日金觀濤和《走向未來叢書》副主編陳越光，陪我遊天壇、頤和園，天壇有二，一名圜丘、一名祈谷，乃明、清兩朝帝王孟春祈穀、夏至祈雨、多至祀天之所，圜丘爲主建築，第一重爲方形，第二重爲圓形，是依據古代「天圓地方」的傳說而設計。圜丘北面是皇穹宇，四周圍牆叫「回音壁」，有遊客在試驗，好像並不靈。

頤和園擁山抱水，綺麗開濶，萬壽山聳立在昆明湖北畔。正門進去，便是仁壽殿，殿前松柏蒼翠，庭院寬敞。湖畔有長達七百米的長廊，眞像擠滿旅客的列車。它是北京最大的園林，金代即設爲行宮，明、清不斷改建，一八六〇年燬於英法聯軍，慈禧太后挪用海軍經費重建，始名爲頤和園。園中知春亭、諧趣園、石舫、十七孔橋、玉帶橋，無不設計精巧，風格獨特。午間於聽鸝館用餐，菜色遠不及北海那一家。

遊覽中，觀濤告訴我，今年十一月，四川有一「學者看二十一世紀」的研討會，希望我能出席，這個會顯然是他們編《未來叢書》，探討人類未來這一宗旨的開展。這個題目很誘人，可惜時間已不允許我在同一年之內再遊大陸。由這個會使我想起他主編的《走向未來》雜誌，離京的前一天，他派專人送我三册，它是一本以人文、社會爲主的綜合性季刊，紙質、版式、編法爲大陸雜誌中所少見。我們互相約定，今後與《中國論壇》交換，並可互相轉載其中的文章。

巧遇方勵之

這次我到北京，最想做的是遊覽，因我以前也沒有到過北方，所以特地坐長程火車，看看北方的農村與河北平原，火車經過泰山，這是我沒有想到的，是意外的收穫。到了北京，書院方面的朋友問我想和那些人見面，可爲我安排，我只想多見幾位同行，沒有想到方勵之。金觀濤說，方是他的朋友，那一天本想約他一起來的。不想機緣湊巧，我們卻兩次相遇，第一次是方勵之到北大勺園看朋友，我們在樓梯上擦肩而過，我一眼就看出是他，湯一介爲我們介紹，但未交談。

第二次是五月二十二日黃昏，我與陳鼓應在北大附近散步，在蔚秀園（北大教師宿舍之一）入門處，巧遇方勵之騎著腳踏車回宿舍，我們三人站在馬路上談了四十多分鐘，很自然的，我們談到海峽兩岸的民主，他比一般的知識分子更關心臺灣的民主運動。我和北京其他的朋友也談到，大陸地方這樣大，各地區發展很不平均，將來要推行民主，恐怕要先選條件好的地區，先行實驗，有成效再逐步推廣。他似乎也同意這個看法。問起「五四」那天下午在北大的演講，他說是臨時決定，有關方面還來不及商量對策，也沒有人勸他不要參加。他強調，知識分子必須獨立黨派之外。我提醒他，明年是「五四」七十周年，不妨擴大主辦一些活動，他甚以爲然，認爲這類活動可由知識分子署名發傳單，不必由單位主辦，諒政府不致干涉，這種事知識分子要主動突破。目前中央因對學生運動意見不一，因此管制流於寬鬆，他說。臨別時，他告訴我們，今年年底將出國開會、訪問。我的感覺，像方勵之這樣勇敢地在大陸宣揚自由、民主，是很寂寞的。

與方勵之的談話，使我想起北大一位學生跟我講，他因在學校參加學生運動，回家被父親責罵，原因是文革的經驗使老一輩餘悸猶存，他們不希望自己的孩子再參與什麼運動，再度引起社會的動亂。由此看來，文革十年浩劫的歷史，將是未來大陸推展民主的一大阻力。

離大陸前在上海停留期間，在王元化教授家，他送我一本方勵之的新著：《哲學是物理學的工具》，根據我們這些生活在共黨統治外的人的了解，哲學與物理都是獨立的，誰也不是誰的工具，但在共黨統治的世界裏，所謂「哲學」，一向是居於最高裁判者的地位，它是要統制並指導一切學術思想的一套意識形態，它的存在，不但使學術的獨立與自由不可能，也從根本上扼殺了學術的生機，這種現象自古便有，而今愈烈，方著主要的目的，就是在抨擊這種現象，他宣稱：「我相信，在這裏，構造『哲學』大系用以『裁定』物理的時期，大概也已是尾聲了，因爲，他們將逐漸死去，因爲，新的一代正在成長。成長中的一代從一開始就已熟悉：我們需要作爲工具的哲學，我們不需要最高裁判者的『哲學』！」

目前大陸，作爲最高指導者意識形態的權威，的確已開始動搖，但要使這種現象成爲歷史陳迹，在可見的將來仍是不可能的，因爲這不只是學術問題，它牽涉到一個政權的基礎問題。要想把大陸這樣一個政權的體制改變過來，即使方向走的正確，也不是三、五十年能辦得的，現在根本還沒有走對方向。

總的感想：

一、毛澤東所開創的新歷史，大抵仍受到肯定。

二、很難想像大陸現有的體制能實現民主。

三、中國的未來只能在現有的基礎上求改進，突破性的變革沒有多大可能。

一九八八年六月十八日

新書推薦

◈近代中國人物漫譚續集　王覺源著

一般傳記多在告訴當代人以過去歷史，卻缺乏給未來人認識當代的意義。本書的撰寫，不做皮相之談或略存偏見，內容涵括宦海、儒林、江湖等，所提供的大都爲第一手資料，期能「以仁心說，以學心聽、以公心辨」。

◈開放社會的教育　葉學志著

在開放中的社會中，何種教育理念才能預防因科技、民主所帶來的社會失控的問題？作者鑽研我國及西方教育多年，曾對當前教育問題與政策發表過若干論文，此次彙集成卷，當有助於教育工作者體察教育之功效，發揮教育之良性影響。

◈杜魚庵學佛荒史　陳慧劍著

以學佛人的個人史料，紀錄臺灣四十年間佛教文化發展與人物推動佛教歷史的軌跡；其內容納編年、日記、書信……；並貫以作者身在顛沛流離的歲月中，經由佛法之薰陶，而改變其人格的過程。

◈關心茶——中國哲學的心　吳怡著

本書收錄的十六篇文章，可分爲三部份。第一部份爲五篇論述「關心」的文字，第二部份爲五篇散論，最後六篇則大多爲哲學理論的專題。這三部份的文字，可說都爲作者一心所貫。這一心，是關心，也是中國哲學的心。

◈放眼天下　陳新雄著

「立足臺港，胸懷大陸，放眼天下」。作者本著「國之興亡，匹夫有責」之志，暢論近兩年來天下時勢與政情。不但具有熱情與理想，更能從歷史眼光，針對現實作深刻的透視，諤諤直言，不啻爲滔滔濁世的一般清流。

◈走出傷痕——大陸新時期小說探論　張子樟著

本書收錄了從 1977～1988 年的大陸小說。此一時期的作家不再沈湎於往事的追憶，而開始著重文化與自我意識的開展。本書除依賴文學理論來解說作品外，並借助社會學、心理學和傳播學上的論點，以求達到多角度之省察。

* 憲法論叢……鄭彥棻著
* 憲法論集……林紀東著
* 國家論……薩孟武譯
* 中國歷代政治得失……錢　穆著
* 周禮的政治思想……周世輔 周文湘著
* 先秦政治思想史……梁啓超原著 賈馥茗標點
* 儒家政論衍義……薩孟武譯
* 清代科舉……劉兆璸著
* 當代中國與民主……周陽山著
* 釣魚政治學……鄭赤琰著
* 政治與文化……吳俊才著
* 排外與中國政治……廖光生著
* 中國現代軍事史……劉　馥著 梅寅生譯
* 世界局勢與中國文化……錢　穆著
* 中華文化十二講……錢　穆著
* 民族與文化……錢　穆著
* 楚文化研究……文崇一著
* 中國古文化……文崇一著
* 社會、文化和知識分子……葉啓政著
* 儒學傳統與文化創新……黃俊傑著
* 歷史轉捩點上的反思……韋政通著
* 中國人的價值觀……文崇一著
* 紅樓夢與中國舊家庭……薩孟武著
* 社會學與中國研究……蔡文輝著
* 比較社會學……蔡文輝著
* 我國社會的變遷與發展……朱岑樓主編
* 開放的多元社會……楊國樞著
* 三十年來我國人文社會科學之回顧與展望……賴澤涵編

*社會學的滋味……………………………………………………蕭新煌著
*臺灣的社區權力結構………………………………………………文崇一著
*臺灣居民的休閒生活………………………………………………文崇一著
*臺灣的工業化與社會變遷…………………………………………文崇一著
*臺灣社會的變遷與秩序（政治篇）………………………………文崇一著
*臺灣社會的變遷與秩序（社會文化篇）…………………………文崇一著
*臺灣的社會發展……………………………………………………席汝楫著
*透視大陸……………………………………………政治大學新聞研究所主編
*海峽兩岸社會之比較………………………………………………蔡文輝著
*印度文化十八篇……………………………………………………糜文開著
*臺灣與美國的社會問題………………………………………蔡文輝、蕭新煌主編
*美國的公民教育……………………………………………………陳光輝譯
*美國社會與美國華僑………………………………………………蔡文輝著
*日本社會的結構………………………………………………福武直原著 王世雄譯
*文化與教育…………………………………………………………錢　穆著
*教育叢談……………………………………………………………上官業佑著
*不疑不懼……………………………………………………………王洪鈞著
*財經文存……………………………………………………………王作榮著
*財經時論……………………………………………………………楊道淮著
*經營力的時代…………………………………………………春野豐作著 白龍芽譯
*大衆傳播的挑戰……………………………………………………石永貴著
*傳播研究補白………………………………………………………彭家發著
*「時代」的經驗…………………………………………………汪　琪、彭家發著
*書法心理學…………………………………………………………高尚仁著
*古史地理論叢………………………………………………………錢　穆著
*歷史與文化論叢……………………………………………………錢　穆著
*中國史學發微………………………………………………………錢　穆著
*中國歷史研究法……………………………………………………錢　穆著

＊中國歷史精神……………………………………………………………錢　穆著
＊國史新論…………………………………………………………………錢　穆著
＊秦漢史……………………………………………………………………錢　穆著
＊秦漢史論稿………………………………………………………………邢義田著
＊與西方史家論中國史學…………………………………………………杜維運著
＊清代史學與史家…………………………………………………………杜維運著
＊中西古代史學比較………………………………………………………杜維運著
＊歷史與人物………………………………………………………………吳相湘著
＊中國人的故事……………………………………………………………夏雨人著
＊明朝酒文化………………………………………………………………王春瑜著
＊歷史圈外…………………………………………………………………朱　桂著
＊共產國際與中國革命……………………………………………………郭恒鈺著
＊抗日戰史論集……………………………………………………………劉鳳翰著
＊盧溝橋事變………………………………………………………………李雲漢著
＊老臺灣……………………………………………………………………陳冠學著
＊臺灣史與臺灣人…………………………………………………………王曉波著
＊變調的馬賽曲……………………………………………………………蔡百銓譯
＊黃帝………………………………………………………………………錢　穆著
＊孔子傳……………………………………………………………………錢　穆著
＊宋儒風範…………………………………………………………………董金裕著
＊精忠岳飛傳………………………………………………………………李　安著
＊唐玄奘三藏傳史彙編……………………………………………………釋光中編
＊一顆永不殞落的巨星……………………………………………………釋光中著
＊當代佛門人物……………………………………………………………陳慧劍編著
＊弘一大師傳………………………………………………………………陳慧劍著
＊杜魚庵學佛荒史…………………………………………………………陳慧劍著
＊蘇曼殊大師新傳…………………………………………………………劉心皇著
＊近代中國人物漫譚………………………………………………………王覺源著

＊魯迅這個人……………………………………………………劉心皇著
＊三十年代作家論……………………………………………姜　穆著
＊三十年代作家論續集………………………………………姜　穆著
＊當代臺灣作家論……………………………………………何　欣著
＊師友風義……………………………………………………鄭彥棻著
＊見賢集………………………………………………………鄭彥棻著
＊思齊集………………………………………………………鄭彥棻著
＊懷聖集………………………………………………………鄭彥棻著
＊三生有幸……………………………………………………吳相湘著
＊孤兒心影錄…………………………………………………張國柱著
＊我這半生……………………………………………………毛振翔著
＊八十憶雙親、師友雜憶（合刊）…………………………錢　穆著
＊新亞遺鐸……………………………………………………錢　穆著
＊困勉強狷八十年……………………………………………陶百川著
＊我的創造・倡建與服務……………………………………陳立夫著
＊我生之旅……………………………………………………方　治著
＊天人之際……………………………………………………李杏邨著
＊佛學研究……………………………………………………周中一著
＊佛學論著……………………………………………………周中一著
＊佛學思想新論………………………………………………楊惠南著
＊現代佛學原理………………………………………………鄭金德著
＊絕對與圓融
　—佛教思想論集……………………………………………霍韜晦著
＊佛學研究指南………………………………………………關世謙譯
＊當代學人談佛教…………………………………………楊惠南編著
＊簡明佛學概論………………………………………………于凌波著
＊圓滿生命的實現（布施波羅密）…………………………陳柏達著
＊薝蔔林・外集………………………………………………陳慧劍著

* 文學與音律……………………………………………………………謝雲飛著
* 中國文字學……………………………………………………………潘重規著
* 中國聲韻學……………………………………………………………潘重規 陳紹棠著
* 訓詁通論………………………………………………………………吳孟復著
* 翻譯新語………………………………………………………………黃文範著
* 詩經研讀指導…………………………………………………………裴普賢著
* 莊子及其文學…………………………………………………………黃錦鋐著
* 離騷九歌九章淺釋……………………………………………………繆天華著
* 陶淵明評論……………………………………………………………李辰冬著
* 鍾嶸詩歌美學…………………………………………………………羅立乾著
* 杜甫作品繫年…………………………………………………………李辰冬著
* 杜詩品評………………………………………………………………楊慧傑著
* 詩中的李白……………………………………………………………楊慧傑著
* 寒山子研究……………………………………………………………陳慧劍著
* 司空圖新論……………………………………………………………王潤華著
* 歐陽修詩本義研究……………………………………………………裴普賢著
* 唐宋詩詞選
  ——詩選之部…………………………………………………………巴壺天編
* 唐宋詩詞選
  ——詞選之部…………………………………………………………巴壺天編
* 清真詞研究……………………………………………………………王支洪著
* 苕華詞與人間詞話述評………………………………………………王宗樂著
* 元曲六大家……………………………………………………………應裕康 王忠林著
* 四說論叢………………………………………………………………羅　盤著
* 紅樓夢的文學價值……………………………………………………羅德湛著
* 紅樓夢與中華文化……………………………………………………周汝昌著
* 中國文學論叢…………………………………………………………錢　穆著
* 牛李黨爭與唐代文學…………………………………………………傅錫壬著

* 迦陵談詩二集……葉嘉瑩著
* 品詩吟詩……邱燮友著
* 談詩錄……方祖桑著
* 情趣詩話……楊光治著
* 歌鼓湘靈—楚詩詞藝術欣賞……李元洛著
* 中國文學鑑賞舉隅……黃慶萱、許家鶯著
* 中國文學縱橫論……黃維樑著
* 浮士德研究……李辰冬譯
* 蘇忍尼辛選集……劉安雲譯
* 西洋兒童文學史……葉詠琍著
* 文學原理……趙滋蕃著
* 文學新論……李辰冬著
* 分析文學……陳啓佑著
* 文學欣賞的靈魂……劉述先著
* 小說創作論……羅　盤著
* 借鏡與類比……何冠驥著
* 情愛與文學……周伯乃著
* 鏡花水月……陳國球著
* 文學因緣……鄭樹森著
* 解構批評論集……廖炳惠著
* 中西文學關係研究……王潤華著
* 比較文學的墾拓在臺灣……古添洪、陳慧樺主編
* 從比較神話到文學……古添洪、陳慧樺主編
* 神話即文學……陳炳良等譯
* 現代文學評論……亞　菁著
* 現代散文新風貌……楊昌年著
* 現代散文欣賞……鄭明娳著
* 細讀現代小說……張素貞著

滄海叢刊

＊現代詩學……………………………………………………………蕭　蕭著
＊詩美學………………………………………………………………李元洛著
＊詩學析論……………………………………………………………張春榮著
＊橫看成嶺側成峯……………………………………………………文曉村著
＊大陸文藝新探………………………………………………………周玉山著
＊大陸文藝論衡………………………………………………………周玉山著
＊大陸當代文學掃描…………………………………………………葉穉英著
＊兒童文學……………………………………………………………葉詠琍著
＊兒童成長與文學……………………………………………………葉詠琍著
＊累廬聲氣集…………………………………………………………姜超嶽著
＊林下生涯……………………………………………………………姜超嶽著
＊實用文纂……………………………………………………………姜超嶽著
＊增訂江皋集…………………………………………………………吳俊升著
＊孟武自選文集………………………………………………………薩孟武著
＊藍天白雲集…………………………………………………………梁容若著
＊野草詞………………………………………………………………韋瀚章著
＊野草詞總集…………………………………………………………韋瀚章著
＊李韶歌詞集…………………………………………………………李　韶著
＊石頭的研究…………………………………………………………戴　天著
＊留不住的航渡………………………………………………………葉維廉著
＊三十年詩……………………………………………………………葉維廉著
＊寫作是藝術…………………………………………………………張秀亞著
＊讀書與生活…………………………………………………………琦　君著
＊文開隨筆……………………………………………………………糜文開著
＊印度文學歷代名著選(上)(下)……………………………………糜文開編譯
＊城市筆記……………………………………………………………也　斯著
＊歐羅巴的蘆笛………………………………………………………葉維廉著
＊一個中國的海………………………………………………………葉維廉著

*尋索：藝術與人生……………………………………葉維廉著
*山外有山……………………………………………李英豪著
*知識之劍……………………………………………陳鼎環著
*還鄉夢的幻滅………………………………………賴景瑚著
*葫蘆・再見…………………………………………鄭明娳著
*大地之歌…………………………………………大地詩社編
*青春…………………………………………………葉蟬貞著
*牧場的情思…………………………………………張媛媛著
*萍踪憶語……………………………………………賴景瑚著
*現實的探索…………………………………………陳銘磻編
*一縷新綠……………………………………………柴　扉著
*金排附………………………………………………鍾延豪著
*放鷹…………………………………………………吳錦發著
*黃巢殺人八百萬……………………………………宋澤萊著
*泥土的香味…………………………………………彭瑞金著
*燈下燈………………………………………………蕭　蕭著
*陽關千唱……………………………………………陳　煌著
*種籽…………………………………………………向　陽著
*無緣廟………………………………………………陳艷秋著
*鄉事…………………………………………………林清玄著
*余忠雄的春天………………………………………鍾鐵民著
*吳煦斌小說集………………………………………吳煦斌著
*卡薩爾斯之琴………………………………………葉石濤著
*青囊夜燈……………………………………………許振江著
*我永遠年輕…………………………………………唐文標著
*思想起………………………………………………陌上塵著
*心酸記………………………………………………李　喬著
*孤獨園………………………………………………林蒼鬱著

* 離訣……………………………………………………林蒼鬱著
* 托塔少年…………………………………………………林文欽編
* 北美情逅…………………………………………………卜貴美著
* 日本歷史之旅……………………………………………李希聖著
* 孤寂中的廻響……………………………………………洛　夫著
* 火天使……………………………………………………趙衛民著
* 無塵的鏡子………………………………………………張　默著
* 往日旋律…………………………………………………幼　柏著
* 鼓瑟集……………………………………………………幼　柏著
* 耕心散文集………………………………………………耕　心著
* 女兵自傳…………………………………………………謝冰瑩著
* 抗戰日記…………………………………………………謝冰瑩著
* 給青年朋友的信（上）（下）…………………………謝冰瑩著
* 冰瑩書柬…………………………………………………謝冰瑩著
* 我在日本…………………………………………………謝冰瑩著
* 大漢心聲…………………………………………………張起鈞著
* 人生小語㈠～㈢…………………………………………何秀煌著
* 記憶裏有一個小窗………………………………………何秀煌著
* 回首叫雲飛起……………………………………………羊令野著
* 康莊有待…………………………………………………向　陽著
* 湍流偶拾…………………………………………………繆天華著
* 文學之旅…………………………………………………蕭傳文著
* 文學邊緣…………………………………………………周玉山著
* 種子落地…………………………………………………葉海煙著
* 向未來交卷………………………………………………葉海煙著
* 不拿耳朵當眼睛…………………………………………王讚源著
* 古厝懷思…………………………………………………張文貫著
* 材與不材之間……………………………………………王邦雄著